北欧神话

ASGARD & THE GODS

[德] 威廉·瓦格纳 著
李修建 译

文化艺术出版社
Culture and Art Publishing House

图书在版编目（CIP）数据

北欧神话 /（德）威廉·瓦格纳著；李修建译.
北京：文化艺术出版社, 2025. 3. -- ISBN 978-7-5039-7829-6

Ⅰ. I530.73

中国国家版本馆CIP数据核字第20250M5H04号

北欧神话

Asgard and the Gods

著　　者　［德］威廉·瓦格纳
译　　者　李修建
责任编辑　叶茹飞
责任校对　董　斌
封面设计　李亚琦
版式设计　马夕雯
出版发行　文化艺术出版社
地　　址　北京市东城区东四八条52号　（100700）
网　　址　www.caaph.com
电子邮箱　s@caaph.com
电　　话　（010）84057666（总编室）　84057667（办公室）
　　　　　84057696—84057699（发行部）
传　　真　（010）84057660（总编室）　84057670（办公室）
　　　　　84057690（发行部）
经　　销　新华书店
印　　刷　国英印务有限公司
版　　次　2025年9月第1版
印　　次　2025年9月第1次印刷
开　　本　787毫米×1092毫米　1/32
印　　张　12.75
字　　数　280千字
书　　号　ISBN 978-7-5039-7829-6
定　　价　68.00元

LAY OF WALA

What are the Ases doing? What do the Elves?
All Jotunheim bellows; the Ases are met together;
At the gate of the caverns groan the Dvergues,
The sages of the sacred mountains.
—Know you it? But what?

——*Lay of Wala*

阿萨神族如今安在？小精灵们可有下落？
巨人之国在咆哮吼叫，阿萨部落集体落难，
侏儒们个个放声号啕。他们面朝石头门肃立，
石壁也动容唱起挽歌。
——你可曾听说此事，或者还知道别的？

——《瓦拉之歌》

神谱图

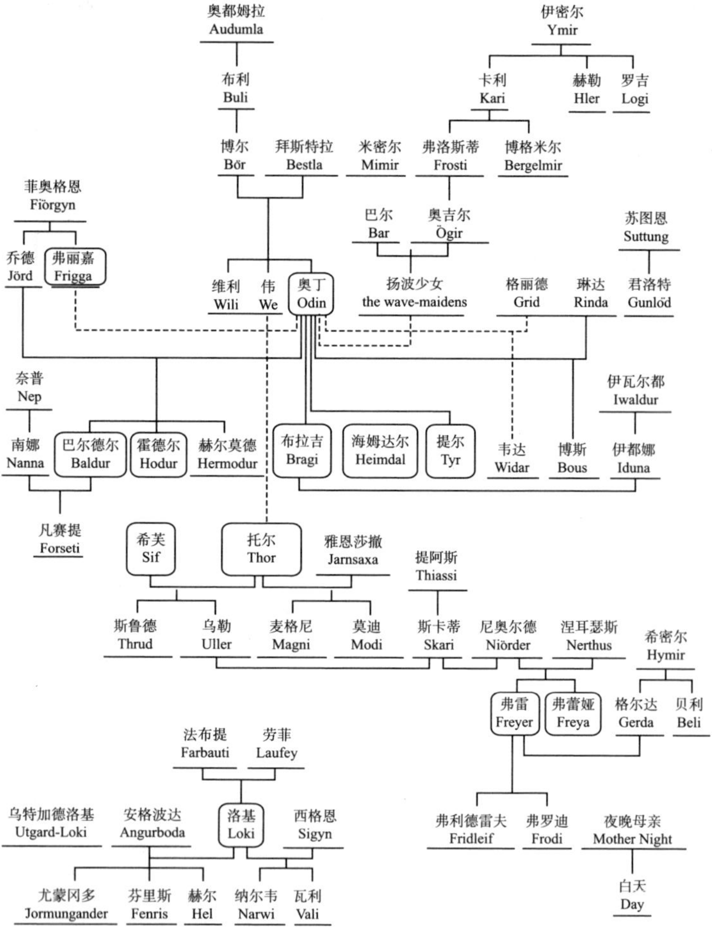

奥都姆拉 Audumla
伊密尔 Ymir
布利 Buli
卡利 Kari
赫勒 Hler
罗吉 Logi
博尔 Bör
拜斯特拉 Bestla
米密尔 Mimir
弗洛斯蒂 Frosti
博格米尔 Bergelmir
菲奥格恩 Fiörgyn
巴尔 Bar
奥吉尔 Ögir
苏图恩 Suttung
乔德 Jörd
弗丽嘉 Frigga
维利 Wili
伟 We
奥丁 Odin
扬波少女 the wave-maidens
格丽德 Grid
琳达 Rinda
君洛特 Gunlöd
奈普 Nep
伊瓦尔都 Iwaldur
南娜 Nanna
巴尔德尔 Baldur
霍德尔 Hodur
赫尔莫德 Hermodur
布拉吉 Bragi
海姆达尔 Heimdal
提尔 Tyr
韦达 Widar
博斯 Bous
伊都娜 Iduna
凡赛提 Forseti
希芙 Sif
托尔 Thor
雅恩莎撒 Jarnsaxa
提阿斯 Thiassi
斯鲁德 Thrud
乌勒 Uller
麦格尼 Magni
莫迪 Modi
斯卡蒂 Skari
尼奥尔德 Niörder
涅耳瑟斯 Nerthus
希密尔 Hymir
弗雷 Freyer
弗蕾娅 Freya
格尔达 Gerda
贝利 Beli
法布提 Farbauti
劳菲 Laufey
乌特加德洛基 Utgard-Loki
安格波达 Angurboda
洛基 Loki
西格恩 Sigyn
弗利德雷夫 Fridleif
弗罗迪 Frodi
夜晚母亲 Mother Night
尤蒙冈多 Jormungander
芬里斯 Fenris
赫尔 Hel
纳尔韦 Narwi
瓦利 Vali
白天 Day

（王一丁 / 绘制）

译者序：北欧先民的生命之歌

李修建

相比古希腊、古罗马、中国、日本、印度等诸多文明的神话，北欧神话显得边缘而乏人知。究其根源，长期以口头传播而缺乏文本记录为一重要原因，另外则在于强势的基督教文明对其造成的毁灭性冲击。公元10世纪前后，北欧诸民族或被迫或主动地接受了基督教，早先的神话信仰被视为异端邪说遭到摒弃。自此以往，北欧神话传统逐渐淡出人们视野，渐至销声匿迹。

当我告诉一位研究美学的荷兰朋友，我正在翻译一本北欧神话的书时，他颇感惊讶。他告诉我，现今的荷兰人已对北欧神话知之甚少，连他本人亦是如此。他所知的，只是几位主神的名字，如奥丁、弗蕾雅，或是一些词汇，如瓦尔哈拉神殿等。闻听此言，轮到我感到惊讶了。他说，由于二战期间德国纳粹推崇北欧神话，将其归属为优等的雅利安人，所以，传统的日耳曼与北欧文化就和纳粹意识形态关联在了一起。战后，学者及普通人皆对其避之唯恐不及，遑论阅读与研究了。

实际上，在翻译本书之前，我对北欧神话的认知亦是空空如也。不过，仅凭我的有限了解，却也感到北欧神话的余温犹在，并且影响不可谓小。可以从两个方面作出说明：

其一，某些日常用语源自北欧神话，以英语中的星期最为典型。从语源学上说，英语中的一个星期，除星期六外，其余诸天都与北欧神话有关。具体而言，星期日（Sunday），源自驾驶太阳马车的索尔（Sol），是古日耳曼民族祭祀太阳的日子；星期一（Monday），源自驾驶月亮马车的玛尼（Mani），是盎格鲁－撒克逊人祭祀月亮的日子；星期二（Tuesday），源自战神提尔（Tiu 或 Tiw，北欧战神 Tyr 的古英语名字）；星期三（Wednesday），乃古代祭祀主神奥丁的日子（Woden's day，Woden 是古英语对奥丁的称呼）；星期四（Thursday），源自雷神托尔（Thor）；星期五（Friday），源自天后弗丽嘉（Frigga）。再如，圣诞节彩蛋的习俗，同样源于北欧。这些知识已经渗入文化的深层，人们日用而不知。

其二，魔法、神祇、巨人、死灵、精灵、侏儒、怪兽，荒奇陆离的世界，恢宏恣肆的场景，惊心动魄的战争，勇武刚猛的精神，凡此种种，使得北欧神话成为文艺作品，尤其是大众文化取之不尽的源泉。试举数例，戏剧作品，如莎士比亚的名作《哈姆雷特》、瓦格纳的歌剧《尼伯龙根的指环》；小说，如托尔金的《魔戒》三部曲、《霍比特人》，罗琳的《哈利·波特》系列，乔治·马丁的《冰与火之歌》；据此改编的影视作品更是风靡全球，除了上述几部同名作品，其他如动画片《圣斗士星矢：北欧奥丁篇》、电影《雷神》等，皆大受欢迎；北欧神话更是网络游戏热衷的一大题材，如《北欧传奇》《北欧战神》《北欧女神》《诸神之战》《魔幻世界》《雷神之锤》《记忆之鸦》《神战纪元》等等。这些作品，皆从北欧神话中汲取了创作灵感和文化元素，并且产生了世界性影响。以此来看，北欧神话绝对不容小视。

国内较早就有对北欧神话的介绍，1930年，茅盾先生即以“方璧”为笔名出版了《北欧神话ABC》，至今仍有影响。1941年，上海新地书店出版了朱澄之翻译的《爱宙堡的英雄：北欧神话》一书，已经难以觅到。20世纪90年代以来，国内又出版了多本相关著作，如林桦的《北欧神话与英雄传说》（当代世界出版社1998年版）等。不过大多流于简略的介绍。值得一提的是，记载北欧神话与英雄传说的最重要的文本、冰岛文学中的瑰宝——诗体《埃达》与《萨迦选集》，2000年左右相继出了中译本，为我们了解北欧神话提供了原始文本。

整体而言，国内对北欧神话的介绍和研究还很不够。因此，对于本书，便有翻译过来的必要。

I

这本书的署名稍显复杂，原著是W. 瓦格纳（Wilhelm Wagner），M. W. 麦克道沃尔（M. W. Macdowall）改编，还有一个编者W. S. W. 安森（W. S. W. Anson）。这三个人物，我在网上查询多时，均未找到相关生平。倒是找到了另外两部著作：一是《中世纪的史诗与传奇》（*Epics and Romances of the Middle Ages*），以同样方式署名；二是《北欧传奇与史诗》（*Romances and Epics of Our Northern Ancestors, Norse, Celt and Teuton*），署名为瓦格纳原著、安森编辑。

可以约略知道的是，W. 瓦格纳是德国学者，生于1800年，卒于1886年。他主要研究古典文化及文学，著述颇丰。除上述三部外，还有《德国历史中的民间歌谣》(*A Book of Ballads on German History*)、《中古希腊文：1500年前希腊通俗作品集》(*Medieval Greek Texts : Being a Collection of the Earliest Compositions in Vulgar Greek Prior to the Year 1500*)、《希腊：希腊的土地和人民》(*Hellas: Das Land Und Volk Der Alten*)、《罗马：罗马帝国的肇始、兴起、扩张和衰败》(*ROM: Anfang, Fortgang, Ausbreitung, Und Verfall Des Weltreiches Der R Mer*)、《莎士比亚新论》(*Shakespeare und Die Neueste Kritik*)、《德国长短格诗》(*A Book of German Dactylic Poetry*)、《罗马文学史》(*A History of Roman Literature*，合著)等十余部。

无疑，《北欧神话》是其中最为知名的作品。

该书原名《仙宫与诸神》，首版于1880年，上市之后很快售罄，1882年出了第2版（本译本即根据第2版译出），1887年已出第5版。至今仍不断重印，版本众多，销量巨大。

英国坎农格特出版社的"重述神话"系列丛书，其中之一即为英国著名作家A. S. 拜雅特（A. S. Byatt）所著《诸神的黄昏》(2011)。据作者所言，当出版社向她约稿时，她立刻想到要写北欧神话，因为瓦格纳的《北欧神话》是她孩提之时百读不厌的一本书。作者对洛基怀有偏爱。小说将二战作为背景，借一个名叫"小不点"的女孩的视角，以诸神的黄昏为线索，讲述了《北欧神话》的主体故事。书中不乏作者对该书的评析，试举一处，作者认为："这本书的部分乐趣和神秘之处在于，所有的情节都用了不同的口吻翻来覆去地讲上好几遍。书里开篇就是一列长长的清单，罗列了众神的功绩和结局。《诸神的黄昏》早早出现在里面的第16页，寥寥几笔，却极尽诗意。结尾处又提到它时，就偏于写实，字里行间夹杂了主观判断，颇不平静。在书的末尾引译《埃达》中《瓦拉之歌》一诗时，这几个字再度浮现，带了魔咒般的飕飕寒意。”[①] 这种着眼于文学性的赏析文字，很见精彩。当然，作为一部创作性的重述之作，加上篇幅过于短小，作者并没有也无意于呈现《北欧神话》一书的全貌。

II

何谓北欧？这个问题似乎要比想象中复杂，因为它牵涉到地理、历史、政治、文化等诸多因素。不过习惯上，常将丹麦、挪威、瑞典、芬兰、冰岛五国视为北欧。北欧西临大西洋，东连东欧，北抵北冰洋，斯堪的纳维亚山脉纵贯半岛中部，居挪威与瑞典之间。北欧地形为台地和蚀余山地，冰蚀湖群、羊背石、蛇形丘、鼓丘交错是主要地貌特征。北欧绝大部分属于亚寒带大陆性气候，冬季长，气温低。这样的地形地势有利于航海，发展海外贸易，对于北欧人而言，海洋是赖以生存的自然环境。

古代北欧人或称斯堪的纳维亚人（挪威、丹麦、瑞典各族，以及芬兰一些部族的统称），早就知道如何扬长避短，在艰苦卓绝的环境中顽强生存。根据考古资料，早在公元前 1500 年前后，斯堪的纳维亚人就已渡过北海，与爱尔兰人和英格兰人以货易货，进行贸易往来。不过，关

① [英]A. S. 拜雅特：《诸神的黄昏》，姚小菡译，重庆出版社 2012 年版，第 89 页。其中，《瓦拉之歌》原译为《沉眠的伐拉》，据本译本修改。

于北欧的早期史料很显匮乏。公元1世纪，古罗马史学家塔西佗的著作中记载了与他们的贸易。此后的几个世纪，日耳曼民族一直与古罗马帝国发生着摩擦和争斗。接下来的两个著名时期，北欧人尽显风光。

第一个时期，是欧洲史上著名的迁徙时代（Migration Age），从公元4世纪至8世纪，持续400年。随着古罗马帝国的衰落，众多日耳曼部族不断南下，入侵古罗马帝国，扩张到不列颠岛、法兰西甚至意大利一带。

第二个时期，即公元800年至1066年，是北欧海盗时期。这一时期，他们有一个无比响亮的名字——维京人（Viking）[①]。因着自然环境、家族制度、文化传统等诸多原因，海盗成为维京人的基本生活方式。他们依靠精湛绝伦的船只制造工艺，驾驶行走如飞的龙头战舰，在大海上纵横驰骋，出没于欧洲、爱尔兰及不列颠沿海一带。他们仿佛从天而降，让人猝不及防，加之北欧人形体壮大，凶猛剽悍，横冲直撞，锐不可当。所到之处，烧杀抢掠，令人闻风丧胆。是以，他们攻城略地，所向披靡。北欧海盗各有其进攻路线，如丹麦海盗经常袭击英格兰，挪威海盗

---

① “‘维京人’究竟是什么意思？对这个词的起源我们不得而知，通常它用来泛指生活在8世纪中叶到公元1066年之间的所有斯堪的纳维亚人。这期间他们开始了海上冒险生涯，直到在哈斯汀斯战役中征服英格兰，这是欧洲历史上具有划时代意义的一次战斗。然而，从严格意义上讲，‘维京’一词只用以特指掠夺者。做‘维京人’就意味着要去海上远征以获取财富和声望，这是斯堪的纳维亚男人生活中至关重要的核心。只有这样，才会被族人视作功业有成者而受到尊重。”（参见［美］戴尔·布朗主编《北欧海盗：来自北方的入侵者》，金冰译，华夏出版社、广西人民出版社2002年版，第12页。）

主要针对西线，如爱尔兰、冰岛（挪威海盗于860年发现，870年开始定居此地）、格陵兰等，瑞典海盗则往东线扩张，攻入波罗的海、涅瓦河和伏尔加河一带。他们一度建立起了庞大的帝国。公元911年，北欧海盗在塞纳河入海口建立了诺曼底公国；公元1066年，诺曼底大公威廉远征英格兰，攻占伦敦后自立为国王，史称“征服者威廉”；公元1013年，丹麦克努特大帝建立了“北欧大帝国”，疆域包括斯堪的纳维亚半岛和英伦三岛。瑞典海盗则建立了诺夫哥罗德公国。然而好景不长，这些北方蛮族建立的帝国可谓旋起旋灭，不久就迅速衰落。公元11世纪前后，北欧诸国在基督教文明的同化下，改信基督教。依靠游吟诗人世代传唱的神话传说，已被视为异教信仰而遭禁止与抛弃。

不过，北欧神话传说并没有消隐于历史的长河之中。对北欧历史文化传统怀有深厚感情的冰岛人，记载下了北欧的神话传说和英雄传奇故事。关于北欧神话传说的最重要的文献，是大小《埃达》。《大埃达》为诗歌体，据信是由博学的冰岛人萨蒙德（Sæmund the Wise，1056—1133）编辑的，《小埃达》是对《大埃达》的评注，以散文写成，作者被视为史诺里·斯图鲁松主教（Snorri Sturluson，1178—1241）。

III

《北欧神话》一书，即以《埃达》为基础，参考萨克索的《冰岛行止志》等相关著述写成。

神话学大师坎贝尔曾经指出：“神话是关于生命智慧

的故事。”北欧神话源出于北欧独特的地理环境及其先民独特的生活方式，虽然在与基督教文明以及其他文明的接触中对其神话元素多有吸收，但无疑，北欧神话有着独具的结构、体系、情节与精神，反映着北欧先民对于创世、神灵、自然、身体、命运、死亡等一系列重大问题的独特智慧。

北欧神话是一个多神系统，主要有四大体系：神族、巨人族、黑侏儒、光精灵。神族分以奥丁为主神的阿萨神族和以尼奥尔德为主神的华纳神族，后者在北欧神话中记载甚少。巨人族成员包括霜巨人、火巨人、山巨人、暴风巨人等，代表了与人类对立的强大的自然力量。黑侏儒居住于地底，胆小狡诈，精通魔法，擅长锻造，其主要工作就是为神族打造武器与工艺品。光精灵纯洁善良，侍弄花草，不过和华纳族一样，在北欧神话中几无出场机会。除以上四大体系之外，还有一个体系值得注意，那就是动物化身的妖怪系列。其中又可分为两类：一是为神族所用的，如奥丁的神马斯雷普尼尔、渡鸦胡根和穆宁、为诸神和英雄提供鲜肉的神猪沙赫利姆尼尔、托尔的神羊、宇宙树上报晓的神鸡等，以家畜家禽居多；二是与神族对立的，如洛基和女巨人所生的蛇妖尤蒙冈多、狼怪芬里斯，冥界的恶犬加姆等，多为凶猛的野兽。

《北欧神话》主要讲述的是阿萨神族的主要成员及其事功，即第四、五、六、七、十章，构成全书的主体。第十一至十四章，呈现了北欧神话中最为浓墨重彩的篇章——诸神的黄昏。作者写作此书的目的，不是为了大众的消闲娱乐，而是有深意存焉。他希望读者能够铭记本民族的信仰传统以及文化精神。基于此，作者提到：“我会尽力将这部书写得饶富趣味，让老少读者看一看，日耳曼精神在其早期历史中是何等伟大。”作者的写法，不是单纯地讲述故事，而是对这些神话的起源与关联，及其蕴藏的文化意义与哲学内涵予以揭示：“我们指出众神故事之间的关联，以及其中所蕴含的深层思想与重要意义，意在告知读者，展现在他面前的不是一个天马行空的奇幻世界，而是源自日耳曼人的深刻洞察。生命与自然塑成了诸神存在的基础及其活动。”由于北欧神话的形成经历了较长的历史时期，受到诸多文化的影响，并且多有歧出。因此，所谓“看似寻常最奇崛，成如容易却艰辛”，既要写得通俗有趣，又不失学术深度，能给人教益，达成此一写作目的殊非易事，不唯对北欧神话要有精深掌握，更需深入浅出的文字表述能力。

关于作者的写作方式，举一例为证。侏儒族是北欧神话中的特有族群，书中第二部分，作者分析了侏儒缘起的两个原因。第一个原因来自他人的观点：“有些作者指出，对这些畸形的像妖精似的生物的崇拜，与腓尼基人在北欧的出现有关。这些游动的商人不管走到哪里，总是试图得到他们所到访的国家的原始产品。……在北欧，他们同样也在做着采矿的活儿，并且在地上有熔炉和铁匠铺，以便冶炼和锻造采到的矿石。当未开化的人们听到叮叮当当的击锤声，看到乌黑如炭的人，矮小瘦弱，像从地底下冒出来一样，很自然地，他们会相信妖精（Kobolds）的存在。他们认为这些陌生人强大有力，因为他们的内心被这些人的神奇的环境、绝妙的武器、美丽的装饰，以及在火光飞溅的熔炉中打造的精致时尚的艺术品所深深吸引。这些精明的手工艺人一定是经常用阴谋诡计给头脑简单的野蛮人带来灾难，因此侏儒被认为是虚伪奸诈的，每个人都被警告要提防他们的阴谋。”不过，作者似乎并不认同这一观点，他给出了另一解释：“这些特征很可能是用于描述这个国家的早期居民的，可能比用在腓尼基人身上更好，他们被日耳曼入侵者赶出了家园。这一民族的人们比其入侵者更为弱小；他们到湖边或地下洞穴避难，躲在他们挖掘的矿山中，锻造各种各样的器具，经常以其聪明智慧挫败入侵者。”实际上，对于普通读者而言，第一种解释或许更具趣味，因此作者以很大篇幅加以引述，然后给出自己的观点。这种写法兼顾了趣味性与学术性。

作者的写作态度非常严谨，在论及北欧神话是否受到基督教的影响时，作者指出：“我们必须承认基督教对德意志民族产生了某些影响，尤其是关于诸神的黄昏、世界的复兴、阿萨和人类，以及对诸神之父、冥界的描述，还包括奖赏与惩罚等。否认这种影响是错误的，因为存在大量证据，如异教徒对一神的存在有一种预感，《埃达》中有一个水地狱，而基督教神话中有一个火地狱，基于这些证据，声称斯堪的纳维亚人不可能得知基督教知识显然是不对的。异教徒对于某种神圣存在的晦暗不明的观念，为何不会经由基督教的影响而获得一种明晰的形式呢？”无疑，这种通达的态度是令人信服而叹赏的。

IV

博厄斯（Franz Boas）一派的人类学家认为，每种文化都是独一无二的，每种文化都是平等的，并无高低上下之分。不过，文化从来不是孤绝于世，它的背后，往往是经济水平、军事力量、社会结构、政治制度等各种因素提供支撑。我们对北欧神话的溯往，与《北欧神话》一书的作者类似，更多是对一种早已黯然逝去的独特文化的缅怀。

作为凝结着北欧先民生命智慧的北欧神话，其在宇宙论、末日论、生死观、道德观、爱情观、审美观等一系列哲学命题上有着独到之处，值得从比较神话学和文化学的角度进行深入研究。在此，我想就北欧先民的生死观和美学艺术观这两个问题作一点抛砖引玉式的思考。

北欧神话中的生死观

“死生亦大矣”，法国哲学家加缪将死亡视为唯一严肃的哲学问题。由于人生而有涯，死亡是每个个体的必然归宿，对于死亡的认知，也就关乎在世之人的生活态度以及价值取向。基督教（《新约》）认为，由于人类始祖亚当夏娃的过错，人出生即带有原罪，只有崇信上帝，忏悔不已，死后方可获得救赎，升入天堂，否则就要堕入地狱。佛教（净土宗）构想出了西方极乐世界，凡人只要一心向善，虔诚念佛，便可往生西方净土，如若为非作歹，便会沉入地狱。印度教同样相信生死轮回，善恶报应。中国传统思想以儒家为主流，儒家“未知生，焉知死”，更多瞩目于积极进取的现世人生，高扬“修齐治平”的人生理想。儒家貌似不太看重死后情形，实际上有着自身的死亡观。如“杀身成仁，舍生取义”之说，如“三不朽”之义，乃是追求超越意义上的永恒。同时，个体生命借着家族子嗣得以延续，所谓“不孝有三，无后为大”，“断子绝孙”是对人最大的诅咒。中国本土的道教，旨在通过内丹、外丹、行气、房中等各种手段求得长生不老，成仙得道。凡此诸种，皆构成一种信仰，内在地规约人们的社会行动。当旧的信仰土崩瓦解，而新的信仰尚未建立，处于信仰缺失状态之时，便会出现各种光怪陆离的可怕乱象。

《北欧神话》对于北欧先民的死亡观多有提及。由于古代北欧民族以狩猎与海盗为生，四处攻伐，因此崇尚武力，敬重英雄。主神奥丁被尊为战争之神、胜利之神，他本人即是一名武士装扮，头戴金色头盔，身穿锁子甲，手臂戴金环，右手持长矛。他如雷神托尔、剑神提尔、彩虹桥守卫海姆达尔、光明之神巴尔德尔、黑暗之神霍德尔等，个个能征善战，尤其雷神托尔，更是骁勇无比。诸神是勇士的典范，无不受到尊崇。神话指出，奥丁的住处有一座500个大门的瓦尔哈拉神殿，专门接收阵亡将士的英灵。每逢战事，奥丁的女武神瓦尔基丽就身跨白马，飞临战场上空，挑选并接引勇士的亡灵前往瓦尔哈拉神殿。他们被称为恩赫里亚，在英灵殿里逐日饮蜜酒，吃猪肉，此种生活着实令人神往。因此，战争对于北欧武士来说，要么就是赢得胜利，载着荣誉和战利品凯旋，要么就是战死沙场，升入奥丁的英灵殿。在诸神的黄昏到来之时，诸神和英雄明知世界末日的悲剧性命运不可避免，仍然英勇应战，至死方休。在他们死后，一个新的更加美好的世界得到重生。怀此信仰，北欧人的民族性里涌动着尚武好战的英雄气概。

普通百姓死后亦有归宿。天后弗丽嘉的宫殿名为芬瑟尔，她会将因早亡而分离的丈夫和妻子带到这座安宁的宫殿，让他们在此破镜重圆，长相厮守。弗丽嘉的善举诚能抚慰人心，同时也体现了北欧先民的爱情观，他们从最真实和最高等的方面看待爱情，寄希望于死后能与心爱的人重逢相会。在更为古老的北欧传说中，弗丽嘉名为赫尔达或贝克莎，在她的可爱花园中照管殇婴的灵魂。书中描写的一个故事颇为感人。说的是贝克莎带着一群殇婴穿过一个带有栅栏的牧场，一个小孩子因为年岁太小爬不上去，恰被附近的妈妈认了出来。妈妈抱着他泪如雨下，不放他离去。小孩子说，妈妈，别再为我哭泣了，“贝克莎夫人，她疼我爱我，对我说有一天你也会过来，到那时，我们就会在山下美丽的花园里重聚了”。从此之后，这位妈妈再也没有掉过眼泪，因为想到有一天还能和孩子见面，她心中倍感欣慰。正如我们一厢情愿地认为，早夭的孩子会升入天堂，过着没有车来车往、没有坏人的好日子。这种信仰，总能让人们从悲剧性事件中获得一丝慰藉和解脱。

当然，北欧先民的死亡观亦非铁板一块，而是有所演化变更。书中提到，“在远古时期，死亡并不可怕。大地母亲承载了生命，将死者带回她的怀抱”。但是，当受到古希腊神话以及基督教的影响，人们将精神与肉体判然两分，赫尔就成了灵魂的主宰者和审判人。北欧神话中，赫尔掌管着地下的冥界，为非作恶之人会进入此地，遭受巨蛇恶狗的荼毒。一些好人亦会来此，如光明之神巴尔德尔，赫尔会用黄金装饰厅堂予以欢迎。不过，黑暗的冥界显然并非一个好去处。

北欧神话中的美学观

在此主要关注两个问题，一是北欧人对灵感的看法，二是北欧人对工艺和美的观念。

灵感是诗人和艺术家不可或缺的创作条件。古希腊哲学家持有神赐论，认为灵感源自神灵的凭附，使诗人陷入迷狂状态，从而创出作品。中国古代的灵感理论没有如此玄虚，不过“有时忽得惊人句，费尽心机做不成”，灵感同样是理性难以掌控的，需要因缘际会，恰似悟道参禅，忽然灵光乍现，率然而生，来不可遏，去不可止。北欧神话中体现出的灵感观与此颇有不同。它与水密切地关联在了一起。

水是生命之源。中国的道家对水颇为推崇，提出“上善若水”。然而，北欧神话中对水的重视似乎远胜于此。他们认为世界诞生于水中，因此便可从这神秘的元素中获取智慧。主神奥丁以喝水起家，他搭上一只眼睛，换取了巨人米密尔守护的智慧泉中之水，从而获有了太初的智慧，变得无所不知，无所不晓。命运女神看管的沃德泉水，同样不同凡俗，她们用此泉水浇灌宇宙树，便可让其长青不老，与青春女神伊都娜的金苹果有类似功效。能够赐予诗人以灵感的饮品更是无比奇特，它来自阿萨和华纳两个神族合力创造的人类克瓦希尔（Kwasir），侏儒通过诡计杀死了他，将他的血液混上蜜酒，盛在三个罐子里，其中一个罐子名叫奥德罗利尔，即为灵感之意。任何人只要喝下它，就会能歌善辩，令人夺魄销魂。罐子从侏儒到了巨人手上，奥丁颇费周折地夺取到手，便可赐予吟游诗人了。诗人只要喝下此酒，就会犹如神助，灵感喷发，以动人的声音和美妙的辞藻，弹唱诸神和英雄的事迹。由此亦可看到，吟游诗人的地位颇高。他们既是诗人，亦是音乐家，诸神和英雄的光辉事迹借他们之口而传扬。诗神布拉吉的歌声唤醒了沉寂的自然和生命，能够喝下奥丁所赐灵感蜜酒的也只有吟游诗人。

除了诗歌与音乐，北欧先民生活中占有重要地位的算是工艺了。法国社会学家莫斯曾经指出：“像语言或艺术，一个社会的技艺立刻展示出这个社会许多其他事物的特征。首先，它们是一个社会所特有的，或者至少是一个文明所特有的，独特到足以标示一个社会或文明，或者说如同它的一个象征。”① 北欧先民对于工艺以及工艺品的观点颇值一提。

每种文化似乎都会拟构出一个具有乌托邦性质的“黄金时代”。北欧人想象中的黄金时代，只有阿萨居住，他们自由自在，无忧无虑。富有意味的是，在北欧的黄金时代，确实有大量黄金，这些黄金确也很受阿萨喜爱，他们喜欢黄金，不是因为它的经济价值，而是由于它的审美属性，因为它看上去令人赏心悦目。他们会将通过海上贸易或劫掠而来的黄金熔化掉，并打造徽章和各种装饰物。他们从事各种工艺制作，锻造金属，雕刻木头。书中展现出的设计精巧的各种各样的酒杯、金属罐、帆船、武器，显示了他们对于工艺的追求。这种追求和审美的偏好，在关于北欧海盗时期的大量地上或水下考古中更能看到。如建造于公元 800 年至 850 年间的奥塞伯格墓船，是迄今发现的造型最为美观的维京船只，结构精巧，装饰富丽，令人叹为观止。

更富意味的是，书中提到，黄金时代随着侏儒族的出现而告终，他们从地下挖掘出的财宝引起了诸神的贪欲。

---

① [法] 马塞尔·莫斯等原著，[法] 纳丹·施郎格编选：《论技术、技艺与文明》，蒙养山人译，世界图书出版公司 2010 年版，第 52—53 页。

如果换一种视角来看，考虑到侏儒族的身份是专业匠人，我们亦可如是理解，在黄金时代，人人都可作为工匠。此后，随着社会分工的出现，社会阶层有了分化。侏儒虽然技艺高超，能为诸神锻造精妙绝伦的饰品和强大无比的武器，然而，他们的社会地位和他们的住处很相匹配，处于底层。

黄金时代之后，人们对于黄金的爱好更甚了。弗蕾雅被尊为美神和爱神，想必漂亮之极。她有一串项链，乃四个堪称能工巧匠的侏儒打造，其上镶嵌有最为昂贵的宝石，像太阳一样熠熠生辉。书中提到，弗蕾雅初见此精美绝伦的项链，即为其所迷倒，极欲占为己有。而侏儒开出的条件，是让他们一亲芳泽。最终，弗蕾雅以身体为代价，得到了那条迷人的项链。天后弗丽嘉的行为与此相类，她为了佩戴一条无与伦比的项链，不惜从奥丁的纯金雕像上窃取金子。从这两个故事我们看到，在北欧先民的信仰中，对于美的追求常常逾越了道德的约束，称得上“尽美矣，未尽善也”。

目录

导论

在很久很久以前，老谋深算的神祇奥丁（Odin）以一只眼睛为代价，换取了睿智的巨人米密尔（Mimir）守护的智慧泉中之水，获得了太初的智慧。于是，渴求知识和喜好日耳曼远古历史的人，汲汲于寻找伟大的女神萨迦（Saga），最终找到了她。她的住处位于冰冷的河流之下的一座水晶宫中。这些热切的求知者来到她面前，要她讲述远古的历史，以及北欧那些风流云散的民族曾经统治过、遭受过、战斗过、征服过的一切。他们发现女神陷入了迷思，奥丁的渡鸦在她身边振翅盘旋，悄声地告诉她过去、未来之事。她从王位上站起来，向她抛出的众多问题让她茫然无措。她指着四散在身边的卷轴，说道："你们是来寻找智慧和你们先人的事迹的吗？我已将那个遥远国度上的人们的思想和信仰全都写在上面了，那就是他们所持的永恒真理。我曾跟随这些强大的民族来到他们的新国土，忠实地记录下了他们的战争和成就，他们的功绩、苦难和胜利，他们的神祇和英雄。过去多少年，没有人寻找这些记录，所以，时间的风暴和不断增长的苏尔特尔（Surtur）之火，致使大量卷轴遗失和损毁了。你们如能找到剩下的卷轴，把它们放在一起，并且能够读懂那些文字，就会发现有大量智慧蕴藏其中。"

人们立刻行动，力所能及地去找寻存留下的卷轴。他们将其依次排列，不过，正如萨迦所言，许多已经丢失了，另一些只剩下了断章残篇。除此而外，档案上的鲁纳古文难以卒读，褪色图像的真实意义难以确定。不过，他们不畏艰难，勇往直前地探寻着。很快，他们发现了其他记录，还有他们本以为散佚的记录残片。时间风暴将其吹落在了不同的方向，愚昧之人将其视为无用之物抛置一边，他们从穷人小屋里布满灰尘的阴暗角落中找到了它，让其重见天日。他们按照正确的顺序将这些卷轴排列起来，学着去解读档案上的神秘符号，随着他们知识的增长，这些符号的神秘面纱逐渐褪去。古老的日耳曼世界，它的秘密和奇观，它的先民对待神祇和英雄的看法，凡此种种，以前淹没在了黑暗的历史之中，如今又重现于世。接下来，我希望将这些从故纸堆中挽救出的宝藏展现给大家，还会掺入许多行将消失和即被遗忘的信息片段。我会尽力将这部书写得饶富趣味，让老少读者看一看，日耳曼精神在其早期历史中是何等伟大，直至现代，这段历史都在多次战役中为其后人带来了无尽荣耀。最著名的文明古国，其最初的宗教观念皆与日耳曼民族有关。如果我们不避艰难，无所畏惧地追索共同起源，就会发现异教的仙宫诸神以及诸神故事，在其源出地所持有的风俗和观念中，的确已有其基础，尽管存在明显差异。并且，在这些故事的早期阶段，或多或少都有关联。无论在中亚、印度河畔，还是金字塔所在的埃及、希腊和意大利半岛，甚或北欧的凯尔特、条顿和斯拉夫，尽管他们的宗教观念表现形式不同，不过他们的共同起源仍然有迹可循。我们指出众神故事之间的关联，以及其中所蕴含的深层思想与重要意义，意在告知读者，展现在他面前的不是一个天马行空的奇幻世界，而是源自日耳曼人的深刻洞察。生命与自然塑成了诸神存在的基础及其活动。在我们详细地研究每位超凡脱俗的神祇之前，为了更好地理解这一主题，让我们对他们的独特个性作一概述。

首先要介绍的是北欧古代诸神的神话和故事。我们将会看到，它们源于地处远东的雅利安民族的早期居地，在那时，世界尚处童年，人类的心灵对于自然现象顶礼膜拜，这对于人类的抗争与生活产生了深远影响。我们的祖先和其他所有原始民族一样，笃信这些现象具有人格属性。外部世界的所有事件，其原因是未知的，在人类意识中，所有现象都被逐渐赋予了人格属性。在他们尚处于迁徙阶段之时，这些观念还很模糊；不过，在他们于新驻地定居之后，经由智慧的预言家和吟游诗人之口，他们进一步发展出了典型的形式；然后，随着时间的推移，数量不断增多，最终，它们又随着旧信仰的弥散而消亡，或被一种新宗教取而代之。

除此之外，我们发现，日耳曼人的许多神话人物与其他民族有关联。我们还发现，它们相当程度上是由日耳曼民族的气质和特性，以及新居地的气候和他们的生活方式决定的。接下来，我们要谈的是创世神话、诸神及其事功。

诸神，他们的世界及事功　在无尽的深渊之中，冰川埃利瓦格尔（Eliwagar）翻卷着冰块；深渊南部的热量创造着冰冻之中的生命，代表了自然界狂暴不安、动荡不宁、桀骜不驯之力量的巨人伊密尔诞生了。连同这位巨人一同出现的，还有母牛奥都姆拉（Audumla）。她舔舐岩盐，从地中舔出了布利（Buri）。布利的孙子，奥丁、维利（Wili）和伟（We），战败并杀死了狂暴的伊密尔，用他的身体创造了世界。伊密尔的子孙都被他的鲜血淹死了，只有博格米尔（Bergelmir）乘着一条小船逃脱，他成为巨人的始祖。此处描写的洪水，以及北欧人心目中的巨人，类似波斯人所说的恶神阿里曼[①]。诸神划清了太阳和月亮，白天和黑夜，它们必须沿着千里马拉着的战车的路线行进，待任务完成以后，准许它们沉到海里休息。诸神用树创造了第一批人类，男人阿斯克（Ask，梣木）和女人埃姆布拉（Embla，赤杨）。奥丁赐予他们生命和灵魂，霍尼尔（Hönir）赐予他们智慧，洛德[②]赐予他们血液和肤色。

在地下的黑暗洞穴里，居住着黑侏儒（Black-Dwarfs），这些卑鄙小人，专为创造他们的阿萨神族打造手工器具。相反，光精灵（Elves of Light，又译“白侏儒”）却在天国拥有一席之地。光精灵天性纯良友善，黑侏儒则有些阴险奸诈，不过，他们并非坏得不可收拾，不致成为邪恶的巨人（人称约顿巨人）的帮凶，后者不断地与诸神和人类交战。我们在后面还会提及，有两头可怕的妖怪与这些巨人沆瀣一气，它们将会决定最后之战的胜负。

---

① 阿里曼（Ahriman），即安格拉·曼纽（Angra Mainyu），在古波斯的祆教（Zoroastrimism，又称琐罗亚斯德教、拜火教）的二元论教义中，阿里曼是最高的恶神，黑暗与死亡之神，与其对立的是光明之神、善神（Ahura Mazdā）阿胡拉·玛兹达。阿胡拉·玛兹达以咒语将阿里曼困缚了3000年，其间创造了世界。此后解除咒缚的阿里曼创造了毒蛙、毒蛇、毒蜥蜴、毒蝎，以及1万种病魔，将它们放到人世为非作乱。阿里曼统驭以六大恶魔为首的无数魔鬼造恶无数。阿里曼偶尔会化为人类接近诸国国王，教以奢侈令国王堕落。阿里曼于国王堕落之后，用计亲吻国王双肩，令其两肩各生出一对蛇。这对蛇每日各需吃食一个活人的脑子。于是，善神同恶神的斗争不息。——译者注

② 洛德（Lodur）是火神，可以视为洛基（Loki）。——译者注

它们是芬里斯狼（Fenris Wolf）和米德加德蛇（Midgard Snake），蛇妖盘踞在海底，缠绕着地球（生命的居所）；它们受到了可怕的冥界女神赫尔（Hel）的煽动。

这些妖怪或隐藏或受缚于暗处，伺机而动。手持火焰剑的暗黑苏尔特尔，以及埋伏在火热南国的狂暴的穆斯贝尔（Muspel）诸子，同样如此。他们在准备着大决战，那时，天国和人间，诸神和人类，都会灰飞烟灭。

奥丁、沃丹（Wodan）、乌坦（Wuotan）[①] 斗转星移，神灵们带着鲜明的个性出场了，那是北欧人的想象力以及日耳曼诗人根据他们的英雄人物的创造。首先是沃丹，即南部德国的奥丁，战争之神，武器为长矛冈格尼尔（Gungnir），快如闪电，一击毙命。沃丹的追随者为女武神瓦尔基丽（Walkyries），她们挑选阵亡英雄的亡魂，向他们献上一吻，带他们进入天国，他们在那里享受着神圣的欢宴。在很久以前，所有的德意志民族都向沃丹祈求胜利，我们后面还会提到。他急速地穿行于咆哮的暴风雨中，他那喧嚣的部队——狂猎（Wild Hunt）军团，跟随着他。在君洛特（Gunlöd）的臂膀中，他畅饮着灵感之泉奥德罗利尔（Odrörir），并将其分给先知和诗人，以及那些为了自由和祖国而马革裹尸的勇士们。他自信智谋过

---

① 在吟游诗人和古冰岛传说中，奥丁的别名有二百多个，不同民族因其语言及口音的不同，为其赋予了不同的名字。这些名字的意义不尽相同，如“鹰头”“财富之友”“狼的敌人”“弗丽嘉的爱侣”“持矛人”“神曲之父”“货物之神”“缔造者”，等等。表明奥丁是位全知全能之神。维基百科“奥丁之名列举”（ List of names of Odin）词条中有一图表，将奥丁的二百多个名字的意义及资料出处列举了出来，可以参看。——译者注

人，找到瓦夫斯鲁特尼尔（Wafthrudnir）展开一场角逐，那是通过高深莫测的演说所进行的智慧与智慧之间的较量，他最终赢得了胜利。

后来，他发明了鲁纳文，借此，他获得了理解、洞察以及统治一切事物的能力。他变成了自然精神，变成了万物之父。

弗丽嘉（Frigga）或弗蕾雅（Freya）和她的侍女 奥丁旁边的是众神之母弗丽嘉，坐在她的王位希利德斯凯拉夫（Hlidskialf）之上。日耳曼人将她当成弗丽（Frea），即北方的弗丽嘉，当作滋养万物的大地母神加以崇拜。她宠爱的随从芙拉（Fulla）或普林蒂（Plenty），帮她梳妆打扮，带着宝石箱跟在她身后；勇敢的女猎人格娜（Gna），将她的命令传递到九个世界的所有角落；忠诚的赫琳（Hlin）保护着她的信众。弗丽嘉和她的丈夫掌管着关乎世界命运的议事会，或是和侍女坐在她的宫殿芬瑟尔（Fensal）之中，纺着金线，以之回馈那些勤劳的人们。在后来的传统中，她有时被描绘成一个狡猾的家庭妇女，凭借阴谋诡计达成了她的所有目的。不过在古老的传说之中，她一概名为赫尔达（Holda）或贝克莎（Bertha），乃是人类的女恩主。她促进农业、法律和秩序，分派土地，划清国界，在她位于激流与湖底的可爱花园中存放并照管殇婴的灵魂，召唤那些早夭之人的灵魂，让他们的母亲不再悲伤。作为赫尔达或戈德夫人（Dame Gode），她现身为一位强大的女猎人，致力于追捕围猎的高尚事业。北方弗蕾雅的侍女有叹息女士（lady of sighs）斯奥夫娜（Siofna）；劳芙娜（Lofna），她的工作是冲破阻挠，让有情人终成眷属；还有聪明的瓦莱（Wara），她倾听每个人的内心意愿，向违背誓言的人施以惩罚。

托尔（Thor）或索尔那（Thunar） 现在轮到托尔出场了。他是日耳曼农民的典范，在吃喝之时还能不知疲倦地工作。他性情爽朗直率，因此经常上当受骗，不过一旦识破骗局，他会勃然大怒，用他的熊熊怒火和无边神力击溃对手。黑侏儒为他打造了神锤米约尔尼尔（Miölnir，意为“粉碎者”）。他在一次辩论中战胜了全能智者奥维斯（Alwis）。巨人赫朗格尼尔（Hrungnir）鲁莽地向他挑战，付出了断头亡命的代价。乌特加德洛基（Utgard-Loki）用魔法将他欺骗之后，只有靠着运气而非能力才能阻止他复仇。在向霜巨人希密尔（Hymir）讨要为诸神的宴会酿制啤酒的大锅时，他表现出了无量的神力。在弗蕾雅的礼服的遮盖下，他取回了山巨人索列姆（Thrym）偷去的神锤，并且摧毁了索列姆海姆（Thrymheim）的整个巨人族，他还让勤劳的农民耕种那块土地。他战胜了狡猾的盖洛德（Geiröd）之后，在盖洛德的家园（Geiröd's gard）做了同样的事情。尽管很难控制他的怒火，不过他在用神锤修理地标，做婚姻的见证人，或是供奉墓地时，也会表现得温柔谦和。他是赞美法律、秩序和每个虔诚的习俗的神灵。因此他深受所有的日耳曼人和斯堪的纳维亚人的尊崇。只是到了后来的吟游诗，如《哈博德短歌》（*Harbard Lay*）中所示，他的荣耀不如主神奥丁了。

提尔（Tyr）、蒂乌斯（Tius）或齐奥（Zio） 现在，高瘦挺拔如孤松、勇敢无畏的提尔出场了，他只有一只胳膊。由于可怕的芬里斯狼变得异常强大，威胁到了仙宫诸神，提尔冒着危险用铁链将其拴住，使其无法挣脱，为此他丢掉了一只手臂。剑是他恰切的标记，因为他是战争之神。日耳曼人称他为蒂乌斯或齐奥，给他崇高令誉。

荷鲁（Heru）、车鲁（Cheru）或萨克斯诺特（Saxnot） 另一把不事雕琢的剑在切鲁西茂密的高地上熠熠闪光。它是剑神荷鲁、车鲁或萨克斯诺特的兵刃，有人认为他就是提尔。萨迦告知我们，这件武器能够导致持有者的毁灭，人们不该拥有它。不过，如果它掌握在英雄手中，就能带来胜利和权势。

海姆达尔（Heimdal）或里格（Riger） 第三位剑神名为海姆达尔或里格，他总是剑不离身，他驻守在彩虹桥边，保卫仙宫的安全。他住在彩虹桥附近的圣山上，整天饮着蜜酒。他洞察幽微，是顺风耳和千里眼，能够听到极为细小的声响，能够穿透岩石和森林，看到极远之处的事物。他也走进人间，制定法律条令。他保佑着人类，并且让不同阶层的人清晰可辨。

布拉吉（Bragi）和伊都娜（Iduna） 海姆达尔是九个扬波之女所生，诗神布拉吉亦是来自大海深处的波浪。大自然愉快地接受了他，正值妙龄的青春女神伊都娜嫁给了这位非凡的吟游诗人。她陪伴郎君共赴仙宫，在那里，她每日清晨都奉给众神永葆青春的苹果。

华纳（Wanes）、尼奥尔德（Niörder）、弗雷（Freyer）、弗蕾娅 华纳很可能是受日耳曼和斯堪的纳维亚早期居民崇拜的一个神族。他们和诸神之间的战争，指的是过往这些民族和入侵日耳曼的民族之间的战争。当和平终结时，人类的君主尼奥尔德，他的儿子、聪明的弗雷和他的女儿弗蕾娅，被送给诸神充当人质。诸神一方，将米密尔和霍尼尔交给了华纳族。这些华纳得到颇高的荣誉，受到普遍崇拜。

费特（Fate，即命运）、诺恩（Norns）、赫尔（Hel）、瓦尔基丽（Walkyries） 奥尔劳格（Orlog，万物主宰）、费特，是一种无法避免或不能反抗的力量，凌驾于诸神与人类之上，它视万物为刍狗，率意地使用它的才能。它的四周是无边的黑暗，有时它也以可见的面目——雷金（Regin）示人，它统辖着万物。有时它以神的形式，主宰人类的生命和行动。诺恩三女神从笼罩着黑纱的无人知晓的远处出来，走向阿萨宇宙树。她们用沃德泉水（Fountain of Urd）每日浇灌宇宙树，这样它就不会枯萎，而是绿意盎然，茁壮成长。沃德（Urd）在三姐妹中年龄最大，专注于过去，维尔丹尼（Werdandi）主管着现在，斯库尔德（Skuld）掌握着未来，未来要么满怀希望，要么充斥悲伤。就这样，她们宣扬着万物主宰或命运的法令。在经历了过去和现在之后，事件和行动的未来就显身了。神秘莫测的赫尔统治着冥界和死人国的幽深之处。根据众多古老的传说，她曾经是照管生命和生长的地母，最终她召唤那些疲惫的朝圣者经过死亡之地回归到她的身边。

在北欧吟游诗人的诗歌中，她成了幽影王国（the Realm of Shades）里黑暗可怕的王后，将死亡带给世界。不过，她对那些为了胜利的荣光而战的勇士无计可施。奥丁的随从瓦尔基丽们，掌管并决定着这些战士的命运。她们披坚执锐，跨着白马，依照诸神之父的命令，选择她们的战士。她们向那些捐躯的英雄献上死亡之吻，带着他们来到英灵殿，参加勇者的欢宴。

奥吉尔（Ögir）和他的同伴 奥吉尔或赫勒（Hler）在他的妻子兰（Ran）的陪同下巡游于波涛汹涌的海面。

奥吉尔是巨人族中的一员，却与诸神相处融洽。他的随从包括卓越的穆迈尔王（Mumel-king）、女水妖（Nixies）、奈克（Necks）和水精灵。

洛基（Loki） 可怕的赫尔、芬里斯狼以及尤蒙冈多的父亲。洛基是个狡诈的神，他不断地为非作歹，现在，我们可以看看他的堕落行为和他的真实品性了。远古时期，他是奥丁的结义兄弟，生命所需的温暖之神，尤其是必不可少的家庭用火。由于星星之火，经过逐渐蓄积，会有燎原之势，变成毁灭性的大火，最终肆虐成灾，摧毁房屋和其中的一切，因此，我们后面还会看到，这些古老民族心目中的洛基亦在变化，直至最后，他成为神界的堕落者，成为邪恶的根源。

其他神灵 提及其他神灵，首先出场的是奥丁之子、沉默的韦达（Widar），他手持利剑，足蹬铁鞋。他欣喜地听到了诺恩的预言，他在未来将会杀死那头毁灭之狼替父报仇，在新世界里，他将会永远过着平和喜悦的生活。然后是赫尔莫德（Hermodur），诸神的迅捷信使，在奥丁认可之后，他的工作方告完成。另一位复仇者，年轻的瓦力（Wali），在走进奥丁的大厅时赢得了掌声，因为他是奥丁和北方琳达（Rinda）的儿子，受命为人人爱戴的巴尔德尔（Baldur）复仇，给黑暗的霍德尔（Hodur）致命一击，将其送入冥界。至此，我们看到了巴尔德尔——所有善行的赐予者，以及霍德尔，此人掌管着黑暗世界。我们从神话中得知，这二人是如何为了可爱的南娜（Nanna）而战，以及巴尔德尔是如何着了魔法，身受致命之伤。巴尔德尔的儿子凡赛提（Forseti），在神圣和公正方面酷肖乃父，是永恒法的支持者。神话还告诉我们，他坐在王位之上，教授北方的弗里斯人法律的益处，他的周围围绕着十二个法官，所有人在面部和形体上都和他有些相似。

黄金时代　通过对诸神的简略浏览，我们看到了将他们联结在一起的事件，凡此种种，逐渐形成了由他们担任角色的史诗。接下来要说说黄金时代，一个天真无邪的时代，彼时，大家对黄金尚无贪欲，诸神玩耍金制圆盘，人们安贫乐道。这种情形持续至令人销魂摄魄的女巫古尔维格（Gullweig）的到来，她三次投身于火中，每次都变得比先前更加漂亮，她给诸神和人类的精神注入了难以填平的欲望。然后，诺恩三女神，过去、现在和未来出现了，幸福安宁的童年梦想一去不返，罪恶及其所有的恶果浮出地表。

罪恶　北欧吟游诗人的诗集对于罪恶的首次出现方式给出了另一种解释。诸神希望围绕仙宫建筑一座坚固的防御城墙，以保护它免遭约顿巨人的攻击。他们采纳洛基的建议，许下神圣的誓言，将献出太阳和月亮，即使美丽优雅的女神弗蕾雅本人，也向一个无名的建造者献好，条件是他要在一个冬天筑完城墙。施工者原来是个霜巨人，他在他的马匹的帮助下，在指定的时间内，看来很快就会完成那高大的冰墙，墙体光滑如同磨光的钢铁。如果交易依然有效，那么黑暗将覆盖世界，甜蜜和爱情将从生命中消失；因此诸神命令洛基告诉他们该如何去做，因为他曾以性命担保。洛基以背叛和魔法战胜了巨人，托尔用他的神锤向施工者大打出手。于是，诸神打破了誓言，他们身上也就留下了不能抵赎的罪过。

伊都娜的出走　不幸的迹象预示着即将到来的恐怖。伊都娜，永葆青春的苹果的分配者，从位于阿萨宇宙树中间的明亮的屋宇中沉到了阴暗的地底。信使问她为何离他们而去时，她只有悲泣。布拉吉还陪着她，而游戏和歌声，连同青春一起，已经消逝了。

巴尔德尔的死亡 审判的日子接近了，新征兆表明了它的到来。圣洁的巴尔德尔，是唯一没有罪恶的，他做了很多恶梦。赫尔出现在他的梦里，招呼他到她身边。奥丁穿过黑暗的峡谷，来到幽影王国，他可以向亡人打听未来将会怎样。他的咒语唤醒了死亡已久的瓦拉（Wala），她离开墓穴，预言了他早就担心的事情——巴尔德尔的死亡。因此，饱受困扰的弗丽嘉，请求所有的生物和非生物宣誓不会伤害他们深爱的巴尔德尔。不过她忽略了一样东西，柔弱的槲寄生。狡猾的洛基发现了这个疏漏。众神在喧闹中向巴尔德尔投掷他们的武器，所有的武器都偏离了巴尔德尔的身体，洛基给了盲人霍德尔一根致命的大树枝，他将其制成飞枪。洛基引导着击打的方向，谋杀得手了——巴尔德尔被刺穿心脏，倒在血泊之中。和平和欢乐、正义和崇高都和他一并消失了。因此，诸神和人类，甚或是害怕阳光的侏儒、住在山洞里的精灵，以及恶毒的巨人族，都为他哭泣。他们全都聚在一起，围着焚化他的木柴堆。两具尸体平躺在担架上，因为巴尔德尔美丽的新娘南娜悲伤过度，心碎而死。当开朗活泼的光明之神死去之后，花朵一定也会枯萎。在奥丁的命令下，赫尔莫德一路奔跑，来到赫尔的领地，他央求那位可怕的女神，准许他的至爱复返神界。他发现巴尔德尔和南娜坐在一个桌子旁边，上面摆放着许多杯蜜酒，不过他们任凭杯中酒沫泛起却不为所动。他们坐在那里，沉默而悲伤，正如其他飞去的阴魂，这些阴魂滑过他们身旁，就像模糊的幻影。可怕的冥界女王坐在王位上，严肃而沉默。这是她对赫尔莫德的请求的回答：“如果所有的生灵都为心之所爱巴尔德尔哭泣，他就会返回上界，否则他必须留在这里。”诸神的信使带回了这个答案。在弗丽嘉的乞求下，所有的生灵都为她的儿子哭泣，不过只有一个女巨人例外，她住在一块岩石的灰暗的裂缝中，她没有哭泣，因此巴尔德尔还是待在赫尔的领地。不过，住在黑暗之中的神祇执行了复仇，任务是由瓦力完成的，他用长矛杀死了强壮的霍德尔。瓦力是春之神，他摧毁了黑暗阴郁的冬天；他是巴尔德尔的重生。

奥基尔的盛宴　北欧的诗集，表面上中止了这些悲剧性事件的进程，指引我们来到奥基尔的宫殿。经过长时间的悲伤之后，诸神正聚在一起，举行一场欢乐的宴会。大厅被来自大海深处的宝物装饰得金碧辉煌，大啤酒杯中装满了泛着泡沫的啤酒或蜜酒；但是吟游诗人不再弹着竖琴歌唱。相反，洛基主宰了集会，他不再伪善地掩饰他的邪恶，而是公开地吹嘘他的所作所为。做坏事的人不是突然成为一个恶棍或惯犯的，而是沿着邪恶的阶梯逐步攀爬，直至顶点，洛基就是这样。起初他做的是有益的善行，然后他开始出一些坏主意，后来他密谋打破常规的和平，偷窃一件昂贵的珍宝，冷酷地促成谋杀。最终他赤裸裸地表现出了恶魔般的本性，抛开虚伪的面纱之后，他对众神恶言相向，公然地承认自己所做过的可怕恶行。托尔的出现迫使他投入战争，他罕见地躲开了可怕的雷神之锤。

洛基的被缚　谋杀巴尔德尔的凶徒，诸神的亵渎者，终将面临惩罚。他藏身偏远山间的一所无人问津的房子里，他把自己变成了大马哈鱼躲在瀑布下面。然而一切皆是徒劳，复仇者用一张特制的网逮住了他，那网正是他的

洛基和西格恩（亚瑟·拉克姆绘，1901）

杰作，本是用来摧毁别人的。诸神将他捆在了一块峭岩之上，用的是已经变成铁链的他儿子的肌体。一条蛇向他的脸部吐着毒液，他痛苦地发狂大叫，大地随着他的扭曲抽搐而颤动。他忠诚的妻子西格恩（Sigyn）用一只盘子接着毒液，然而一旦盘子接满，毒液还是会滴到他的身上。

诸神的黄昏　破坏者被囚禁在峭岩的锁链上，不过他不会被永远捆缚。当有益的法律盟约被打破，当纪律、美德、公正以及对神的敬畏消失之后，毁灭降临到了所有的土地，这就是传说中发生的事情。所有的善行和神圣之事遭到鄙弃。虚伪奸诈、背信弃义、兄弟相残、地震、芬布尔之冬（Fimbul-Winter，如此严冬此前闻所未闻），都是世界末日即将到来的前兆。太阳和月亮将会被它们的追寻者熄灭，星星将会从天空陨落，宇宙树将会战栗不宁，所有的锁链将会被打断，洛基和他可怕的儿子们会获得自由。然后，穆斯贝尔那些暴躁的儿子会从南面涌来，为首的是暗黑苏尔特尔，巨人们会从东方奔来，最后之战将在威格里德（Wigrid）的土地上展开。敌人的部队集结成战斗队形，对面是奥丁领导着诸神以及他的一队恩赫里亚。现在，群山陷落，深渊颤抖，表明此地正是赫尔的领土，天界裂开了口子，陷入了混乱。主要的战士和勇者都在那场致命的战役中被杀掉。面目狰狞的苏尔特尔升上高空，将火热的飞镖投向地面，整个宇宙燃烧了起来。最后之战，强者之间的战争，世界的燃烧，我们祖先的这些构想，全是我们在北欧吟游诗人的诗集所描述的古代传统中得知的。

世界的重生　神话以世界的重生终结，是对这出神圣戏剧的悲剧性结尾的补偿。大地于毁灭之后，从罪恶之中彻底得到净化，大火将其洗涤，复其元气，于是又显出生机，发芽开花。诸神集结在艾达（Ida）平原，韦达和瓦力来了，托尔的儿子麦格尼（Magni）和莫迪（Modi）也来了，他们带着父亲的神锤米约尔尼尔，这件武器不再用来打仗，而只用以供奉正义和神圣之物。巴尔德尔和霍德尔也加入了，他们现在握手言和，重叙兄弟之情。那儿也看到了人类，利弗和利弗诗拉希尔（Lifthrasir），他们藏在霍德米密尔（Hoddmimir）树林，沉浸于童年的梦想中。尽管可怕的最后之战发生了，但他们纯洁无染，没有罪恶的欲念，因此被特准进入这个和平安定的世界。

为了更好地理解我们的历史，我们认为有必要对这部伟大的戏剧做一整体性的概览，我们描述了世界与诸神的创世、中兴、衰落、毁灭和重生。这部戏剧的每个部分与其他部分并不总是密切相关；数百年来它们不断发展，因此不能奢求它们彼此契合无间。的确，有时它们还会有着天渊之别，但即使如此，所有的神话都贯穿着一个基本的观念：罪恶导致了全世界的毁灭，然后世界被大火涤净，得以重生，变得比以前更为美丽辉煌。我们依据这一主导观念，尽可能地对诸多神话分门别类，并且加上它们的解释。

《埃达》中的相当部分篇章很可能出现在切鲁西（Cherusci）的地界上，在条顿堡森林或阿森宁（Asening），在纪念诸神和英雄的歌曲中，发现了对那个地方的颂扬。此外，毫无疑问，北欧诗人翻译了那些歌曲，并且对其形式进行了部分改变，融入了他们自己的诗歌，因此整体就赋有了北欧色彩。

北欧众神与英雄之歌

走出那迷雾的帷帐，
它幽暗将你缠绕，
自远古岁月浮现吧，
你这至高的神祇！

掠过你心象的苍穹，
诸神队列正穿行，
布拉吉的竖琴旋律，
曾令仙宫引以为荣。

此刻琴弦清越鸣响，
流淌出天籁之声，
以惊心动魄的美妙，
震颤倾听者的魂灵。

正是你曾承载着，
北地传说的篇章，
如古代吟游诗人般，
将竖琴豪迈拨响。

你架起彩虹比弗罗斯特，
诸神行走的通途，
哦！请歌颂那伟岸的英雄，
描绘众神不朽的形影。

现在，让读者跟随我们进入日耳曼诸神、巨人、侏儒和英雄的世界。这些神话不是用于无聊消遣的毫无意义的故事，它们反映了北欧先民意旨深远的宗教信仰，唤起了他们的英勇行为，给他们以足够的力量和勇气，激励他们粉碎罗马帝国，建立了符合自身利益的新秩序。不过，在艰苦卓绝的对抗尼禄[①]的战争之后400年，日耳曼人成功地进入了这个新国家。此时，旧的信仰已经衰微了，他们轻易地将英雄—神替换成了圣马丁（St. Martin）或天使米迦勒（Michael），将托尔/索尔那换成了圣彼得（St. Peter）或圣奥斯瓦德（St. Oswald）。只有撒克逊人，在他们的领地上发现了许多神圣的处所，他们坚守自己的神灵，在后来被查理曼大帝[②]占领之后，部分人逃离这个国家，将他们的旧宗教带给了北方兄弟民族，并保存下来，直至维京战争时期，它在斯堪的纳维亚不再受到尊奉，在基督教布道之前业已衰落。

---

① 尼禄（Nero Claudius Drusus Germanicus，37—68），古罗马帝国皇帝，公元54年至68年在位。他是古罗马帝国朱里亚·克劳狄王朝的最后一任皇帝，是古罗马乃至欧洲历史上有名的残酷暴君，世称“嗜血的尼禄”。——译者注

② 查理曼大帝（Charles the Great，742—814），或称为查理大帝，法兰克王国加洛林王朝国王，神圣罗马帝国的奠基人。他建立了囊括西欧大部分地区的庞大帝国。公元800年，由罗马教皇加冕神圣罗马帝国开国皇帝，号为“罗马人的皇帝”，他在行政、司法、军事制度及经济生产等方面都有杰出的建树，并大力发展文化教育事业。在位期间引入欧洲文明，被后世尊称为“欧洲之父”。——译者注

PART 1

神话与传说

起初，有一条巨大的深渊；没有白天和黑夜。深渊名为金恩加鸿沟（Ginnungagap），它无边无际，无始无终。永存而未见的全能之父，居住在深渊里面，他所想望的东西正在形成。深渊北部，无边无际的空间，是黑暗冰冷的迷雾之国尼夫尔海姆（Nifelheim）[①]，南部是火之国穆斯贝尔海姆（Muspelheim），发出炽热浓烈的热量。火热的熔炉赫沃格尔米尔（Hwergelmir）的泉水翻滚进尼夫尔海姆，此外还流淌着12条更为可怕的冰冷的激流。酷寒随即将水凝固成冰，冰块翻滚碰撞，从无边无际的深渊流向南方和穆斯贝尔海姆。高空，风暴从尼夫尔海姆咆哮而至，将冰山一扫而光，而从光明之乡散发出温宜的热量照射到金恩加鸿沟，巨大的冰块在这股温暖之下开始融化，冰块四周，形成了缓缓流动的水珠。最初的生命产生了，出现了一个巨人，伊密尔或奥格尔米尔（Örgelmir，火热的泥土），他的样子十分可怖。他是霜巨人之祖。

温暖的光线唤醒了水中更多生命。哺育者、母牛奥都姆拉诞生了，乳汁从她的四个奶头中流出来，养活了可怕的伊密尔和他的巨人孩子。她没有什么吃的，只能靠舔食冰岩上的盐层为生。她第一天所舔过的岩层下，生出了头

① 在本书中，以“heim”为后缀的单词，有故乡、住处、家园之意，如Nifelheim，Muspelheim，Jotunheim等。以“gard”为后缀的单词，亦有类似意义，如Asegard，Midgard等。——译者注

创世母牛奥都姆拉

发；第二天，长出了头部；第三天，是余下的身体，俊美健壮的身躯。这就是布利（Buri，生产者），他有了一个儿子，名为博尔（Bör，降生），博尔娶了巨人的女儿拜斯特拉（Bestla），他们生了三个儿子：奥丁（精神）、维利（意志）和伟（圣洁）。

此后，残暴的伊密尔挑起了战争，博尔的儿子们杀死了他，将他巨大的身躯扔进了金恩加，填平了这座深渊。不过巨人的鲜血淹没了所有的事物，引起了一场巨大的洪灾（Deluge），巨人们都葬身大水。只有聪明的博格米尔逃脱了，他乘坐一艘设计巧妙的小船，载着他和他的妻子，成功逃生。他成了巨人族的始祖。这是诺亚方舟故事的北欧版本。世界变得空虚冷寂，一首古老的日耳曼短歌这样说道：

所有造物，吾将人类视为最大奇迹，
不是大地，不是天空，
也不是一棵树，不是高山，不是阳光，
不是闪耀的月亮，也不是汹涌的大海。

新的统治者自称阿萨，亦即世界的台柱和支撑，他们不喜欢目前这种秩序。所以他们开始按照诸神之父的意愿创造新的世界。他们用伊密尔的身体制造了大地，用他的汗水做成了大海，用他的骨头做成了丘陵，用他的头发做成了树木，用他的头骨做成了天空，用他的脑髓做成了浮云。[①]然后，诸神在他的眉毛之处，建造了米德加德（Midgard，中庭），那是人类孩童的居所，彼时他们还未降生，尚处于沉睡之中。

黑暗主宰着整个宇宙，只有穆斯贝尔海姆的一些耀眼的火花漫无目的地在太空游动，太阳不知道她的处所，月亮不知道他的行程[②]，群星也不知道他们的位向。诸神将火花收集起来变成了星辰，并将其固定在苍穹之中。他

① 中国古代神话中有盘古开天辟地的故事，与此则神话相类。盘古神话最早见于三国人徐整著的《三五历纪》、《五运历年纪》（或为托名之作）中，题为梁任昉撰的《述异记》亦有类似记载。清代马骕所撰《绎史》引述了《五运历年纪》中的相关文字，兹引如下，以作参考与比照。“元气蒙鸿，萌芽兹始，遂分天地，肇立乾坤，启阴感阳，分布元气，乃孕中和，是为人也。首生盘古，垂死化身；气成风云，声为雷霆，左眼为日，右眼为月，四肢五体为四极五岳，血液为江河，筋脉为地里，肌肉为田土，发髭为星辰，皮毛为草木，齿骨为金石，精髓为珠玉，汗流为雨泽，身之诸虫，因风所感，化为黎氓。”——译者注

② 在德语中，太阳是女性的，月亮是男性的。

夜晚母亲乘着黑霜马（彼得·尼可莱·阿部绘，挪威国家美术馆藏）

们制造了太阳战车，由一匹名为阿瓦克（Arwaker，早醒者）的马拉动，马车由少女索尔（Sol）驾驭，其后紧紧跟随着由奥斯维德（Alswider，飞毛腿）拉动的月亮战车，英俊的男孩玛尼（Mani）驾驶着这部马车。夜晚母亲（Mother Night）乘坐着黑霜马赫里姆法克（Hrimfaxi）走在玛尼面前，亲切地同他交谈，同时，她的儿子白天（Day）乘坐着光之马斯金法克（Skinfaxi）跟随着她。

各种各样的生物像蛆虫一样从伊密尔的身体和骨头里爬出来。诸神凑在一起商量如何是好，他们认为最好的办法是将这些生物变成一个有用的民族。他们说干就干，将它们变成了侏儒和巨怪，他们天赋异禀，博通矿石知识，精于五金制作。侏儒有两类，一类是黑侏儒，精明狡诈，还有一类公正、善良，是诸神和人类的朋友。

曾有三位强大的神离开过议事厅，他们是奥丁、霍尼尔或哈尼尔（Hahnir，光明神之一）和洛德（Lodur）。当他们在长满青草与肥美的韭菜的大地上闲逛时，他们在海岸附近发现了两个人：阿斯克（Ask，梣木）和埃姆布拉（Embla，the alder，赤杨），二人全无力量与知觉，静止不动，晦暗无光。奥丁给他们注入了精神，霍尼尔赋予他们运动和感觉，洛德给了他们血液和青春健美的肤色。这二人，便是所有人类民族的祖先。

诸神之父所想望的已成现实。阿萨宇宙树长出来了，它是世界之树，也是时间和生命之树。枝干直插云霄，最高处的和平赐予者拉拉德（Larad）荫蔽着英雄们的厅堂——瓦尔哈拉英灵殿。它的三条主根伸入黑暗的冥界、巨人之乡约顿海姆（Jotunheim）以及人类的居所中庭米德加德。世界之树四季常青，因为命运三女神诺恩用流

白天骑着光之马（彼得·尼可莱·阿部绘，挪威国家美术馆藏）

向米德加德的沃德之泉的生命之水每日浇灌。但是，提供蜜酒滋养英雄们的山羊海德伦（Heidrun）以及牡鹿埃科斯涅尔（Eikthyrnir），都以树叶为食，树根受到毒龙尼德霍格（Nidhögg）和无数虫子的噬咬，尽管如此，直到最后之战打响，生命、时间和世界都烟消云散之时，宇宙树才会枯萎。老鹰在高枝之上唱着创世与毁灭的歌曲。

这是一位北欧吟游诗人唱给战士们听的，他们疲于征战，坐在摆满蜜酒的桌子旁边休息。他和他的同伴，陶醉于天赐的蜜酒的芬芳，将这些故事讲给侧耳倾听的人们。在挪威人的信仰中，发现了这些关于创世纪、诸神和人类的神话，我们发现它们同样保存在了《埃达》的歌曲中。同时，在这些民族看来，在伟大的世界戏剧行将结束时，已经暗示了大灾难的到来。诚然，这些神话中夹杂着不少丑陋甚至粗鄙的观念，它们不能与希腊诗歌的美丽繁华相提并论，不过，这一作为整体的戏剧是伟大而充满哲思的，它起源于激励着条顿人和北部维京人进行生死存亡的战争的英雄精神。我们同样有上帝的观念，他是所有事物无可置疑的最初起源，尽管诗歌中甚少提及他。这种观念在此后变得更为显著，不过并没有被普遍接受，因为后来的福音传道很快取代了旧的信仰。同时，对北欧恐怖的气候的抗争，以及派遣军队侵占远方领地的行为，使得条顿人关注自然的具体方面，而没有发展出明显的永恒观。这种观念最初存在于北欧宗教的基础之中，属于同族的印度雅利安民族发展了它，并以一种奇妙而诗意的方式表现了出来。

在这两个例子中，这些同宗共族的民族的神话都没有发展到我们在古代文献中所读的那样成熟完备。在它们成为系统的神话或神话故事之前，需要很长的时间和很长的发展阶段。我们必须试着厘清神话的形成和发展过程。民族就像个人一样，有其童年、青年、中年和老年。在童年之时，他们对费解的事实以及自然的力量有一套理解方式，他们是以自己的精神而非某种形式加以看待。他们认为自己赖以为生的自然具有人格，有思想、意志和感知。自然是他们崇拜的神：她是印度雅利安人的自我存在力量，是古希腊人苦河湖（Acherusian Lake）边最早家园里的厄洛斯[①]，是日耳曼民族心目中不甚清晰的上帝。在古希腊，首个违背他们最早的宗教观念的是对滋育万物的大地女神盖娅[②]的神化；在印度人和条顿人中，是对明亮的天空与星辰、月亮、赐予生命的太阳以及能下清新雨水的云朵的神化。

---

① 厄洛斯（Eros），古希腊神话中的小爱神，他的罗马名字丘比特更为人所知。他是阿瑞斯和阿芙洛狄忒的儿子，是一位小奥林波斯山神。他的形象是一个裸体的小男孩，有一对闪闪发光的翅膀。他带着弓箭漫游。他恶作剧地射出令人震颤的神箭，唤起爱的激情，给自然界带来生机，授予万物繁衍的能力。这位可爱而又淘气的小精灵有两种神箭：加快爱情产生的金头神箭和中止爱情的铅头神箭。另外，他还有一束照亮心灵的火炬。——译者注

② 盖娅（Gaia），希腊神话中的大地之神，是希腊神话中最早出现的神，所有神灵中德高望重的显赫之神，在开天辟地时，由卡厄斯（Chaos）所生。盖娅是众神之母，传说她从混沌中分离出来以后，单独生出了山、海和天神乌拉诺斯。她又与乌拉诺斯结合，生了提坦神、独眼巨神和百手巨神。独眼巨神和百手巨神被乌拉诺斯关进大地下面的塔尔塔罗斯。她为儿子们的呻吟所苦，怂恿克洛诺斯用镰刀阉割了自己的父亲。从乌拉诺斯伤口流到地上的血液里生出了厄里倪斯和巨神吉伽斯。她还与海结合，生了涅柔斯等海神。——译者注

自然的统一性，使人类头脑中产生了有一个创造并统辖万物的上帝的模糊观念，不过随着对自然的某些不同特征的认识，这种观念很快被取而代之。太阳、月亮、星辰、云朵、大雾、雷雨和风暴，似乎具有更高的力量，在人类的想象中有着明确的形态。太阳曾被视为一只在天空飞行的火鸟，后来被看成一匹马，又被看成一架战车和马群；云朵被视为奶牛，大雨从它们的乳房中倾盆而下，或被视为奶妈，或是神圣的流水和湖泊；暴风被认为是巨鹰拍动它硕大的翅膀搅动空气而成。由于自然现象就像动物的外表或它们的行为，所以它们是以动物的形象作为表征。野兽不用思考，其行为好像受到某种不可思议的力量所驱动，似乎是某种非凡之物和神圣之物。

经过深思熟虑之后，人们发现只有人类被赋予了更高的精神力量。他们认识到以动物代表神圣之物是不恰当的。因此，《圣经》中出现了相反的描述："上帝以他自己的形象创造了人类，以神的形象创造了他自己。"人类现在以他们自己的样子造神了，不过同时，他们又将神看得比他们自己更为伟大、更为英俊、更为完美。一神论的上帝观，形成了日耳曼宗教的基础，很快被三神取代，三神的构成，首先是奥丁、维利和伟，后来是奥丁、霍尼尔和洛德。从中衍生出了十二天神，他们又和其他诸多神祇联系在了一起。多神教的起源非常复杂，原因众多。主要原因是将众多品性赋予了每一个神，同时他的行动范围也不断变化。由此他就被附上了众多名字。随着时间的推移，他和自然的同一性被忘却了，人们逐渐习惯了接受他所具有的诸多分离的个性。比如，强大的风暴之神乌坦，即北欧的奥丁，被视为最高的神和天界之王，他能激发好战和诗性的热忱。不过，被放逐的天王提尔，被尊崇为战神，而诗歌艺术被置于神圣的布拉吉的保护之下，在早期他本是籍籍无名。美神与爱神弗蕾雅，实际上就是大地女神，然而日耳曼的丰饶女神涅耳瑟斯（Nerthus）和北欧的乔德（Jörd）和琳达（Rinda）也被尊为美神与爱神；从弗蕾雅分化出了弗丽嘉，她是天界的王后，被抬升为奥丁的合法妻子。神的数量增多的另一个原因是伟大的日耳曼民族所跨越的广袤区域，它跨过了德国、斯堪的纳维亚，远至东方的俄国大草原。这一民族分化成了许多的部落，这是多神教出现的又一环境。这些部落在语言和信仰上是一个整体，不过每个部落都有自己的特色，都有它自己独特的部落神。他们有时会传播到其他部落，在战争期间，胜利一方要么会废黜失败者的诸神，要么会接受它们，将其加入自己的神系。

诸神和英雄传说中描绘的神圣王国

诸神之后，巨人和侏儒具有了个性，可以自由活动了。他们被假定互相之间具有人际纽带。他们被赋予了家庭关系，最终被纳入神圣王国的法律之下。由于人们已经忘记了诸神起源于自然现象，就得寻找关于他们命运和行动的其他动机，因此神话得以补充，被创造了更为深远的意义，而它此前的意义已经彻底发生变更。几百年来，风云变幻，引起了这种变化，日耳曼部落的命运已经发生了许多改变。他们摧毁了罗马帝国，在其废墟之上建立了家园。在那之后，这个骄傲的征服者拜倒在十字架之下，接受了基督教信仰。基督教教义逐渐传到了德意志，这些好战部落的故乡。那些传道者竭力地根除所有的异教遗留，当讲经布道无济于事时，已经改变信仰的统治者动用了武力。因此，旧的宗教完全从日耳曼抹掉了。在通行的风俗和传统中，仍能发现部分残余，一些断章残篇足以表明我们先辈的宗教与保存在北欧神话中的宗教之间的关联。

在北欧的斯堪的纳维亚有所差异，福音传教士很久之后才涉足此地。在那片国土上，好战的首领居住在由卫队守护的古塔和城堡中，喝着蜜汁和啤酒，或是从战争中带回家乡的外国酒。在那里，获胜的战士兴味盎然地讲述着他们的冒险航行以及劫掠故事，讲述着他们与霜巨人的战争，讲述着他们在风暴中的历险，讲述着他们与南方人的战斗。在那里，吟游诗人唱着颂扬诸神和英雄的短歌，将神话加工成了一个艺术性的整体，一场世界戏剧，并且有幸为我们保存了下来。接下来我们将要讲述这是如何发生的。

10 世纪，哈拉尔德·哈法格[①]被公认为整个挪威王国的国王。许多王公贵族从前都是独立的王侯，自尊心使他们无法屈尊于统治者，他们开始寻找另外的家园。勇敢的罗洛（Rollo）及其追随者征服了法国的诺曼底和布列塔尼，另外一些移民定居在了设得兰群岛（Shetland）和法罗（Faroe）群岛，还有一些人来到了位于冰岛荒凉的海岸之上的英格尔夫（Ingulf）和赫雷夫（Horleif）岛，在恶劣的气候条件下耕作定居。他们从原居地带来了吟游诗人的老歌，那是作为最为宝贵的遗产，父传子，子传孙，

---

① 哈拉尔德·哈法格（Harald Harfager，850—932），他的另一名字“秀发哈拉尔德”（Harald Fairhair）更为人知，中世纪史学家将其视为挪威第一任国王，统治时间约为 872—930 年。他的两个儿子血斧埃里克和大善人哈康先后继承了他的王位。——译者注

递相传承下来的。诚然，在10世纪末期基督教传到了冰岛，不过在那之前人们已经保存下了他们祖先的歌曲，首先是通过很不完善的文字，然后是借助由其他地区传来的字母，此外，基督教传教士多数都是冰岛人，他们极不愿意毁掉古老的传说。有的人甚至还聆听居民的歌曲，之后记录下来。这样，这些珍贵遗产就在冰岛和法罗岛保存了下来，从而免遭遗忘之虞。

据信，博学的冰岛人、智者萨蒙德编辑了《大埃达》，该书首次收集了这些古老歌曲，这些歌曲部分来自口头传统，部分得自不完全的鲁纳文献，那已经用拉丁文复制了下来。这部文集，根据假定的编纂者的名字，称为《萨蒙德的埃达》。在乌鲁斯巴（Wöluspa，瓦拉之歌）中，首先包含了北欧人的神话传说，有关他们对世界、巨人、诸神、侏儒和人类之创造的想象，然后是对最后之战和世界的摧毁及重生的描述；之后的歌曲是关于个体神灵的冒险和旅行，最后是对英雄们的颂扬，尤其是尼夫鲁那格斯（Niflungs）、杀掉龙形巨人法夫纳（Fafnir）的西格德（Sigurd）等等。同类诗集《小埃达》，被认为是由史诺里·斯图鲁松（Snorri Sturluson，1178—1241）主教编辑的，因此，这部诗集通常被称为《史诺里埃达》。其大部分篇章用散文写成，是对《大埃达》的评注，不过最初更多是用来教导冰岛吟游诗人的。

鲁纳语言和文字

“runa”意为“秘密”，因此鲁纳文是“需要解释的神秘符号”。鲁纳字母的形态让人想到它们是仿照腓尼基字母改编而成。显然，基于各种原因，鲁纳文在德国甚至被视为充满了神秘色彩，天生具有超自然力量。公元4世纪，菲拉斯（Ulphilas）为哥特人创造了一个字母体系，他将希腊字母巧妙地整合进鲁纳字母，组成25个字母，这与盎格鲁－撒克逊字母很是接近。鲁纳文逐渐地走向消亡，随着基督教的传播，罗马字母被引入，并取代了旧的日耳曼字母。此时的鲁纳文更多是一种记忆的辅助，而非一种书写方式了。它们主要用于记录思想的轨迹，保存至理和预言，以及对特别行为与重大事件的纪念。塔西佗[①]告诉我们一个过去的习俗，那就是将山毛榉细枝砍成小块，然后扔在事先铺开的衣服上，就可以通过木片在衣服上偶然形成的图案，解读出未来将要发生的事情。古老年代的英雄短歌已经消亡，鲁纳文被视为魔法，已被急切地根除于我们的祖国。因此，我们对我们先民的语言知识十分匮乏。不过我们知道它属于雅利安语的一支，因此与最高贵的雅利安语言、梵语或神圣的语言相关，音调富有变化。在中文和印度支那语中，仍能发现古老表达的贫乏，即使在今天，我们还可看到它们将单音节词几乎毫不相干地并置一起；在中亚的突雷尼语中，人们通过使用后缀竭力地表达他们连续的观念，不过这些后缀本身就是完整的

---

① 塔西佗（Publius Cornelius Tacitus，约55—120），古罗马伟大的历史学家，在罗马史学上的地位犹如修昔底德在希腊史学上的地位。塔西佗的著作主要包括《演说家对话录》（*Dialogus de Oratoribus*）、《阿古利可拉传》（*De Vita Iulii Agricolae*）、《日耳曼尼亚志》（*Germania*）、《历史》（*Historiae*，或译《罗马史》）、《编年史》（*Annuls*，或译《罗马编年史》）。将后两部史学著作合而观之，塔西佗所叙述的史事上起公元14年，下讫公元98年，大致包括了公元1世纪罗马帝国的历史。——译者注

字，因此如果书写粗糙的话，这种结合就会明显地被看成是单独的笔画。在各个部落开始寻找新家园之前，日耳曼民族的语言就已经超越了这一点。更多的字和其他字融合在一起，能够表达完整的思想观念。它通过代代相传的英雄传说和歌曲得以发展。

宇宙树

PART 2

诸神的世界

命运三女神

命运三女神在许多日耳曼故事中扮演着重要角色。她们常常照管泉水，出现在诸多皇室婴儿的摇篮边，送给他们礼物。每逢此时，前两位女神都对婴儿十分友好，而第三位则会预言与他有关的不幸事情。有时诺恩被认为是一个，她们被称为沃德；不过她们更多的时候被视为多个，尤以十二沃德最为知名。在“睡美人”这一可爱的故事中，出现了十三位仙女。国王邀请其中的十二位前往参加

命运三女神

他为小女儿举办的生日宴会。十一个仙女赋予了这个孩子智慧、美丽、财富以及其他美好的天赋。忽然，第十三个仙女不期而至，她发出预言，说小公主会受纺锤之刺而早夭。第十二位仙女走上前来，她的一席话对那可怕预言带来的苦痛稍有缓解，她说女孩不会死去，不过她要沉睡百年之久，当时机成熟，她就会苏醒过来。最终，一位年轻的英雄披荆斩棘，来到她的身边，向她献上一吻，唤醒了这位睡美人。

沃德或乌德（Wurd）亦与死亡女神赫尔有关：在过去，有生之物死掉之后，就会堕入阴间。在有的故事中，赫尔显身为诺恩，拉动着无可置疑的命运之线（在德意志的传说中她是命运三女神），她是名为赫尔德的坏仙女，背叛了女神的身份。

诺恩的起源神秘莫测，不过，那些有时和精灵难以区分的侏儒，是由诸神创造的。

侏儒和精灵

北欧神话中有三类侏儒：莫德苏格尼尔（Modsognir）族、杜林（Durin）族联盟和德瓦林（Dwalin）的劳法（Lofar）族联盟。劳法可能与火神洛基差不多，因为所有的侏儒在地下劳作时都需要他的帮助。在古老的日耳曼诗歌中，我们经常发现对侏儒王的描写，他统治着地下王国，挪威人认为莫德苏格尼尔人和杜林人异常强大，这更多是由于他们那不可思议的力量和丰富的魔法知识，而不

侏儒

是他们对确定领域的掌控。有些作者指出，对这些畸形的像妖精似的生物的崇拜，与腓尼基人在北欧的出现有关。这些游动的商人不管走到哪里，总是试图得到他们所到访国家的原始产品。腓尼基人在希腊和小亚细亚的海滨寻找紫色贻蚌；在希腊的利姆诺斯岛（Lemnos）、萨索斯岛（Thasos）和潘格恩（Pangean）山上发现了丰富的金矿藏，便在那里掘金。利姆诺斯岛上有一座火山，被视为赫菲斯托斯[①]的熔炉。他们在西班牙开采银矿，人们在那

① 赫菲斯托斯（Hephaestos），希腊火神，一说是位手艺高超的工匠之神。他又驼又瘸，在众神之中最为丑陋，然而他心地善良。爱神与美神阿芙洛狄忒（即维纳斯）是他的妻子。阿芙洛狄忒曾与战神阿瑞斯偷情，被赫菲斯托斯用精心制成的网抓住。——译者注

里发现了古老的竖井和通道，以及采矿工具，甚至还有拱形的地下小教堂。他们在爱尔兰采掘银矿，在英国开采宝贵的锡矿，在北欧，他们同样也在做着采矿的活儿，并且在地上有熔炉和铁匠铺，以便冶炼和锻造采到的矿石。当未开化的人们听到叮叮当当的击锤声，看到乌黑如炭的人，矮小瘦弱，像从地底下冒出来一样，很自然地，他们会相信妖精（Kobolds）的存在。他们认为这些陌生人强大有力，因为他们的内心被这些人的神奇的环境、绝妙的武器、美丽的装饰，以及在火光飞溅的熔炉中打造的精致时尚的艺术品深深吸引。这些精明的手工艺人一定是经常用阴谋诡计给头脑简单的野蛮人带来灾难，因此侏儒被认为是虚伪奸诈的，每个人都被警告要提防他们的阴谋。

不过，这些特征很可能是用于描述这个国家的早期居民的，可能比用在腓尼基人身上更好，他们被日耳曼入侵者赶出了家园。这一民族的人们比其入侵者更为弱小，他们到湖边或地下洞穴避难，躲在他们挖掘的矿山中，锻造各种各样的器具，经常以其聪明智慧挫败入侵者。

诗歌以这些洞穴和山洞中的居民为素材，创造了那些奇异的生命，名之为矮人或黑侏儒，因为他们黝黑肮脏，因为他们在地球的黑暗角落里东找西寻，做着铁匠的工作，很会赚钱赢利，奸诈虚伪。他们所生存的黑暗世界被称为黑侏儒之国。

在德国神话中以同样的名字称呼他们，不过形式稍异。在中世纪，他们的统治者是格德玛（Goldemar）国王，在诗歌中，格德玛国王的兄弟阿尔贝利希（Alberich或 Elberich）以及狡猾的惯偷埃尔伯格斯特（Elbegast），比他声名更盛。在英国，他们被轻巧的空中精灵取代了，精灵在山边和山谷中围成圆圈跳舞，不过他们最喜欢出没于偏僻的绿色林地和果园之中。在这里，奥伯龙（Oberon）国王和泰坦尼亚[①]王后有隐形的王宫和花园，人们有时会发现进入其间的道路，在回返之后，他们会向相信此事的人群讲述这些奇观。只要你是一个有些诗意的人，并且习惯在寂静的夏夜漫步穿过树林，你就会看到这些小人梦幻般的身姿，他们在树林的空旷之处或潺潺的小河边欢快地跳着舞。

在神话和传说中，同样有名的人物是那姆波·尼普（Number Nip），他是巨人山区（Riesengebirge）强大的国王，有关他的能力，许多奇怪的传说中都有讲述；直至近代的启蒙运动才将他逼进了地下王国。

光精灵和黑侏儒不同。他们住在光精灵之国，公正、善良，和精灵有些像，不过不像精灵那样轻灵优雅。没有神话涉及这些温和的生灵，这清楚地表明了黑侏儒和光精灵的区别最初不为人知。

人们普遍认为精灵是神，他们精通魔法，掌管植物的生长。有些精灵住在地下，另一些住在水中，他们时常来到人间，能和人类和睦相处，遇到困难时，会向人类求助，并且向帮助他们的人施以慷慨回报。他们看上去并不总是丑陋。实际上，他们有时显得美丽绝伦，每当出现在人类面前时，他们习惯于佩戴华丽的金饰和宝石。如果有人靠近他们，碰到他们在满月之夜跳着圆舞的话，他们就

---

① 泰坦尼亚（Titania），中世纪德国神话中小仙女之王的妻子。天文学中的天卫三，围绕天王星运行的卫星即以她命名。——译者注

会将其拉进圆圈，再也不放此人回归家乡了。侏儒和精灵持有戒指，以此发现并获得地球上的宝藏。他们送给朋友魔戒，只要主人用心保管，就能带来好运；不过一旦丢失，就会面临难以言表的灾难。

一位波兰伯爵曾经接受了一个小矮人赠送的戒指，他答应以此庆贺在他的城堡正厅中举办的婚礼。戴着这枚戒指，他的事业幸运连连：他的地产繁荣昌盛，他的财富不断增加。他的儿子享有了同样的好运，他的孙子亦是如此，他们依次继承了那件宝物。最后一位继承人被加封为亲王，在波兰军队中表现出色。在玩耍时，他不小心丢掉了戒指，尽管为了找回戒指，他付出了成千上万的金币，不过却再也找不回来了。从那以后，好运就离他而去：蝗虫吞吃了他的庄稼，地震摧毁了他的城堡。他的厄运似乎也牵连了他的祖国，因为俄国人轻松地侵入了波兰，当苏沃洛夫（Suwarrow）猛攻布拉格时，那位不幸的亲王被军刀砍伤了眼睛。此后虽然有所恢复，但刀伤使他完全破了相。他陷入困顿，悲惨得像个乞丐，来到祖先的城堡，就在第一天晚上，倒塌的房子将他碾成肉泥。此时，相距他的祖先在大厅内戴着戒指举行婚礼的日期正好一百年。

除了这些戒指，侏儒和精灵一样，还有其他贵重的宝物，比如黑斗篷，披上它，小矮人就隐遁无形了；还有束腰带，穿上它能变得无比美丽。

这就是如此之多的贵族骑士被美丽的女精灵迷倒的原因。不过他们的婚姻总是有一个悲伤的结局，因为夫妻两个的本性差异巨大，人类和精灵之间没有真正的纽带。还由于精灵被视为死者的灵魂，所以他们和人类之间的任何结合都是无法幸福的。

巨人

对那些在薄暮或雾霭中穿越某些荒无人烟的山谷的旅行者来说，从树林或沟壑中伸出的岩石，从他的角度看去，似乎有着奇特古怪的外形。比这更为奇特的是山顶模糊的轮廓，尤其是那些四散着的裸露在地表上的花岗岩或玄武岩角的轮廓。古代，在人们更易受到生命或自然的运行印迹的影响之时，当他和他所幻想的生物居住在荒野之中，那些了无生气的石头在他看来就像是活的东西，在灰白的雾气之中频繁地移动，在薄暮或月夜中赋有了魔力，但是，每当早晨的第一缕阳光照到他们身上，他们马上又变成了石头。

在大阿尔卑斯地区和斯堪的纳维亚地区，这些形象变得更加荒谬怪异。彼处的山峰、山脊和山涧之上终年覆盖着冰雪，那些飞泻而下的急流、不断成长的冰川、不时坠落的岩石和雷鸣般的雪崩，皆被看成恶魔的力量，即北欧传说中的霜巨人。在低地山区同样发现了这些邪恶的生灵。对利森山脉将其名字赋予了他们，哈尔茨山脉被哈尔茨的灵魂和其他恶魔纠缠。

与此相关的是暴风和大风暴的幽灵，他们住在山的裂隙之中，呼啸而出，裹挟着滚滚乌云，在旷野上空播散着灾害。怒吼的大海有时亦被视为一个巨人，有时被当成一条缠绕着米德加德的巨蛇。作为一条蛇，他们和那些水域一样，击溃人工堤坝，咆哮着冲过肥沃的平原，一路吞没城镇、村庄以及那里的居民。巨人罗吉（火焰）和他的子孙与家族，最终以每场大火的始作俑者而闻名，在火焰中可能会看到他们的身影，他们头上佩戴着火冠。这些恶魔都是人类的敌人，他们不遗余力地阻碍人类的工作，摧毁他们的劳动成果。

> 因为这些自然力量，
> 皆是人类手工造物的敌人。
>
> ——席勒

因此，人类向他们献祭，供奉他们的神坛和圣地，寻求与他们的和解，直至作为精神力量的诸神出现并与之奋战，不过并没有将他们从人们的心灵之中彻底驱除。在希腊神话中，颇具摧毁性的自然力量表现为提坦和巨人，他们被完全压制抛弃了；不过在北欧，这些力量更为狂野恐怖，战争一直持续到火巨人苏尔特尔及其诸子穆斯贝尔共同投入最后之战，毁灭了诸神、人类和世界，开创了一个更好的秩序为止。

像所有神话一样，巨人和毒龙的故事不断地演进。最初，自然事物被视为与这些奇怪的事物是同一的，然后岩石和峡谷成了他们的居所，最后他们被视为有着鲜明的个性，并且有自己的王国约顿海姆。他们在此处或彼处显身，在和平和战争之时与诸神和英雄会面。可能他们起初并不总是被看成是邪恶的和敌对的，因为泉水和小溪流出地表，滋养着人类和生灵。它们浇灌着大地，人类得以五谷丰登；暴风净化了空气；海洋是轮船的通天大道；家庭用火，或是居于其中的精灵，是北欧人漫长的冬夜中最为之欢呼庆贺的朋友。不过理性有序的诸神取代了他们的位置，他们只能表现为野性难驯的自然之力，对抗着人类依靠上天力量的帮助所获之物。

在北欧，巨人被称为约顿（Jotuns），意指饕餮之徒，可能与一个日耳曼部落的名字有关，该部落是居顿（Jüten），他们赶走了日德兰半岛上的原住民。他们亦被称为瑟鲁斯（Thruses），亦即饥渴（thirsty）、狂饮者。在德国，巨人名为胡伦（Hünen），是依据他们往日的敌人匈奴（Huns）为名。在威斯特伐利亚，巨大的坟墓和祭祀场所属于异教徒的时代，它们被发现于威悉河和易北河畔，被指认为匈奴人的河床，我们以同样的方式认出了匈奴人的戒指。这些圆形的石墙，意在围住圣物和神圣的地点，就像《埃达》中所描写的诸神的居所围绕着栅栏和树篱一样。

最后，我们一并叙述由两个相关的故事组成的神话。我们在名字中仍能辨认出自然现象。

首先从巨人伊密尔开始，他生了三个强大的儿子：卡利（Kari，空气、暴风）、赫勒（Hler，大海）和罗吉（Logi，火）。卡利是一个人数众多的民族的始祖，他最强大的后代是弗洛斯蒂（Frosti，霜冻），此人统治着远北一个强大的帝国。弗洛斯蒂时常入侵并劫掠邻国，有一次他来到了斯纳尔（Snar，雪）国王统治的芬兰。在那里，他见到了国王的女儿、美丽的米奥尔（Mioll，闪烁的雪花），对她一见钟情。但是傲慢的国王拒绝了他的求婚。因此他悄悄让人给她传递了一条消息："弗洛斯蒂爱你，想和你共享王权。"她回答道："我也爱他，我会在海边等他。"弗洛斯蒂如约而至，将新娘拥在了强壮的臂膀中。不过密谋被识破了，斯纳尔的军队埋伏起来，袭击这对恋人，他们向这位英勇的战士射出了无数支箭。不过弗洛斯蒂全不在意，射在他银盔上的箭就像钝针一样纷纷落地。他的马像暴风一样在敌营横冲直撞，载着这对恋人越过大海、高山和山谷，安全地抵达了自己的王国。

宇宙和天上的宫殿

我知道有九个家园，九个分支
从那棵强健之树中长了出来，
直插进地底深层。

这是女预言家瓦拉的话，她唱出了创世、诸神和宇宙的毁灭。在她口中，家园或世界就像阿萨宇宙树的树枝一样长了出来。九个世界从来没有被依次枚举，只是根据其特征加以区分。在宇宙的中心，诸神建造了人类的居所米德加德，倾倒出大海，像蛇一样围绕着中庭。他们建造了一座防御城墙，抵挡大海的侵袭和巨人的进犯。巨人远远地住在外宫约顿海姆或乌特加德的海边。地球之上是华纳海姆（Wanaheim），聪明的华纳（Wanes）的家园，对此我们将在后面进一步论述。黑侏儒的居所在地下，或许在那些区分阴阳两界的河流所流经的阴暗的溪谷中。冥界赫尔海姆，围绕着北欧的迷雾之国尼夫尔海姆。

南方是火之国穆斯贝尔海姆，苏尔特尔手持火焰剑统辖此地，穆斯贝尔的诸子也在此地居住。中庭米德加德之上的晴朗太空，是诸神和人类的朋友光精灵的家园。在中庭之上，比光精灵的家园更高之处，诸神建造了坚固的仙宫阿斯加德王国，此处以黄金和宝石装饰，金碧辉煌，不

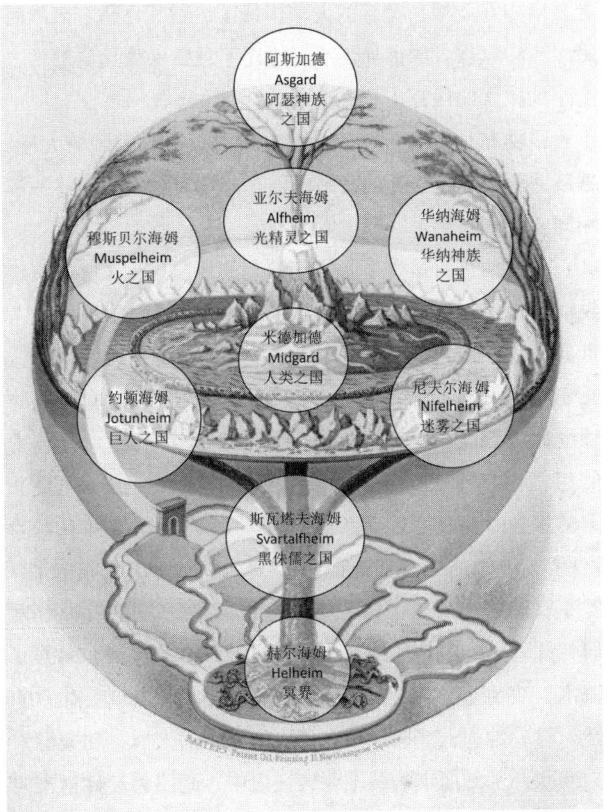
阿斯加德
Asgard
阿瑟神族
之国
亚尔夫海姆
Alfheim
光精灵之国
穆斯贝尔海姆
Muspelheim
火之国
华纳海姆
Wanaheim
华纳神族
之国
米德加德
Midgard
人类之国
约顿海姆
Jotunheim
巨人之国
尼夫尔海姆
Nifelheim
迷雾之国
斯瓦塔夫海姆
Svartalfheim
黑侏儒之国
赫尔海姆
Helheim
冥界

九大世界

老之泉亦在此地。宽阔的大河伊峰（Ifing）分开了诸神的家园和约顿巨人的世界，不过这还不足以保障其免遭精于魔法的巨人的侵犯。

诸神在仙宫为自己建造了城堡以及金光闪闪的大厅。据载共有十二座这样的宫殿，但是诗集对它们的描述各不相同。

高居仙宫的是奥丁的宝座希利德斯凯拉夫（Hlidskialf，晃动的门），这位统辖一切的诸神之父在其上俯视着大千世界，观察着人类、精灵和巨人的举动。阿萨的宫殿有：托尔的住处闪电宫（Bilskirnir），有540层高，位于他的领地斯鲁德海姆（Thrudheim）；紫杉宫（Ydalir）是英勇的弓箭手乌勒（Uller）的住处；银宫（Walaskialf）是瓦力的银色厅堂；水晶宫（Sokwabek），乃历史女神萨迦的宫殿，《埃达》中有如是记载："冰凉的水从中不停流淌，奥丁和萨迦在那里手持金杯终日饮酒。"圣洁的女神萨迦居住此间，吟唱着诸神和英雄的事迹。她的歌声如同潺潺流水，直到苏尔特尔的火焰毁灭了九座家园和所有的圣殿。然后她加入那些从火光剑影中逃生的人群，和他们来到北欧，来到斯堪的纳维亚居民之中。她用另一种语言向他们歌唱日耳曼英雄的事迹。不过她的声音并没有消失得无影无踪，其中有一些很可能保存在了《埃达》之中，留下了一份永远不会丢失的诗歌宝藏。

第五座宫殿被称为金宫（Gladsheim），它的主人是诸神之父奥丁，其中有圣雄们的大厅瓦尔哈拉神殿，该宫殿有500个大门。整座华丽的建筑被格拉瑟（Glasir）树林中的金色树叶围绕。惊雷宫（Thrymheim）是巨人提阿斯（Thiassi）的女儿的居所，她本来应该居住在巨人之家约顿海姆，但是诗集中将她安排在了仙宫阿斯加德。

宽宫（Breidablick）① 是辉煌的巴尔德尔的寝宫，在这里纯洁无染诸恶不作。诸神的守卫海姆达尔（Heimdal）住在极乐宫（Himinbiörg），受祝福的神在那里饮用蜜酒。第九座城堡福宫（Folkwang）② 的主人是强大的弗蕾雅，她在那里集中了从战场上死掉的英雄。明宫（Glitnir）③ 中住着公正之神凡赛提（Forseti），他的职能是担当裁判，平息争端。海宫（Noatun）④ 是尼奥尔德（Niörder）的城堡，他是人类之君，财富和轮船的保护神。第十二座天宫是伟宫（Landwidi），奥丁之子、沉默的韦达的居所，他在最后之战中报了杀父之仇。

以上足以说明这些天上城堡的神秘意义了。它们很可能指的是天道十二宫。因为这些宫殿没有一所是分给战神提尔的，他们也没有将女神的厅堂温冈尔夫（Wingolf）或弗丽嘉王后的宫殿芬瑟尔（Fensal）计算在内。根据这一假定，十二宫殿的主神即是十二月份神。比如，住在紫杉宫的乌勒是弓箭之神，常常指引着冰鞋滑过的银色冰道。他是狩猎保护人，在冬天，太阳越过人马座后，他便成为主宰。在神话中，弗雷或弗蕾雅跟在他的后面。在他长大成人之后，诸神将光精灵之乡作为礼物送给了他，此地位于太阳里面，不在仙宫的居室之列。

在北欧的冬至日，太阳神亦得到重生。所以，圣诞节

① 意为宽大的外形，故译为“宽宫”。——译者注

② 直译为“福克旺”，此处译为“福宫”。——译者注

③ 直译为格利特尼尔，有闪亮、发光之意，故译为“明宫”。——译者注

④ 直译为海宫，有大海旁边之意，故译为“海宫”。——译者注

就是以宴会和饮酒庆祝日渐增多的阳光的节日；那时，弗雷的野猪被作为牺牲献祭，牛角酒杯在成队的客人中间逐次传递。故事告诉我们，瓦力的宫殿覆盖着白银。循名责实，水瓶座指的是，当太阳经过这一星座所属的天空时，在远北将会看到一个动人的景象，白雪覆盖着千里冰封的群山，散发着银子般的光芒。对于这一主题的深入探讨，我们就此打住，因为这些都只是猜测，对神话深层意义的揭示还留待将来。

命运三女神（赫尔曼·亨德里希绘，1906）

PART 3

诸神的敌人

诸神安然地居住在金色的宫殿里，享受着权力的愉悦。瓦尔基丽负责挑选死者，是奥丁的信使，身着亮丽的盔甲，骑着白马。她们将英雄的灵魂从血腥的战场带到仙宫。到达格拉瑟树林之后，她们翻身下马，让英雄们站在金色树叶的阴影之下，进入瓦尔哈拉神殿。在那里，他们迷离的眼神恢复了明亮，在看到奥丁的铠甲、野狼和神鹰之后，他们认出了为他们准备的厅堂。他们看到了由长矛覆以盾牌建造的屋顶，以及铺着柔软的链甲的座椅。随着他们的到来，武器闪闪发光，比他们早来的众多英雄为他们干杯，以示庆贺。他们喝着由山羊海德伦提供的蜜酒，尽情享用着从野猪沙赫利姆尼尔（Sahrimnir）身上割下的烤肉，它在每天晚上又会长出新肉，第二天继续供英雄们饱餐。

主神坐在十二个王位之上，最高之神奥丁极尽荣华，他右手拿着长矛冈格尼尔，头戴金色盔甲。他不像在领导军队作战或向敌军投射致命的长矛时那样威严，而是面露亲切的笑容，欢迎这些高贵的战士的到来。两只宠物狼在他脚下玩耍，他将自己的膳食扔给小狼，小狼就向他摇头献媚。他不需要吃饭，因为他只要喝红葡萄酒就足以保持旺盛精力。伟大的奥丁站起身，穿过厅堂，走向他的宝座希利德斯凯拉夫，整个仙宫随着他的脚步而战栗。他坐上王位，俯瞰整个世界，远处是闪烁的火之国穆斯贝尔海姆，黑暗的苏尔特尔腰扎火焰带，手持火焰剑，伺机而动，至今仍是徒劳；在米德加德，生活着碌碌凡人；再往下方深处，黑侏儒在辛苦劳作。他的两只渡鸦，胡根（思想）和穆宁（记忆），飞向了他，栖在他左右两肩上，向他窃窃私语，汇报它们在外界探听到的秘密。这位最高统治者不安地盯着巨人之国约顿海姆，引起动荡的事情就要发生了。

洛基及其子嗣

灰色的薄暮笼罩了巨人的世界，奥丁认出了昔日的伙伴洛基，他们曾是结义兄弟。洛基在约顿海姆组建了家庭，娶了可怕的女巨人安格波达（Angurboda，带来痛苦者）。他们有三个孩子，都是恐怖的怪物：狼怪芬里斯、蛇妖尤蒙冈多和可怕的赫尔。只要看上赫尔一眼，所有的生灵都会僵硬死亡。她的双脸，一边惨白如尸体，另一边黑暗如坟墓。当幼狼张开血盆大口吞食父亲给他的食物时，他的样子同样令人恐惧。蛇妖盘在安格波达身上，仿佛要把她缠得粉身碎骨。

诸神之父不再注视那恐怖的景象，因为厌恶而颤抖了一下。他看到他聪明的儿子赫尔莫德站在他面前。他指着约顿海姆的方向，要求赫尔莫德向诸神传达他的命令，他们必须立刻启程，将这伙巨人带到他面前。强大的诸神遵循国王的命令，随即出发，勇敢的提尔一马当先，穿过彩虹桥和伊峰河，到达霜巨人那荒凉的国土。

洛基像诸神一样英俊，不过一肚子坏水。诸神在他城堡的庭院里发现了他。他正和他的怪物子女玩耍，没有注意这些使者的到来。神使径直走到洛基面前，向他宣布了奥丁的旨意。他本应拒绝执行，不过强壮的提尔晃动他的拳头以示威胁，他屈服了，连同他的子女一起来到了仙宫。他直接被带到了奥丁的宝座之前。可怕的赫尔明显地变得更为巨大，深陷的双眼闪着光，她伸出双手，像要打死伟大的诸神之父。同时，蛇怪尤蒙冈多高耸起脑袋，她盘起身体，就像一根扭曲的柱子，她紧咬牙关，喷出一口毒液，诸神吓得赶紧躲避。奥丁用他强大的双臂抓住双怪，将她们扔出仙宫，扔到邈远之处。

赫尔沉陷了九个日夜，穿过泥淖、沼泽和迷雾之国的冰岩，穿过基奥尔河，一直下陷到冥界，这个地方分给了她，从那以后她就统治着冥界。蛇妖沉进了围绕米德加德流动的大海，隐藏在了海的深处。诸神和人类都看不到她，她不断地成长，身体缠绕起无数的圆圈，直到她丑陋的头部够到尾巴。最终，在诸神的黄昏（诸神的审判）到来，她又浮出海面，助纣为虐地导致了世界的毁灭。狼怪看到他的姐妹被扔出仙宫，发出狂暴的怒吼，在约顿海姆都能听到他的喊叫。不过他没敢反抗，提尔将他带离了恼怒的奥丁面前，离开了天国之塔，带到了斜倚米德加德的仙宫小山上，在那里，提尔每日喂养他。

奥丁仍然端坐于宝座之上，思考着一切，关注着一切。诸神默默地站在他身边，不过洛基却轻巧地挣脱铁链，趁无人注意逃走了，回去筹划更多的阴谋。然后奥丁手指南方，在那里，穆斯贝尔的诸子在火热的领地走来走去，火巨人苏尔特尔在宫中挥动着他的火焰剑。“披挂上你们的盔甲，”诸神之父说道，“我忠诚的臣民，你们要剑不离手，因为天国陷落的日子快到了，破坏者将和他暴躁的主人穿过彩虹桥，从南方而来。预言之神来到了我身上，我预知那些我们暂时制服的怪物，有一天会加入破坏者的行列和我们作战。振作起来，勇敢的人们！提高警惕，防止任何罪恶玷污圣塔的纯洁，因为那是我们能够避免毁灭的唯一途径。”

说完之后，奥丁从他忠诚的手下面前走向瓦尔哈拉神殿。

同时，邪恶的巨人族保持着与诸神的敌对状态。他们筹划着阴谋，时刻想着为他们的祖先伊密尔复仇。好战的赫朗格尼尔（Hrungnir）在约顿海姆等待着时机；像当地岩石一样坚硬的索列姆，居住在富丽堂皇的城堡中的提阿斯（Thiassi）和盖洛德（Geirod），以及其他巨人，都披盔戴甲准备作战，他们时常突袭他们憎恨的诸神。不过海姆达尔守护着仙宫的安全，强壮的托尔随时准备着迎战怪物们。

这一神话向我们揭示了它的深层含义，即这些北欧民族所思考的宇宙中善恶之战的观念，由光明王国对抗黑暗王国的永恒战争，由自然界温和仁慈的力量对抗具有破坏性和毁灭性的力量。可怕的漫长黑暗的冬季、致命的暴风雪、荒凉的山脉和冰川，在人们的想象中，它们成了险恶的怪兽，试图摧毁世界。因此，秘密的、能够治疗疾病的女神赫尔，最初是滋养万物的大地母神，变成了死神、一个可怕的怪物，被她瞅上一眼就会死亡；汹涌澎湃的大海，北欧人认为它包围着地球，变形为米德加德蛇；最后时刻世界的毁灭，被吞噬万物者芬里斯狼代表，他吞吃了宇宙之父。更为显著的是洛基，他在早期被视为是善良的，是火神，是温暖的家庭灶神，在前面所述的神话中被当成了一个邪恶的力量，在后来的诗集中他变得更为恶毒，尽管火是北欧人日常生活中绝对不可或缺的事物。

呈现在我们面前的第一个三部曲是博尔的儿子，亦即奥丁、维利和伟，他们对应了空气、水和火这三种元素。伟赐予了新创造的人类血液和青春健美的肤色，因此他是一个善神。不过他在另一个三部曲中被说成是巨人，这个三部曲指的是卡利、奥吉尔和洛基，是空气、大海和火的另一形式。还有更进一步的证据能够表明他属于巨人族，即他的父亲是巨人法布提（Farbauti，划桨手），他的母亲是女巨人劳菲（Laufey，多叶岛），前者可能是在洪水中乘坐小船逃生的巨人，后者则是他划桨到达的岛屿。

正如美丽的法罗岛上的农民歌曲和巨人歌曲中所言，起初，洛基是一个有益的神，一个伟大的神。直到他从他所属的元素中完全剥离出来，并发展出独立的人格，他才被视为邪恶的根源。火的毁灭性力量同样与巨人穆斯贝尔有关，但是他从不活跃，没有破坏性。他的诸子火焰，是格鲁海姆或穆斯贝尔海姆中具有威胁性的邪神，最终被召集在一起，形成了巨大力量，参与了威格里德战场上的最后之战。不过，他们的统帅不是穆斯贝尔，而是黑暗的苏尔特尔（黑烟），他喷吐着火舌，就像一把火焰剑。

在 8 世纪和 9 世纪巴伐利亚和撒克逊的一些手稿中，表明日耳曼民族共有这些观念，其中包括了神秘的单词“穆斯贝尔”，从如下译文中可以见出：“穆斯贝尔的力量传给了人类”，“穆斯贝尔神踪飘忽，倏来倏往，就像黑夜里的盗贼”，在世界末日，“由于穆斯贝尔，朋友毫无助益，因为就连宽阔的海面上都着起了火”。

这一战争永远存在，它持续不停，没有终止。不过如

奥丁、芬里斯狼和苏尔特尔

果雅利安人相信善神是纯洁无瑕的话，诸神就不会这样了；他们既非圣洁无染亦非长生不老。就像希腊神话中的赫拉克勒斯（Herakles），他们和有害的怪物作战，他们在一定程度上打败了怪物，但不是彻底将它们制服；他们有过失，最终，像自焚的希腊英雄一样，他们在燃烧世界的宇宙之火中丧生。这些观念为日耳曼民族所特有，不过，他们有可能是从雅利安人的共同家园中汲取了一些素材，当他们定居于所拓殖的领地时，当受到气候和周边国家或好或坏的影响时，他们以自己的独特方式使其发展并润色成形。

PART 4

格列菲国王和阿萨神族

格芬

根据传说，很久以前，瑞典还潜藏于海底，大海深处突然出现了一个裂口，吞掉海水，现出陆地。陆地干涸以后，天国的飞禽衔来各类树木、花草和药草的种子。这片国土变得绿意盎然，鲜花遍地，如同国王宴会厅中的地毯一般艳丽动人。这里同样出现了各种各样的动物，有的对人类有益；有的胆怯地躲在远远的地方。此外，还有熊、猞猁和贪婪残暴的狼等野兽。

后来，人类到瑞典定居了，他们在这块土地上耕种，并且开始贸易往来；他们增速迅猛，很快遍布整个国家，建造了村庄、城镇，以及供贵族居住的大城堡。他们是一个好战的民族。他们和住在森林中的野兽作战，和潜行捕食的约顿巨人以及山中巨怪作战。他们是一个自由的民族，选择他们中间最勇敢的英雄担任领袖——首领（Jarls）和诸侯（Princes），他们保卫国家免遭任何敌人的进犯，那些敌人可能会侵扰辛苦劳作的百姓。最为聪明的首领成为国王，住在斯格苏纳（Sigthuna）的城镇中。

格列菲（Gylphi）国王曾经统治过这个民族，它比居住在米德加德的任何其他民族都更为强大、公正和英明。任何敌对的军队或强盗都不敢跨过这个王国的边境，据说，就连野兽也不敢伤害这里的居民，所以他们对自己的领袖怀着极大敬畏。天下太平，格列菲安居王位，他有足够的闲暇满足他对最高明的知识和智慧的追求。他认识天空中的星辰；他拜访地底下的侏儒，向他们学习如何勘探金矿，怎样将金属打造成家庭器具、武器和光亮的饰品。

此外，他还掌握了使用神奇的鲁纳文的艺术，借此他能够铲除毒蛇，从坟墓中召唤死者的灵魂，并且能够易容，使人认不出他。他和属下经常举办宴会，他们一起喝蜜酒和泛着泡沫的麦芽酒。在娱乐的过程中，吟游诗人总是来到现场，用他们美妙的竖琴愉悦他和他的英雄；因为他喜爱音乐胜过一切，宁可无饮食，不可废音乐。

有一次，国王颇不耐烦地推开泛着泡沫的酒杯，因为时常在酒宴上取悦他的吟游诗人没有到来。忽然，外面传来了竖琴声，音乐是如此美妙，所有的听众都满怀期待，琴声十分响亮，就像十二个吟游诗人聚在一起弹奏竖琴。门打开了，一个高高的女人走进大厅，她看上去温柔又美丽，行止就像一位女神。她走向国王，弹起竖琴，唱道：

幽冢森森不生寸芒，
君王必知天命难违抗，
我将圣歌举向九重霄，
声震穹苍愈唱愈高昂。

我凝眸注视瓦尔基丽，
以神秘之吻迎接英灵飘荡，
自血染的沙场飞往极乐地，
那里永无黑夜与死亡。

巍峨圣殿聚甲盾铿锵，
随主君踏虹桥入殿廊，
忽闻云外环佩鸣琳琅，
女神献觞歌彻穹苍。

她们乘翼马无声翱翔，
降临松柏长青的墓园，
吟唱光明与爱的诗章，
奥丁圣殿里永驻春光。

歌声开始变得阴郁而悲伤，就像从坟墓中传出的声响；不过音乐仍在继续，更加深沉宽广，还在颂扬着伟大的战士们的命运，然后音乐又变得轻柔，仿似温暖的春风在浅吟低唱，它诉说了自然的轮回。

她反复唱着“这里曾是奥丁的故乡”，她边唱边弹着竖琴，琴声悠扬，令人兴奋。所有的英雄都兴高采烈，想象着看到了接引战士亡灵的瓦尔基丽们，将他们带到了瓦尔哈拉神殿。

大厅里一片沉寂，当让他们如痴如醉的歌声逐渐停止，国王从座位上站了起来，说道：“美丽的少女，请报上你的芳名，你为我们献出了如此美妙的歌声，你想要什么报酬？我以国王的名义发誓，即便你想要半个瑞典，我也会同意。”

她答道：“我小时候，被阿萨神族和约顿巨人族称为赐予者格芬（Gefion），如果你确实想给我回报，我想花上一天一夜，用四头公牛绕圈犁地，求你把犁出的土地赏赐给我。”

格列菲惊讶于少女没有要求更大的礼物，立即答应了她的请求。她启程离开了，很快返了回来，带来了她的四头公牛。这种公牛身形巨大，长相奇特，在瑞典从未得见。它们着实很像移动的大山，白色的前额散发着圆月般的光辉。它们套上了一架有着一百个分股的犁具，犁具插进地表的最浅处，犁开了土壤。公牛拉着犁具一路前行，一直走进了大海。驾驭耕牛的格芬，在目瞪口呆的国王和人们面前越长越高，巨大的波浪只及她的腰部，就像在和她的膝盖玩耍。她日夜耕耘，不知疲倦，最终她将取走的国土安置在了一个浅滩上。她将其牢固地固定在了此处，并且命名为西兰岛（Zealand，海岛）。她让四头公牛踩在上面，公牛们随即长高，并且在她的符咒的作用下变成了强壮的小伙子，原来他们是她和一个巨人所生的儿子。在她的照料下，那座美丽的海岛很快就繁荣起来。树木茂盛的群山、绿草覆盖的牧场、肥沃富庶的田地，不仅让西兰岛人丰衣足食，而且让他们的生活安定幸福。此后修筑了一座辉煌壮丽的住宅赫勒德拉（Hledra），格芬，这位公认的领袖，居住在彼处，统治着她的臣民。她嫁给一个名为斯格尔德（Skiold）的人，并且养育了众多声誉卓著的国王。

格列菲在阿斯加德宫

格列菲在他的家乡斯格苏纳（Sigthuna）听说了所有的事情，他满心疑惑。他看到了罗格湖（Lake Loger，现在称为马伊拉湖），它就在公牛犁过的土地的位置。他从旅行者那里听说，西兰岛海角就像他自己国家的马伊拉湖的港湾。他意识到了格芬是阿萨神族之一员。他日思夜想，琢磨着他们是怎样变得如此强大。他询问了王国里的吟游诗人和智者，他查询了他的鲁纳符文，却一无所获。

《冰岛手稿》中的格列菲国王

由于依靠智识不能达成他的期望，他决定踏上征途，找寻强大的阿萨神族的居处，即使此举会搭上他的性命。他的心已经飞到仙宫，他想着他会从仙宫居民那里学到世界的创造和毁灭，学到阿萨神族的力量和他们的治理方式，掌握人类的命运，然后他会将这些事情全都告知人类。

格列菲国王学习了魔法，将自己变成了一个不起眼的普通旅行者，自称冈勒利（Gangleri，意为疲倦的流浪人）。他走过漫漫旅程，穿过中庭米德加德，最终来到一座宫殿面前，宫殿高大阔远，他根本无法测度其高度和周长。他迈进大门，映入眼帘的是一所巨大的厅堂，一眼望去，幽深无尽。在左右两侧，他看到了其他宅邸，每处都以炮塔作顶，金光熠熠。那里还有一棵树，树冠直插云霄，杳不可寻，枝丫铺展开来，像是蔓延到了整个世界。

有一人站在宫殿门口，手中玩耍着七把刀。他将刀抛向空中，随即接在手里，看上去形成了一个闪亮的光圈。他质问来人所欲何为，格列菲回答说他名叫冈勒利，想要借宿一晚，还希望能和宫殿的主人见上一面。

“他是我们的国王，”守门人答道，“随我来，你会见到他的。”

说完之后，他引着旅行者步入大厅。

他看到里面会聚了很多高贵的武士，他们正在宴饮娱乐，有的举杯痛饮，有的划拳行令，有的摔跤搏斗。三个形象庄严的人端坐王位之上，其中一个要比另两个更显高大，他们在观看着比赛。

“三位首领之中，老大是哈尔（意为‘高大’），”带他进来的守门人说道，“其次是扎芬哈尔（Jafenhar，意为‘同样高大’），最后一位是斯利迪（Thridi，意为

‘老三’)。”

守门人话音未落，哈尔转身看着这位新来的，说道：“陌生人，你想要吃的吗？如果是饿了，哈尔热情的宫殿里有足够的食物供你享用。坐下，吃点东西吧。”

冈勒利回答说：“与食物和美酒相比，我更愿要智慧，它能让心灵超凡脱俗。所以我很希望找到一个能够回答我问题的聪明人。”

“问吧，”首领说道，“你会得到答案，不过要当心你的性命，如果你是个愚蠢的人，你会为此丧命的。”

冈勒利走近首领，开始提问：“在诸神之中，谁的地位最高资格最老，他有什么最值得人类敬仰的工作和事迹？”

哈尔答曰：“我们称他为上帝（Allfather），不过地球上的所有民族对他都有自己的称呼。他自始至终都最高最强，统治着至大至小的一切。”

扎芬哈尔继续回答：“他创造了天地、海洋和空气，以及生存与活动于其中的所有生灵。只有他是最高的主宰。”

“他最为伟大最可称道的工作，”斯利迪说道，“便是创造了人，他赋予人的灵魂永生不灭，即使所寄居的肉体化成尘土，灵魂亦不会随之死亡。善良的灵魂会永远和他一起，居住在名为吉米尔（Gimil）或温格尔夫（Wingolf）的宫殿中。邪恶的灵魂亦会存活，不过他们会堕入冥界，甚至堕入深至第九世界的尼夫尔死人国。”

此后，冈勒利又提了很多的问题，涉及世界的创造与毁灭、诸神及他们的事功，以及关于生命的所有谜团，他都得到了回答和解释。

但是，当他就要提出更多问题时，大厅突然发出了一阵可怕的轰隆声，随后，一切都消隐于无形。格列菲发现他孤零零地置身于广袤荒凉的原野上，宫殿、大树甚至灌木都不见了。他立即动身，开始了返乡之旅，最终他回到了自己的国土。在那里，他讲述了自己的所见所闻，聪明的吟游诗人将他所诉说的不可思议的事情谱曲歌唱，于是，那些知识四处传播，代代流传，没有从人们的记忆中消失。

从中我们可以看到，北欧民族在神启的获得方式中，形成了何种理念。在这一故事中，上帝的观念以及他的事功成了最值得关注的部分，这也充分证明了我们此前对这一主题所做的说明。

诸神的黄昏中的阿斯加德（Martin Oldenbourg, *Walhall, die Götterwelt der Germanen*, Berlin, 1905：57）

PART 5

奥丁：诸神与阿萨神族之父

奥丁

女先知瓦拉（Wala）坐在她的洞府门前，思考着世界的命运。她的预知能力使她能够洞观人类双眼所无法察知的事情。她能够看到身边以及远处正在发生的事情。她注视着民众和英雄们的劳动和战争，持久的忍耐和胜利。她看着诸神之父如何统治世界，如何让巨人族臣服，如何将他的死亡之矛投向敌军，然后派遣瓦尔基丽将那些战死的英雄带回他的大厅。 现在让我们透过她那敏锐的洞察力，来看看所呈现出的东西。

黑夜母亲驾驶着黑色的战车，按照惯常的路线行走在米德加德上空，让所有生物安然入睡。聪明的男孩玛尼（月亮），步步紧随着她，阴暗的群山笼罩在他播撒的光亮中。在山谷下面，少女赛克（Selke）正在一条小溪边漫步，溪水微起涟漪，仿似在她脚下喁喁低语，然后又飞奔而去，冲过阻挡着它的石块，直流入山谷深处。但是赛克对这一切视而不见，她的眼光落在了涌出溪水的泉源，那里坐着一个女人，面容殊为美丽，一头金色的长发，她低头望着澄澈的水波里自己的身影。过了一会儿，她站起身形，往陡峭的山脊爬去，那里长着能够祛病的药草，女神用来治疗伤口和疮肿。

就在她忙着采药的时候，通往大山深处的岩石门突然开了，里面出来一个可怕的巨人。魔王一看到可爱的少女，就立刻大吼着冲了上去。她往山顶逃去，巨人紧追不舍，她越爬越高，最终攀上一块巨岩顶端，岩石悬在一条巨大的深渊之上。远处传来了搜寻的声响，还有猎狗的吠

奥丁

声，她知道她的援军来了。不过追捕者离她越来越近，冰冷的爪子几乎抓住了她的衣领。她把心一横，纵身奋力一跃，居然跨过深渊，安稳落地。

岩石上至今仍能看到她的脚印，任何进入哈尔茨山观看少女的飞跃（Maiden’s Leap）的人，都可以证明这点。

巨人看到她凌空跃起，顿时呆住，不过很快回过神来，急急地在她身后跳了起来。忽然一道亮光，伴随着雷鸣般的声响，一根光闪闪的长矛从空中飞来，穿透了巨人的身体，巨人一击毙命，跌入万丈深渊。

暴风雨来了。它咆哮着穿过树林，奥丁那凶猛的军团——狂猎部队呼啸而过。这位巨神的夜间随从包括全副武装的男人、女人和孩子，还有猎犬、乌鸦和老鹰。他一马当先，一众摧枯拉朽地穿过战栗的大地和漆黑的白杨林。老松折断，岩石粉碎，群山震颤，因为胜利之父在奔向一场伟大的战争。

他行军甚远，丢了一块马掌，为此他不得不稍事休息。赫里戈兰（Heligoland）的铁匠奥拉夫师傅（Master Olaf），午夜时分仍在铁匠铺里劳作。暴风雨围着他的屋子咆哮，海水拍击着海岸。忽然，他听到了巨大的敲门声。“赶快开门，给我钉上马掌；我还有很长的路要走，就快天明了。”

奥拉夫小心翼翼地打开房门，他看到了一个威风凛凛的骑士，手牵一匹大马。骑士的全身盔甲皆为黑色，腰佩一把宽刀，他的马晃动鬃毛，咬着嚼子，不安地刨着地。

“如此黑夜，阁下如此匆忙，是要前往何处?”铁匠问道。

“我是昨天从诺德奈岛启程的。今晚天色晴朗，我不能浪费时间，因为我必须在天亮之前赶到挪威。”

“如果你长有双翅，我倒是会相信你。”铁匠笑道。

“我的马健步如飞。不过你看，星光已暗，好心的铁匠，抓点紧吧。”

奥拉夫师傅试着给大马穿上蹄铁。不过蹄铁实在太小了，不过，看呐！蹄铁越变越大，最终固定在了马蹄上。铁匠心生敬畏，骑士翻身上马，挎刀在鞘里咯吱作响。

“晚安，奥拉夫师傅，”他喊道，“你为奥丁的战马穿上了蹄铁，做得很不错，现在我得赶往战场了。”

马儿飞驰着，跨过大海和陆地。奥丁的头部绕着一圈亮光，12 只老鹰在他身后急速飞翔，但却无法赶上他。他开始用咒语唱起了时光的飞逝，以及推动时光运转的精神，唱起了诞生，唱起了来世的篇章。自始至终，暴风在咆哮，浪水拍击着海滨，似有一架竖琴为歌声伴奏。听到这一歌声的人，都会忘记他的故乡，不愿回到他的灶旁。在大海上航行的水手，在山谷和阴暗的树林里行走的旅人，每个人都会感到有一种奇怪的力量激发着他的心灵，每个人都渴望立刻来到奥丁身边。

战士们集结在绿树林中，整装待发，准备战斗。“血斧”埃里克国王[①]勇敢的儿子们，乃一军统帅，埃里克刚在一场战争中阵亡。埃里克的兄弟、挪威强大的国王哈康[②]，领导另一方队伍。忽然，他们听到天空传来轻柔的

---

① 埃里克国王（King Eric of the bloody axe，885—954），绰号“血斧”。维京史上最为知名的人物，挪威第一任国王、秀发哈拉尔德的爱子，曾短暂担任挪威国王，930—934 年在位。后被国人抛弃，外逃英格兰，胞弟哈康继位。埃里克后来两次登上英格兰诺森布里亚（Northumbria）的王座，在位时间分别为 947—948 年和 952—954 年。——译者注

② 哈康（Hakon，920—961），以善人哈康（Hakon the Good）知名，哈拉尔德的幼子，挪威第三任国王，在位时间为 934—961 年。在他小时，哈拉尔德即将他作为质子，送到英格兰国王埃塞斯坦（King Athelstan of England）处，由埃塞斯坦抚养长大。他在此接受了基督教信仰。在哈拉尔德去世之后，埃塞斯坦提供给哈康战舰兵马，前往挪威夺取其兄血斧埃里克的王位。哈康通过取消课税的许诺，争取到挪威地主阶层的支持，埃里克被迫逃亡。此后，埃里克的儿子多次反攻哈康，皆战败。——译者注

声音，就像风在叹息，亦像绿叶在私语。声响很快变大，暴风掠过树木，从这群将士头顶呼啸而过。“奥丁来了。”战士们喊道，“他在选择恩赫里亚。”果然，战争之父带着他的随从现身了，他从暴风中出场，因为他可以主宰战斗。他停在军队上空一片灰色的云海上。他喊来瓦尔基丽、格恩达尔（Gondul）和斯格古尔（Skogul），命令她们引导战争进程，让最勇敢的人赢得胜利，并且成为恩赫里亚的一员。

他向这些搏斗的英雄挥动长矛，随即响起了号角声和发起战斗的喊叫声。千万支弓箭在天空嘶嘶作响；长矛和巨斧穿透钢盔和盾牌；宝刀在单打独斗时上下翻飞；伤兵无数，血流成河，染红了盔甲和战场。

战争中最重要的人物是哈康国王，他手持刀枪，在敌军阵营中杀出一条血路，这时他听到瓦尔基丽在他身边说话。她们身处战场中央，跨着白马，手持明亮的盾牌，倚着长矛。

“诸神的军队更为强大了，”格恩达尔说，“阿萨族准备迎接哈康以及他的一大批随从，前往光荣之乡了。”

国王听到之后，问道：“你们不是应该让我死掉，而不是让我凭自己的力量取得胜利吗？”

斯格古尔回答说：“我们已经命令你的敌人撤退。你会赢得战争，然后加入恩赫里亚的盛宴。我们将在你面前开路，通报说你马上要面见胜利之父本人。”

哈康国王从带给他荣耀的战场攀升到了仙宫，此时，矫健的赫尔莫德和非凡的歌唱家布拉吉走了出来，来到他面前说：“你将拥有恩赫里亚的安宁，因此要接受阿萨族为英雄们准备的甘泉。”随即，国王的头盔和铠甲被卸了

战场中的瓦尔基丽

下来，不过他还留着剑和长矛，这样，他就要手持武器出现在胜利之父面前了。

这就是北欧诗人如何吟唱战争之神、亡魂的选择者以及英雄们的命运的。那么，我们就会想，那些民族的王公贵族是不是应该欣然赴命，大胆地入侵异族？他们慷慨就义于战场，是否应该要比蜷缩在家中得过且过更受尊敬？日耳曼吟游诗人以同样的方式吟唱他们的英雄，包括与罗马持续了四百年的战争，以及日耳曼对英国、高卢、意大利、西班牙，甚至远到非洲的入侵。战神在他们的耳边怒吼，他们在沸腾的战场上听到了瓦尔基丽的声音；他们看到瓦尔哈拉向他们敞开了大门，恩赫里亚唱着歌迎接他们的到来。因此，在他们眼中，战争要么是一场胜利的欢宴，要么就会进入英雄们的绿色家园。

上述故事源自日耳曼和北欧的传说与短歌，从中我们看到了北欧的主神，他是狂猎的领导者、巨人的征服者、暴风雨之神以及战争的主宰者。不过我们还要深入了解他的本性。

沃丹——北欧的奥丁

沃丹（Wodan）是日耳曼民族中最高最神圣的神。他的名字与德语“Wuth”有关，曾经拼为“Wuotan”，这一单词在原先并没有狂暴或愤怒的意思，而是源自古德语“watan”，是“wuot”的未完成时，意为渗透，无所凭借即能强行闯入，战胜所有的对手。现代德语“waten”（跋涉）和英语“wade”（跋涉），即源自这一古单词，尽管意义已经大为缩减。因此，“Wuotan”就是穿透一切、战胜一切的自然精神。伦巴第人对字母进行了改变，称其为“Gwodan”；法兰克人称其为“Godan”或“Gudan”；撒克逊人称其为“Wode”；弗里斯兰人（Frisians）称其为“Woda”。斯堪的纳维亚人将他称为“Odin”，从中衍生出了神话名字“Odo”。在南日耳曼人中，他以“Muot”（意志）和“Wold”知名。不过，无论在哪个地方，他都被视为同一个伟大的神，受到整个日耳曼民族的尊崇。

当人类从自然一体的观念中解放出来，开始对某些自然力量有了更为明确的意识，并赋予它们以神性。人们将以不可遏制的力量摧毁森林、吹倒农民的房屋、掀翻大海里的航船的暴风雨看作万物的主宰，这位神灵的怒火需要通过祈祷和献祭才能平息。最初，他被尊为一匹马或一只老鹰，因为它们代表了力量和敏捷。但是当人类更好地理解了动物世界之后，神就被人格化了。在传说和故事中，他曾被描述为一个强大的旅客，像人类一样学习和行事，后来他又被看作一个秃顶的老头，或是有着浓密的须发，为此，他在北欧有了"Hrossharsgrani"（意为马鬃一样的胡须）的名字。他通常只有一只眼睛，因为天上只有一个太阳，那就是沃丹的眼睛。他戴着宽边帽，遮住了前额，那代表围绕着太阳的云朵，披着一件镶着金边的蓝斗篷，那是布满星星的天空。这些特征再次证明了他所具有的自然精神。在《埃达》这一完全成熟的神话中，他就像一个伟大的英雄，头顶金色头盔，身披闪亮的链子甲，手臂上戴着金环德罗普尼尔（Draupnir），右手持长矛冈格尼尔。他以这身装束，在诸神的黄昏到来时，攻打芬里斯狼；他以这身装束，坐在王座希利德斯凯拉夫上，裹着皱起的斗篷，统治着诸神和人类。

众多神话和传说是关于以原初的暴风雨神出现的沃丹的。德国、英国、法国和斯堪的纳维亚都有发现，这表明对他的信仰有多么广泛。在这些古老的日耳曼神灵的故事中，比较主要的部分是关于狂猎及其凶猛军团的。

狂猎以及凶猛军团的神话

这些神话起源于此种信仰，他们相信至高之神取走了死人的灵魂，通过空气带着他们，并且让他们成为他在夜晚出行时的随从。由于罗马人将墨丘利[①]视为死者的领袖，他们认为条顿人也将其奉为最高的神。灵魂被当成空灵的，因为它像空气一样无法看到。他们相信，当人之将死，咽下最后一口气后，灵魂就会与肉身脱离，进入无形的世界。希伯来人用同样的语言描述灵魂和呼吸；莪相[②]的诗集中提到，古代苏格兰人能在飒飒微风和潺潺波浪中听到他们亡故的朋友的牢骚和美言。当一颗孤零零的星星在夜晚的薄暮中向他们洒下轻辉，他们就能感觉到身边的不可见之物。在这些诗歌中没有神灵的观念。相反，条顿人相信正是至神本尊将死者的灵魂带回了他的王国。

---

① 墨丘利（Mercury），在罗马神话中，墨丘利是朱庇特与女神迈亚（Maia）所生的儿子，对应于希腊神话中的赫耳墨斯（Hermes）。他担任诸神的使者，又是司畜牧、商业、交通旅游和体育运动的神，还是小偷们所崇拜的神。他的形象一般是头戴一顶插有双翅的帽子，脚穿飞行鞋，手握魔杖，行走如飞。由于水星在天上运行的速度很快，所以用他的名字加以命名。——译者注

② 莪相（Ossian），凯尔特神话中的英雄，爱尔兰著名诗人。1762年，苏格兰诗人麦克菲森（James Macpherson，1736—1796）声称“发现”了莪相的诗，他假托从3世纪凯尔特语的原文翻译了《芬戈尔》和《帖木拉》两部史诗，并先后出版，于是这些所谓“莪相”的诗篇便传遍整个欧洲，对早期浪漫主义运动产生重要影响。实际上，这些作品虽有部分是根据凯尔特语民谣写成的，但大部分是麦克菲森自己的创作。“莪相”诗篇的真伪问题一直是批评家研究的一个课题，直到19世纪末，研究证明，麦克菲森制作的不规则的凯尔特语原文只不过是他自己英文作品的不规则的凯尔特语的译作。至此，关于莪相的争论才得以解决。学术界一致认为，被浪漫化了的史诗《莪相集》并非真正是莪相的作品，而于16世纪前期整理出版的《莪相民谣集》才是真正的爱尔兰盖尔语抒情诗和叙事诗。歌德当时读到的莪相的诗是麦克菲森的创作，不能与真正的莪相诗篇《莪相民谣集》相混淆。——译者注

奥丁在狂猎（Peter Nicolai Arbo）

狂猎的传统，荒野猎人，沃丹或凶猛军团，正如其名字所示，起源于蛮荒时期，尽管此后在许多方面发生了重大变化。它们是由人类无法理解的现象导致的，人们想当然地将这些现象归因于某些神灵。在平静的夜晚，任何噪声听上去都奇怪而神秘。当一位孤独的旅人在浮云遮住月亮和星星的夜晚穿越森林、荒野或群山，听到猫头鹰的嘶叫、树枝的吱吱作响、暴风雨的咆哮和呼啸等声音，他会浮想联翩，认为自己看到了人影，他越是幻想，眼前的形象就越明显。森林里的流浪者、偏远地区孤独的居民，尤其是长时间不见人影的伐薪烧炭人，至今还在讲述着奇怪的故事。这些故事存在于古代信仰之中，经由人们口耳相传，使得它们的零星片段至今还保存在传统里面。

在波美拉尼亚（Pomerania）、梅克伦堡（Mecklenburg）和荷尔斯泰因（Holstein），据说每当暴风雨侵袭树林时，沃丹即出来狩猎。在西汉诺威（Western Hanover），据说是“Woejäger”，在萨特兰（Saterland）是“Woinjäger”，在其他地区，是出没于树林之中的荒野猎人。他被想象成骑着白马，戴着遮住前额的宽边帽，身披宽大的斗篷（布满星星的天空）。在威斯特伐利亚，这件斗篷使他得名“Hakel-bärend”（Mantel-wearing，无袖外披斗篷）。事实上，这个故事将沃丹从神变成了人。

据说，哈克尔伯格（Hakelberg）的汉斯，乃布伦瑞克（Brunswick）公爵的猎人首领，他是一个狂热的冒险家，喜欢打猎甚于去教堂，每天忙于这项娱乐，周末亦不例外。故此，他被判决永远外出打猎，无论狂风暴雨。他的坟墓在离戈斯拉尔（Goslar）不远的一个小客栈克劳波科拉格（Klöpperkrug）附近，墓碑上镌刻着他和他的猎犬的图像。也有人指出他被埋在乌斯拉尔（Uslar）附近的萨尔林格（Söllinger）树林中。

沃丹极少单独打猎。他通常都被一大群猎犬簇拥着，还有一伙猎人陪着他，他们全都被暴风吹得急急行进，不住地大喊大叫，追逐一种幽灵般的野猪或野马。还有的说，他要追捕一个胸白如雪的幽灵般的女人，这个女人每七年才能捉到一次，得手以后，他会把女人捆在马鞍上。在德国南部，狂猎猎人捉的是一个沼泽女人或林中少女，那是一种树妖或树神，成功以后，他以相同的方式将其捆在马鞍上。这则故事可能代表着秋风吹落了树叶。

当人们听到荒野猎人到来的时候，要把脸埋在地上，否则很可能会被猎人抓去。这则故事向我们讲述了那些被抓去的农夫的命运，他们会被带到一个黑人居住的很热的国家，直到多年以后，才能回家。任何加入狂猎猎人的队伍呼喊的人，都会得到一条牡鹿的腿，它会变成一块金子；不过如果有人嘲弄性地模仿喊叫，就会收到一条马腿，马腿散发着恶毒的气味，附在嘲笑者的身上。狂猎猎人经过的屋子，有时会在灶台上留一只小狗。小狗很快就会哀嚎个不停，吵得一家人难以入睡。这家人就会起床并用蛋壳酿点啤酒，于是小狗就会大声说："尽管我和波希米亚森林一样老，但我这辈子还真没见过这种东西。"然后它会跳起来冲出去，消失得无影无踪。如果没有使用这个魔法，这家人就只能好好地喂养小狗，让它一整年躺在灶台上，直到沃丹返回时将它带走。

狂猎通常在神圣的季节举行，在圣诞节和第十二夜[1]之间。如果呼喊声又响亮又清楚，那么据说就会迎来丰收之年。在秋分那天，白天和黑夜一样长，狂猎队伍又会在风雨之中经过，因为沃丹亦为雨神，他过去骑着云朵马，丰沛的雨水就会滋润大地。

凶猛军团的传统和狂猎很是相似。他们是关于沃丹领导的死亡军团的故事。人们认为，当军团在夜晚经过时，他们能分辨出男人、女人和孩子。其中常能看到刚死的人，有时能够预知他人的死亡。

"沃尔特·凡·米兰妮（Walther von Milene）！"恐怖

---

① 第十二夜（Twelfth Night），是基督教节日的一个分支，时在1月5日，主显节的前夕，那天晚上是十二天圣诞季的最后一夜，之后就是圣诞节后第十二日（1月6日）的主显节了。——译者注

军团大声地呼喊着这个名字。沃尔特是一个著名的战士，没过多久就阵亡了。这个故事使我们想起希望之父（Wish-father），他是亡灵的选择人，将恩赫里亚召唤至他的瓦尔哈拉神殿；此外，凶猛军团被描述成像一群全副武装的人在急行军，骑兵和士兵身着闪亮的甚至火红的盔甲，骑着黑马，鼻孔里喷着火焰。人们还说，在暴风雨的喧嚣中，能够听到战士的呼喊声和马蹄的踩踏声。

沃丹早已在人们的心目中消失了，不过他的性格和行为却清晰地表现在了传统之中，他的名字还出现在了谚语、符咒和邪术里面。七十年前，梅克伦堡的农民收获庄稼之后，通常会摆一次宴席，备上充足的食物和饮料，请劳工们喝沃达尔啤酒（Wodel-beer）。人们在丰收的土地上洒一些啤酒，再喝掉一些，然后围着最后一捆庄稼跳舞，他们挥动着帽子唱道：

沃尔德（Wold）！沃尔德！沃尔德！
天国巨人知道这里的事情；
他自天上俯观地下。
他带着满满的水罐和锡杯。
树林里长着许多的东西。
他不是一个顽童，也不会变老，
沃尔德！沃尔德！沃尔德！[①]

在德国黑森（Hessen）和利珀主绍姆堡（Lippe-

① 格林姆：《日耳曼神话》。（Grimm，*Teutonic Mythology*，trans.J. S. Stallybrass，London：Sonnenschein&Allen.）

Schaumburg），收获者在最后一捆庄稼上插上一束花，一起敲着他们的长柄大镰刀，喊叫着“乌尔”（Waul）；在斯坦恩胡德（Steinhude），他们在山顶上点燃一堆篝火，围着篝火跳舞，呼喊的名字是“乌德”（Waude）。在巴伐利亚州的许多地区，他们围着一个名叫奥安斯瓦德（Oanswald）或奥斯瓦德（Oswald，即阿萨神族的沃丹）的人物跳舞。不过人们现在已经忘了阿萨，只记得圣奥斯瓦德。在这些例子中，神的最高形式是天神，乃赐予丰收者。在瑞士阿尔高州（Aargau）的一则谜语中，神被描述为布满星星的天空的主人，他让死者升入明亮的天宫里：

> 穆奥特（Muot）戴着宽边帽，
> 他的客人比树林中的冷杉还要多。

在英国，狂猎被称为“Herlething”，得名于一个虚构的国王赫拉（Herla），他曾受一名为他表演的侏儒之邀参加其婚礼。他跟随这位侏儒进入了一座大山。在他和侍从原路返回时，三百年过去了。侏儒送给他一些临别礼，其中有一条漂亮的狗，领头猎人想把狗放到鞍前。每个人都被警告说，在狗跳下马之前不要离开马背。几个国王的随从不把这当回事儿，从马上跳了下来，他们一落地，就化成了灰尘。狗仍然蹲坐在马鞍上，狂猎还在继续。

在亨利二世时代，据说在一片牧场上整个白天都能看到狂猎军团。号角声和猎人的喊声将附近的人们吸引到了该地。他们在猎人中认出了死去的朋友，不过当和他们说话时，整个队伍升上了天空，消失在了瓦伊（Wye）河。

在法国、威尔士和苏格兰，亚瑟王是狂猎的领导者。

在法国，狂猎或凶猛军团，被称为“Mesnie Hellequin”，后一个单词明显源自“Hel”（冥界），因为猎人的首领名为赫尔猎人（Hel-huntsman）。根据其他传统，查理曼大帝是狂猎团队的开路先锋，而强壮的罗兰德担任旗手之职。此外，我们还知道狂猎（l’ armée furieuse）名叫“Chasse de Caïn”（该隐的狩猎）或“Chasse d’ Hérode ”（希罗底的狩猎，她导致了施洗约翰的被杀）。不过，“Hérode”可能实际上指的是“Hrodso”（光荣的搬运工），这是奥丁的一个名字。同样有名的还有“le grand veneur de Fontainebleau”（枫丹白露镇上伟大的猎人），亨利四世以前，皇宫旁边能听到他的喊叫，此人被拉维亚克杀死了。在大革命爆发之前，凶猛军团还两次经过了天空，遮住了太阳。各地的民众都相信，它的出现是瘟疫、战争或某些大灾难的预兆。

沉睡中的英雄

如上所示，狂猎猎人的传说被挪用到了人类身上，还加上了环境和地点。狩猎的形象并不总是伴随着一个穷凶极恶的元素，因为皇帝、国王和著名的英雄都成了诸神之父的代表。卢萨蒂亚的迪尔特伯耐特（Dieterbernet），阿尔滕堡的伯恩迪尔特立克（Berndietrich），伯尔尼（维罗那）的伟大的东哥特国王西奥多里克（Theoderick），皆被视为升上天空，消失在群山之中。同样，在北欧神话中，夏天的奥丁让花木繁盛，谷物成熟，他曾在秋季漫步于黑暗的道路，然后一个假冒的奥丁不期而至，登上他的王位，将暴风雪布满冰冷的大地。或者，如另一则故事所说，在假冒者统治时期，正直的神尊停止了活动，沉睡于一座山中。不过，只要春天来临，他就会重获法力，将入侵者从他的王位上赶走，再次将祝福施于诸神和人类。

这些源于自然现象的上帝观念，深深地刻印在了条顿民族的心灵和生活之中，他们将早期的国王和英雄们的特征赋予奥丁，以代表这些观念。亨利·福勒（Henry the Fowler）国王，战胜了斯拉夫人、丹麦人和匈牙利人，重铸了德意志帝国的辉煌，被认为沉眠于戈斯拉尔（Goslar）附近的苏德莫（Südemer）山中。另一个沉睡中的英雄是腓特烈一世（Frederick Barbarossa），没人相信他已死在东方，人们一直说他在屈夫霍伊泽山（Kyffhäuser）中安睡。

有众多传说涉及屈夫霍伊泽山和伟大的霍亨斯陶芬（Hohenstaufen）的毁灭，他仍然活在人们心中。高高的城堡山直插云霄，屹立在图林根的绿野之中。城堡山的西侧，至今还有一座塔。塔高 80 英尺，尽管墙体已经破败，却依然俯瞰着下方的树林和成堆的石头。每逢庄重的场合，人们认为皇帝会带上他的队伍，在那里和随从一起进餐。据传言，这位身心俱疲的老皇帝“长眠”于城堡地下的一个房间里，陪同他的，有美因茨的基督教信徒，科隆的莱纳德，维特尔斯巴赫的奥托，巴伐利亚王室的先人，以及其他一些人。巴巴罗萨（Barbarossa）长着一脸胡子，穿过石桌，那里有成桶的陈年好酒，堆积如山的金银财宝，一束神奇的光亮照耀着具有高高圆拱的大厅；许多幸运儿在不同的时间被允许进入了这个房间，亲眼见证了这些事情。其中就有一个牧人，他的牛群在废墟上吃草，他为他的心上人采花去了。他发现了一朵奇怪的蓝花，他刚把蓝花摘起来，再睁开眼，就看到了一道从未见过的铁门。铁门随着他的触碰打开，他沿着一段楼梯走了下去，来到了灯火通明的宴会厅。在那里，他看到诸英雄和帝国的主人围着桌子团团而坐，所有人都偎在椅子上睡着了。

巴巴罗萨被吵醒了。“乌鸦还在绕着城垛飞翔吗?”他抬眼问道。牧人回答是的，皇帝接着说：“那么我还要再睡一百年。”

然后，他请年轻人拿他面前的财宝，拣他喜欢的，能拿多少拿多少，不要忘拿最好的东西。

牧人听命，将他的口袋里塞满了财宝。当他离开宴会厅来到外面时，身后的大门轰隆一声关闭，他再也找不到了，因为他忘了拿最好的东西——小蓝花。因此，皇帝和他的英雄们还在他的欢乐宫里沉睡。不过，当帝国最需要他的时候，当乌鸦不再绕着城垛飞行的时候，他就会恢复全部力量，打破束缚他的魔铐，手持利刃，在瓦尔泽或莱茵河上，与帝国的敌人进行一场血腥的大战。然后，他会把盾牌挂在一棵枯萎的梨树上，那棵树很快就会复现生机，抽出新芽，开花结果，德意志帝国将会重现旧日的辉煌，让人们过上安定团结的生活。

沃丹（奥丁），胜利的赐予者

韦尼勒斯（Winilers）的阿姆布里（Ambri）和阿西（Assi），全副武装地站在好战的汪达尔人面前。接下来的战争将要决定他们是取得胜利或是受到奴役。

“赐予我们胜利吧，战争之父。”在他们向沃丹献祭时，汪达尔的王子祈求道。沃丹回答说：“谁在战争之日的早晨最早来到我身边，谁就会赢得胜利。”

战争另一方，韦尼勒斯的公爵伊博（Ibor）和阿格（Ajo），接受了他们的女巫母亲冈巴拉（Mother Gambara）的忠告，来到沃丹的妻子弗蕾雅的圣殿，乞求她的帮助。

“好吧，”天后说道，“让你们的女人像男人一样穿上盔甲，在天亮之前走出去，让她们梳好头发，搭在脸和下巴上，面向东方站好队形，我会让你们取得大胜。”

公爵照她的要求做了。

就在清晨的第一缕彩霞出现在天空中时，弗蕾雅唤醒了伟大的主宰，指着东方的武装部队给他看。

“哈！”天神吃惊地喊道，“这些战士的胡须怎么这么长啊？”

“你已经指定他们了，”王后回答，“现在就赐予他们胜利吧。”因此韦尼勒斯获得了大胜，并且由此得名长胡子（伦巴第人，Longobards）。

在北欧神话中，伦巴族人亦将伟大的沃丹奉为胜利的赐予者。不过除了其他特征以外，他还是赐福于人类的神，给人们带去欢乐和昌盛。

在异教时期，所举办的许多游戏和游行都是为了尊奉沃丹，至今在风俗和信仰中还留有痕迹。例如，在许多地区，会进行一场模拟性的战争，以庆祝为世界送来祝福和夏天的真奥丁和篡夺了七个冬月王位的假奥丁之间的战争，模拟战争过后，继之以祭祀和欢宴。这种风俗持续了数个世纪，直至最近仍在五月的第一天举行。

届时，将会选出一位五月伯爵或五月国王，此人通常是最好的跑步健将或骑手，或是教区内最勇敢的人。他身着绿色服饰，佩戴着由山楂花和其他花朵织成的花环。然后藏身于树林之中，村里的小伙子会到那里寻找他，找到他之后，会把他放到马背上，让他大喊大叫，唱着欢快的歌曲穿过村庄。在舞会和宴席上，允许五月国王挑选一位王后共享他的荣耀。

在有的地方，最为端庄最为勤快的女孩会被选为五月皇后，她和国王一起经过村庄，此举意在庆祝夏日奥丁和大地的结合，和煦的春天又使她重现青春。在瑞典，举行五月比赛（May-ride）活动一度是其传统。活动当日，五月伯爵佩戴着鲜花，和穿戴着茅草的冬天（Winter）作战，在经过一场滑稽的徒手搏斗之后，五月会赢得胜利。

奥丁，正义和慈善之神，又称奥斯基（Oski），亦即挪威语里的"wish"，这一单词与德语"wottne"（兴高采烈，狂喜）有关：他是所有欢乐和狂喜的源头。

奥丁在盖洛德的王宫

哈路丁（Hraudung）国王有两个帅气的儿子，盖洛德（Geiröd）和安格内尔（Agnar），一个十岁，另一个八岁。有一天，他们乘船去捕鱼。不料遭遇暴风，将他们吹到一个远离故国的孤岛上，小船被撞成碎片。他们在暴风中奋力前行，安全抵达海岸，在那里看到一个农夫和他的妻子。老两口很是同情孩子，就抚养了他们。农妇整个冬天都精心地照料弟弟安格内尔，她的丈夫则教盖洛德使用武器，并且传授给他许多慧识卓见。那个冬天，两个孩子长得异常高大魁梧，这毫不奇怪，因为他们的监护人正是奥丁和他的妻子弗丽嘉。春天来了，孩子们从他们的保护

骑着斯雷普尼尔的奥丁画像石

人那里得到一艘很好的小船，并且一路顺风，他们很快回到了自己的国家。不过盖洛德率先登上海岸，他把小船推进大海，喊道："安格内尔，下地狱去吧！"巨浪好像遵从了这个残忍的男孩的旨意，把小船和安格内尔冲到遥远的海滨去了。盖洛德兴奋地跑回王宫，他发现父亲已是奄奄一息。他继承了王位，统治着父亲的所有臣民以及他用武力和金子获得的人们。

奥丁和弗丽嘉坐在王位上，注视着人间和他们的工作。"你看看，"奥丁说，"我的学生盖洛德，是怎样为自己获得尊荣的？安格内尔在异国娶了一个女巨人，现在他回家了，住在他哥哥的宫殿里，又穷又被看不起。""盖洛德只不过是个卑劣的人，他占有大量金银，却残忍地对待他的客人，而不是示以友好。"体贴的女神回答说。诸神之父决定考验一下他的爱徒，如果一切皆好，他会给以奖励，如果发现控诉属实，他就要施以惩罚。于是，他化装成一个从远方而来的旅客，动身前往盖洛德的王宫。他头戴宽边帽，帽檐越过眉毛，遮住了脸，身披一件蓝斗篷，缠在肩膀上。弗丽嘉早已变成一个邪恶的女巫给盖洛德发出了警告，因此他抓住了这个陌生人，将其带到审判椅前。

对于所有的发问，这个囚犯只是回答说他名叫葛林姆尼尔（Grimnir），不屑地拒绝吐露更多信息。国王勃然大怒，下令将这个顽固的家伙绑在一个椅子上，椅子两边点上火，不停地添加新柴，这样的刑罚可能会想让他说点什么。

陌生人在椅子上待了八个晚上，受尽皮肉之苦，无吃无喝，火苗已经烧到他的斗篷了。被剥夺继承权的安格内尔悄悄地给他送来一满杯啤酒，他喝了个精光。然后他开始唱歌了，刚开始还很轻柔，不过歌声越来越大，城堡的大厅不停地传出回声，人们聚到一起，倾听乐曲。他唱到了诸神的宫殿，瓦尔哈拉的欢乐，阿萨的宇宙树，居住其间的神灵，以及它所扎根的世界。

当他唱到奥丁的事迹，唱到奥丁的爱徒是如何登上高位时，大厅颤抖了，厚重的墙体摇晃起来。盖洛德此刻已经变得癫狂，他手握剑柄，“好啊，”他说，“我看到我心爱的宝剑沾上了他的鲜血。现在你看到了奥丁本人，那么你站起来吧。”葛林姆尼尔站起身来，锁链从他手上掉了下来，火焰对他毫发无伤，他以全能之神的形象站在那里，头上环绕着天国的光辉。盖洛德刚开始还愤怒地半抽出了他的剑，不过现在，当他试图从王位上跑下来安抚天神时，剑正好滑出鞘，他被绊倒在地，剑刺入了他的心脏。他死之后，安格内尔继承了王位，拜奥丁所赐，他在位时间很久，并且国家繁荣安定。

奥丁：鲁纳文的创造者，诗歌与智慧之神

《埃达》以及许多吟游诗人的短歌，都对奥丁的力量、智慧和博学有所描述。他找到智慧的巨人米密尔，米密尔坐在具有原初智慧的泉水旁边，每天饮用泉中之水，增长他的见闻。巨人不许奥丁饮用他的泉水，除非他以一只眼睛为抵押。诸神之父照他的要求做了，于是他可以根据精深的知识创造所有的事情，自那以后，就可以根据诸神之父的契约，每天从米密尔那里喝到清澈的泉水。还有一种说法，认为水是从海姆达尔的加拉尔号角（Giallarhorn）

奥丁向米密尔提问

中流出来的。这两种观点在北欧诗歌中都能找到。它们所源出的神话向我们表明了其最初的意义。

“Mimir”与拉丁单词“memor”“memini”有关，意指“记忆”(memory)；在德国，人们以发音类似的单词“Mümling”称之，这是奥登山(Odenwald)的一条溪流。还有一个单词，乃是仙女所居的黑森林里的穆迈尔(Mumel)湖。米密尔从泉水中汲取最高的智慧，因为世界诞生于水中，所以，从那神秘的元素中能够找到原初的智慧。天神的一只眼睛是太阳，照亮并洞察着万物；另一只眼睛是月亮，它的映像直达深渊，最终沉入大海之中。它还像新月形的角杯，巨人用它汲取智慧之泉。

根据其他诗歌所示，米密尔被杀死了，不过他的头颅仍留在泉水附近，预言未来。在诸神的黄昏到来之前，奥丁常常和他密谈世界的毁灭和复兴等神秘之事。

曾经，奥丁头戴金色钢盔，站在高山之上的圣泉旁，从米密尔的头脑中学习鲁纳符文，他创造了“Hugruncs”(精神—鲁纳)。我们已经提及，这些鲁纳文不是常规的用于书写的连贯句子。它们只是用于北欧和古老的德意志诗歌中的重音文字，也就是说，它们是一些具有相近读音的用于头韵的字母。下面是从古时流传至今的几个例子："hearth and home"（灶台和家），"wind and weather"（风和天气），"hand and heart"（手和心脏）。在学习和歌唱短歌时，它们有助于记忆。

奥丁依靠鲁纳文获得了统治万物的能力，他可以随心所欲地做任何事，借此，他的权威盖过了自然的力量。他会唱那些有助战争、解决争端和消除焦虑的鲁纳歌曲。它们能够摧折敌人手中的武器，击碎囚犯身上的链锁，制止飞来的致命箭头，让敌人的武器击打敌人自己，平息狂暴的英雄们的怒火。当一叶轻舟在海面上遇到暴风雨面临倾覆之险时，伟大的天神能用他的歌声平息狂风巨浪，让小船安全抵达港口。当他唱起魔曲，战士们就能得到他的援助，从战场上平安返乡。在他的指令下，一个人能够起死回生，即使此人已被处以绞刑。他会唱一首歌，此歌能给阿萨神族以力量，对于侏儒同样有效，甚至也会让他本人更加聪明。还有一首歌，能让女人爱上他，并且永远只爱他。不过，他最好最神圣的歌曲从未对凡间的女子唱过，他只唱给天后一个人，当他安静地坐在她身边时，就会唱起那首歌。

灵感之饮

克瓦希尔（Kwasir）是由阿萨和华纳创造的人类之一，身上融入了他们的精神，以其智慧与善良受到了诸神和人类的热爱。他周游各地，教化和帮助人们。无论走到哪里，他都会化育人们的野性，教给他们更好更纯洁的生活方式和习俗。

尽管邪恶的侏儒族欣羡克瓦希尔的智慧，但是他们只知道四处挖洞寻找宝物，不懂爱也没有爱。法亚拉（Fjala）和戈拉（Galar）是侏儒族的两兄弟，有一天设宴邀请克瓦希尔，席间趁其不备将其残忍地杀死了。他们用了三个容器盛放克瓦希尔的血：罐子“灵感”（Odrörir），以及两只碗“赎罪”（Son）和“祭品”（Boden）。他们将其与朗姆酒混在一起，制成蜜酒。不管是谁，只要喝下它，就会能歌善辩，令人销魂夺魄。

侏儒哥俩的恶行给自己带来了如此好运，他们忘乎所以，邀请富裕的巨人基尔林（Gilling）夫妇前来做客。他们带着基尔林出海捕鱼，然后弄翻小船，基尔林被淹死了，他们却是游泳健将，在水中将船扶正，划回了陆地。女巨人听闻她丈夫的悲惨下场之后，号啕大哭，不依不饶。侏儒们答应带她到冲刷她丈夫尸体的岩石上看看。不过就在她离开房间时，戈拉拿起一块磨石向她头上砸去，她也一命呜呼了。巨人的侄子苏图恩（Suttung）听闻噩耗，立刻前往寻仇。他抓住两个侏儒，要把他们绑在大海里的一块峭岩上，让他们活活饿死。他们乞求饶命，答应送给苏图恩用克瓦希尔的血液调和而成的蜜酒，以抵消他们的罪行。巨人接受了他们的悔罪条件，他将三个盛有蜜酒的容器带到一座空山中，安排他的女儿君洛特（Gunlöd）看守那神奇的饮品。

心灵之神奥丁，从渡鸦胡根和穆宁那里得知了所有的事情。他决定不惜任何代价得到灵感之饮。它被巨人藏在地底一无所用，却能使诸神和英雄提神醒脑，智慧和诗歌能让世人心神和悦。于是，他化装成一个卑微的旅行者，前往巨人国。他来到一块田地上，九个粗野的家伙正在那里收割干草。他提出为他们磨磨镰刀，使其像最好的宝剑一样锋利。这些家伙高兴地接受了他的好意，于是他从口袋里取出一块磨石，将镰刀磨得非常锋利。这些人拿着镰刀回到地里，发现比以前割得又快又好，每个人都想得到那块磨石。于是旅客将磨石扔到他们中间，他们手持镰刀打了起来，最后全都陈尸于野。

旅行者继续赶路，来到了田产主人、苏图恩的兄弟班基（Bangi）门前，这个巨人热情地接待了他。晚上，巨人向他抱怨说，他的农夫全被杀了，他那长得极好的干草没法收割了。这位自称博尔维克（Bolwerker，罪恶—实干者）的旅人声称，只要给他一点苏图恩的蜜酒，他愿意承担那九个农夫的工作。

"如果你踏踏实实地干活，"巨人回答，"我会尽力达成你的心愿，不过不瞒你说，我兄弟就连一滴蜜酒也吝惜得很。"

博尔维克对这个承诺感到满意，整个夏天，他像那九个农夫一样努力地干活。

到了冬天，班基兑现了他的承诺，带着博尔维克来到他兄弟的住处，讨要一些蜜酒。然而苏图恩声称，那个流浪汉一滴蜜酒也休想得到。

"我们必须要点手段了，"博尔维克说，"因为我必须也肯定会尝到蜜酒，我懂许多魔法，能帮我获得我想要的东西。这是藏蜜酒的山，这是我的宝钻子拉提（Rati），它能轻松地钻进最坚硬的石体。带上它，用它钻一个孔，再小的孔也没关系。"

班基费力地钻着孔。他很快想起来他曾在岩石的右边钻过一个孔，不过博尔维克接着往里钻，灰尘从里面飞了出来。他们又试了一次，终于钻进了山里。博尔维克变成了一只小虫子，在洞里飞快地蠕动，阴险的班基想用钻子刺他，不过没能碰到他。

他进入山洞以后，披着闪闪发亮的斗篷，以无比英俊的面目，出现在了正值妙龄的君洛特面前。他向她寻求避难，还要三份灵感之饮，对此要求，她点头默许。

他在那清澈的宫殿里待了三天，饮了三份蜜酒，将“灵感”“赎罪”和“祭品”喝个精光。他陶醉于爱情、蜜酒和诗歌。然后他变成一只老鹰，有节奏地拍打着翅膀，飞向神圣的高处，这位吟游诗人一边奔向诸神的居所，一边唱着源于爱情、美酒和灵感的歌曲。苏图恩听到翅膀的拍打声，知道有人抢走了他的蜜酒。他的鹰形衣正在身边，于是他将其围在宽阔的肩膀上，急速地向奥丁追去，几乎就要赶上了。诸神焦急地观望着这场疯狂的追逐。他们准备好了杯子盛放那美妙的饮品。奥丁艰难地抵达仙宫的安全地带之后，便将蜜酒倒进准备好的酒杯。自那以后，奥丁就赐予诸神灵感之饮，他也会把“灵感”之饮赐予人类，那时，他们就会感到自己获得了灵感，驱使着自己弹唱诸神和尘世英雄的事迹。

由于奥丁喝了米密尔的泉水和灵感之饮，便通晓过去、现在、未来之事的所有知识。他决定和约顿巨人中最聪明的瓦夫斯鲁特尼尔（Wafthrudnir）进行一场比赛，失败者将会赔上性命。

弗丽嘉非常恐惧，劝他不要做这冒险的事儿，然而她的劝告皆为徒劳。他无所畏惧地出发了，打扮成一个名叫冈拉德（Gangrader）的穷旅人，进入了巨人的会客厅。

他停在宴会厅的入口，说道：“我名叫冈拉德，长途跋涉来到这里，我要求你好好款待我，并且让我和你进行清谈论辩，一决雌雄。”

瓦夫斯鲁特尼尔回答说：“你为什么要站在门口，而不坐在屋子里呢？除非你在学识上赢了我，否则你再也出不去了。我们一定要分出胜负，走向前来，试试你的运气吧。”

他向来客抛出了问题，包括载着白天和黑夜穿行于天空的马匹，将仙宫和巨人国分开的河流，以及最后之战的地点。当冈拉德对这些问题悉数作答，表明了他的学识之后，巨人让他在他身边坐下，轮到他回答来客的问题了。冈拉德问到了大地和天空的起源，诸神的创造，尼奥尔德是怎样从智慧的华纳加入阿萨的，恩赫里亚在奥丁的大厅里做什么，诺恩三女神的起源是什么，世界被摧毁之后，谁将继承阿萨神族的统治，以及诸神之父毁灭的原因是什么。

瓦夫斯鲁特尼尔回答完所有的问题之后，冈拉德又问道：“我发现了许多东西。我试图寻求许多事物的意义，询问许多生物。在奥丁走向火葬场之前，他对他的儿子悄悄说了什么？”

失败的巨人根据这一问题认出了诸神之父，他喊道：“谁能说出你对你的儿子悄悄说了什么？我居然敢和奥丁一决高下，我实在是不要命了。诸神之父啊，你永远是最聪明的。”

诗人没有告诉我们奥丁是否取下了失败的巨人的脑袋。他也没有提及奥丁在进入冥界之前对他儿子低语了什么，不过根据语境我们可以推断，他说的是关于世界的复兴，一个更高更神圣的生命，正义之神巴尔德尔会获得重生，从旧的充满罪恶的世界的灰烬中会产生一个新的更为纯洁的世界。

奥丁，阿萨神族之父，奥丁的子孙后代

在后来的诗集中，奥丁不仅以世界的主宰出现，他治理着所有的神灵，随着时间的推移，越来越多的神灵归附于他，他还是国王和英雄人物的祖先，如盎格鲁－撒克逊人和法兰克人国王的祖先，还有丹麦、挪威和瑞典国君主的祖先。

根据《埃达》所示，奥丁有三个儿子：温格德格（Wegdegg），为东撒克逊的国王；巴尔德格（Beldegg），治理西撒克逊（威斯特伐利亚）；西格（Sigi），法兰克尼亚由他统治。还有另外三个儿子，斯格奥尔德（Skiold）、萨明（Saming）和伊恩格韦（Yngwi），分别是丹麦、挪威和瑞典的国王。其他传说表明，尼夫朗（Niflung）短歌中的英雄人物瓦尔斯（Wals）、西格蒙德（Sigmund）和西古尔德（Sigurd），乃西格的后代，而布兰德（Brand）、赫因盖斯特（Heingest）或赫恩吉斯特（Hengist）、霍尔萨（Horsa）、斯韦普达格（Swipdager），是巴尔德格的子孙。盎格鲁－撒克逊人的系谱表上注明了沃丹和弗蕾雅有七个儿子，皆为盎格鲁－撒克逊王国的创建人。不过，其他系谱上却说他们只有三个儿子，这也使其与北欧的系谱更为相合。

关于奥丁的更高观念认为，奥丁是诸神和人类的始

祖，后者是由他创造的，而前者是他直接或间接的后裔。他和乔德（Jörd，大地）所生的儿子是托尔，托尔是麦格尼（Magni，力量）和莫迪（Modi，勇气）的父亲；和弗丽嘉生了巴尔德尔和霍德尔；和琳达生了瓦力，他在后来要为巴尔德尔复仇；和九个扬波之女生了神秘的守门人海姆达尔。除此以外，还有诗神布拉吉，神圣的使者赫尔莫德，勇敢的弓箭手乌勒，还有天神提尔，他在其他方面获得了最高荣誉。属于他的后代的有凡赛提，是巴尔德尔的儿子，还有韦达，他将会统治圣洁无染的新世界。因此，奥丁是阿萨神族的始祖。另一方面，给予新创造的人以感觉和生命的霍尼尔，以及赐予人鲜血和健康肤色的洛基，最初是奥丁的兄弟或伙伴。伟大的尼奥尔德，以及他聪明的儿子弗雷和女儿弗蕾雅，起初被送到仙宫作为人质，不过后来也被纳入阿萨神族之列。

弗丽嘉和她的侍女

托尔的母亲是乔德，女巨人菲奥格恩（Fiörgyn）的女儿。托尔出生以后，奥丁离开黑暗的大地女神，娶了菲奥格恩的另一个女儿——活泼靓丽的弗丽嘉。因此，她分享着奥丁的王位、圣明和权势，成了让他欢愉的心上人，成了阿萨之母。她和夫君掌管着凡人的命运，赐予她的崇拜者好运和成功，她经常以女人的狡黠达成目的。正如在希腊每年都会举行一次盛会庆祝宙斯和赫拉的婚姻，往昔的日耳曼人也以同样的方式庆贺奥丁和弗丽嘉的结合。

弗丽嘉的宫殿称为芬瑟尔，亦即大海的厅堂。可能是海滨居民为它取了这个名字，他们将弗丽嘉视为大海的统治者和轮船的保护人。其上笼罩着一层抚慰人心的薄暮，装饰着珍珠和金银。女神会将因早亡而分离的丈夫和妻子带到这个安宁的宫殿，他们在此破镜重圆，长相厮守。古老的日耳曼人的这一信仰，表明他们从最真实和最高等的方面看待爱情，寄希望于死后能与心爱的人重逢相会。我们在阿明和斯鲁纳尔达（Armin and Thusnelda）拉丁编年史中得知，他们将女先知置于很高的地位，这证明了高贵的女人总是倍受尊崇，即使那些粗鲁而好斗的男人，也对她们礼敬有加。爱情的传奇明显地表现在北欧女武神布琳希尔德（Brynhild）的神话中，她义无反顾地投身于熊熊烈焰中，以期能和心爱的西古尔德（Sigurd）重新相聚。

弗丽嘉坐在华丽的宫殿里，在金制纺纱杆上织着柔软的丝线，她要将其送给那些最配拥有它们的家庭妇女。人类每天晚上都能看到女神的纺车轮，因为它在天空闪闪发光，璀璨夺目。我们对它很无知，命之为猎户座，但是在我们的先人眼里，它就是天后的纺车轮。女神有三个朋友和侍从总是陪伴左右，她曾和她们一起，在月宫中召开关于人类事务的会议。

芙拉（Fulla）或沃拉（Volla）是弗丽嘉的第一个侍从女神，是仙女的首领，在日耳曼人的信仰中，她也是天后的姐妹。她头戴金环，长发披肩。她掌管王后的珠宝，替她梳妆打扮。她倾听悲伤的人类的祈祷，然后将其复述给弗丽嘉，并就如何最好地帮助人们给出建议。

赫琳（Hlin），弗丽嘉的第二个侍女，是所有那些处于危难之中并且向她寻求帮助的人类的保护神。

弗丽嘉女神在被猫拉的战车上

天后的使者是格娜，她身着金色服装，坐骑风驰电掣，跨过陆地和大海，穿过天空飘浮的云层，带给女主人关乎人类命运的消息。

有一次，格娜在胡纳（Hunaland）上空游逛，她看到西格的后代、奥丁一族的勒里尔（Rerirl）国王正坐在一个山坡上。她听到他祈求一个孩子，让他的家族不至于断了香火。由于他和妻子年事已高，没有孩子延续其贵族门第。格娜将国王的祈求告知了女神，国王时常将上好的水果祭献给天神。弗丽嘉微笑着递给格娜一个苹果，这个苹果能够实现国王的愿望。格娜立刻飞身上马，急匆匆地跨过陆地和大海，跨过智慧的华纳国。勒里尔吃惊地看着这个勇敢的骑手，问道："谁在那里飞，赶得这么快？"她从云里答，如急流一般快："我不飞，亦不赶，而是我的千里马穿过云层、薄暮和天空。"

当神使来到地面，绕过树林，走近勒里尔国王时，他还坐在山坡上的一棵冷杉树下。她变成了一只有冠的乌鸦，飞到冷杉树上。她听到国王还在哀叹自己的悲惨命运，他的家族要亡在他的手里，她让苹果落在他的膝盖上。他盯着苹果不由得一愣，很快就明白了这个神圣的礼物的意义。他把苹果带回家，让他的妻子吃了。

其间，格娜迅速地驾着她的宝马，沿着闪耀的星光赶回仙宫，兴奋地向她的主人报捷。终于，胡纳国的皇后喜得贵子——伟大的沃尔辛格（Wolsing），整个家族即以他为名。他是勇敢的西格蒙德的父亲，奥丁最喜欢的人，他后来变身为西古尔德，其荣耀声闻于整个北欧和德意志。

当天后听闻她的圣礼已然结出硕果，便决意亲自将这个喜讯告知诸位神灵和英雄，并且要以她最为光鲜亮丽的形象前往。芙拉将天后所有的珠宝摆了出来，它们像星辰一样光闪夺目，然而弗丽嘉并不中意。芙拉指着神殿内矗立的奥丁的纯金雕像，寻思着应该用那里的金子为天后制作一件名贵的饰物，只是要把那些为诸神之父雕出如此逼真的塑像的能工巧匠争取过来。工匠们收受了巨额贿赂，他们从雕像上一处被浮动的斗篷遮住的地方切下一些金子，因此这种偷窃行为不会被轻易发现。然后他们为王后制作了一条无与伦比的项链。当弗丽嘉走进大厅，挨着奥丁坐在王位上时，她告知所有人她是如何拯救了一个濒临断绝的贵族之家。每个人都对她的美貌倾目凝神，诸神之父也觉得他对王后重燃爱火。

此后不久，奥丁来到神殿大厅竖立他的雕像的地方，他的火眼金睛很快发现了无人留意的偷窃行为，顿时火冒三丈。他将金匠传唤进来，由于他们拒不交代，他下令将其处死。然后他命令将雕像放置在神殿高高的大门上，并准备好了有魔力的鲁纳文，使其具有知觉能够说话，然后就可以指证做这件坏事的罪犯了。奥丁的反应令天后大骇。她既害怕奥丁的愤怒，更担心她的事情被公之于众，让她在诸神面前蒙羞。

巧的是，在天后的家中有一个低等奴仆，他是一个邪灵，不过颇具胆量，曾经大胆地向他的女主人表达过爱慕之情。芙拉找到他，告之天后被他的忠诚打动，邪灵表示他愿为天后赴汤蹈火，在所不辞。他施法让神殿的守卫陷入昏睡，将雕像从大门上面猛地扯了下来，雕像摔成碎片，便不能说话或控诉了。奥丁将他的所作所为看在眼里，并且猜到了个中原因。他举起了死亡之矛冈格尼尔，准备掷向那些与此恶行有关的人。不过，他对弗丽嘉的爱还是占了上风，他决定给予另一种惩罚。

他离开诸神和人类，隐退到遥远的地方，他对天空和大地的每一个祝福也一并不见了。一个假奥丁坐上了他的位子，将冬天的暴风雨和冰巨人释放到大地和牧场之上。绿叶全都枯萎了，阴云遮住了金色的阳光和月亮与星辰的光芒，大地、天空和河流结上了厚厚的冰，严寒似乎要毁灭一切生命。每个生物都企盼着祝福之神的到来，最终他复归了。雷电宣告着他的出现。篡位者在真奥丁面前逃之夭夭，所有的灌木和花草重又发出新芽，在温煦的春天里，大地焕然一新，现出了生机。

关于弗丽嘉及其侍女的神话很为混乱并且偶有矛盾，在上述故事中，我们尽可能地描述了一个连贯的故事。我们唯一要补充的是神话的结尾，它来源于这样一个时代，诸神在人们的眼中已经黯然失色，变得不再像往昔那样受到尊崇。这一神话的结尾版本众多，各各不一，此处表明了夏季奥丁和冬季奥丁的差异。

与弗丽嘉有关的其他女神

现在让我们再次来看伟大的女神弗丽嘉。北欧吟游诗人首次把她提升到王位之上，并且将她和华纳女神弗蕾雅或弗丽进行了区分。如其名字和性格所示，她们最初是同一个人。弗丽嘉出自低地德语“frigen”，与高地德语“freien”有关，意指“求爱”“结婚”，这两个意义也就道出了女神的特征。因此，古老的日耳曼民族只知道弗丽是天后，她和她的丈夫沃丹共同统治着世界。她也用“弗丽嘉”或“弗丽克”（Flick）这两个名字，因为在黑塞，尤其在达姆施塔特，五十年前，人们常常这样说肥胖的老女人："她就像老弗丽克一样胖。"单词"friegn"亦与"sick freuen"（欣喜）有关，因此，弗丽嘉是欢喜女神（Freude）。她取代了大地女神涅耳瑟斯［Nerthus，被误解为赫莎（Hertha）］，塔西佗告诉我们，她在一个海岛上神圣的小树林中受到崇拜。涅耳瑟斯很可能是某位天神的妻子，我们认为是齐奥或提尔。在塔西佗详尽的论述中，他是隐蔽的神灵，受到色姆诺恩（Semnones）人的虔敬，色姆诺恩人是斯瓦比亚部落中最高贵的支族，他们在一个神圣的小树林中供奉涅耳瑟斯的丈夫，他们在踏上那块圣地之前，首先要把手绑上。涅耳瑟斯很可能亦为尼奥尔德的妻子和姐姐，在他被招入阿萨神族之后与他分开了。在这里，她属于更早的华纳神族，她的丈夫肯定曾被唤作涅耳瑟斯，后来变成了尼奥尔德。

在梅克伦堡，同样的女神被命名为高德（Gaude）或戈德（Gode）夫人，乃沃丹或戈丹（Godan）的女性形式。此地的人们相信，她所到之处都会带去好运。

有一个故事说的是，她在一次旅行中弄坏了马车轮子，便找来个木匠修理。修好之后，她把所有的木片送给木匠权作酬谢。木匠收到如此薄礼非常恼火，只带回了几个木片，不过，第二天早晨，他吃惊地发现木片变成了金子。

另一个传说中，戈德夫人是个伟大的女猎手，她和她的二十四个女儿献身于高尚的追捕事业，不舍昼夜，天天如是。于是，她永生永世都被安排捕猎，她的一群猎犬中，包括被施以魔法变成狗的仙女。因此，她被迫加入了狂猎的行列。

在法国，这一女神被称为“Bensocia”（好邻居，bona socia），在荷兰被称为“Pharaildis”，亦即“Frau Hilda”或“Vrouelden”，由此，银河被命名为“Vroueldenstraat”。

希尔德（Hilde/Held，英雄）意指战争，她是一名瓦尔基丽，和她的姐妹在战争中执行任务。在后来的诗集中，她成了胡格尼国王的女儿，她在海岸采集神草时，被出行劫掠的赫定（Hedin）抢走了。她的父亲开着战船追击维京海盗，在一个小岛上追上了他。希尔德徒然地试图制止杀戮。胡格尼已经拔出了可怕的宝剑戴尼斯雷夫（Dainsleif），其所造成的伤口永远不能愈合。赫定再次乞求国王饶恕，并许以支付重金赎罪。

他的岳父轻蔑地喊道：“我的宝剑戴尼斯雷夫，只有喝了人血才能入鞘。”

战争开始了，持续了一整天，不分胜负。

晚上，双方回到了他们的战船养精蓄锐，准备来日再战。

希尔德溜到战场上，通过鲁纳文和神符唤醒了所有死去的战士，使他们毁掉的剑和盾完好如初。

黎明时分，重启战事，一直酣战到深夜才告停歇。战场上尸横遍野，就像石塑一般僵卧着。不过，天亮之前，女巫希尔德已唤醒他们投入新的战斗，如是往复，直至诸神战死。

在德国，希尔德亦知名并受崇拜，这在希尔德斯海姆（Hildesheim）镇建立的传说中即能见出。

有一年，大雪一降到供奉她的地方，路德维希国王就命令在那里建造一座大教堂。在德国和法国，圣母玛利亚取代了她的位置，还建了好几座教堂以纪念玛利亚。

尼哈伦尼亚（Nehalennia），航海和贸易女神，受到了凯尔特和日耳曼民族的崇拜，他们在瓦尔赫伦岛的一个神圣的小树林里供奉她。在尼维尔（Nivelles）同样有她的祭坛和圣地。伊萨（Isa）或爱森（Eisen）和尼哈伦尼亚一样，对她的崇拜更为古老，更广布德国全境。在基督教时代，圣格斯鲁德（Gertrude）取而代之，她的名字（“Geer”，即“矛”，和“Trude”，托尔之女）与其异教起源已是背道而驰。

赫尔达 / 奥斯塔拉

从前，阿尔卑斯山脉的提洛尔地区，皑皑白雪覆盖着冰川，那里有一个偏僻的村庄，住着一位牧牛人和他的妻儿。他常常赶着一小群牛出外放牧，不时地放倒一只岩羚羊，因为他是一个神射手。十字弓也保护着他的牛群免遭野兽的袭击，他的屋子里铺满了熊皮和狼皮，证明他是一个好猎人。

有一天，他在一个透着芬芳的高地上放牧牛羊，忽然发现了一只颇为漂亮的岩羚羊，羚羊角像太阳一样闪闪发光。他迅速抄出弓箭，匍匐前行，靠近羚羊。但是羚羊在岩石上跳来跳去，越爬越高，不时地停下来，像是在等他，引诱他追捕。他急切地追赶着，来到一座陷入雪地的冰川前面。

岩羚羊在几块大岩石后面消失了，不过与此同时，他看到冰川上有一个巨大的拱形门，远处有一道闪亮的光线。

他勇敢地走进黑色的入口，发现自己来到一个大厅里，大厅的墙壁和天花板皆由光闪夺目的水晶做成，饰以火红的宝石。透过水晶墙，他看到了繁花似锦的草地和绿树成荫的果园。一个高个子女人站在大厅中央，身材优美，披着一件光闪亮丽的银色外衣，系以金色腰带，一头金发，戴着镶嵌着红宝石的冠饰。她手持蓝如眼睛的花朵，温柔地向牧牛人致以问候。一群美丽的少女头戴以阿尔卑斯山玫瑰制成的花冠，团团围着女主人，就像即将开始一场舞会。牧人目不转睛地盯着女神，谦卑地跪了下去。

女神以一种直指人心的声音对他说道："在我的所有宝物里面，挑一件你认为最值钱的东西吧，金子、银子、宝石，或者我的一个侍女，都可以。"

"好心的女神，送给我，"他答道，"送给我你手里的那束花就行，除此之外，我别无所求。"

她和蔼地点点头，递给他那束花，说道："你的选择很明智。带着它们，你就会像这些盛开的花朵一样长寿。"然后她指着一个谷物容器说，"这是种子，你把它种到地里，它就会长出更多的蓝花了。"

他本该拥抱一下女神的膝部，但是忽然一声惊雷，大厅和山谷为之震颤，他眼前一黑，失去了知觉。

当牧人醒过神来，他的眼前只有岩石和冰川，急流从中喷涌而出，通往女神宫殿的入口不见了。花束还在他手中，身旁是木质容器，里面盛满了种子。这使他确信，刚刚经历的事情不是南柯一梦。

他带着礼物和十字弓，小心翼翼地走到山下，看看他的牛群怎么样了。它们已经不见了，他四处寻找，一无所获。等回到家时，他看到了一片悲惨的景象。熊和狼吃掉了他的畜群，只有一些跑得快的山羊幸免于难。

他离家已经整整一年了，然而他觉得只是在山上追了一阵岩羚羊，不过几个小时的时间。他把那束花拿给他的妻子看，还说要把女神送给他的种子种到地里，他的妻子破口大骂，嘲笑他的冥顽愚蠢。但是他心意已决，不为所动，以极大的耐心忍受着妻子的恶语相向。

他耕了一块地，将种子播了下去，不过还有大量种子，于是他又种了两块地，仍有不少剩余。地上很快发出绿芽，绿芽越长越高，最终蓝花遍布田间。就连他的妻子也高兴起来，它们看上去是多么可爱啊。

牧人日夜照看着他的作物，他时常看到山中女神和她的侍女在月夜漫步其间，抬起手祝福它们。

当花朵枯萎种子成熟的时候，女神又来了，她告诉牧人如何收获亚麻，然后走进农舍，教给牧人的妻子如何纺织亚麻和漂白麻线，使其变得像新雪一样洁白。

牧人很快发了家，并且成了国家的功臣，因为他将亚麻的栽培方法介绍给了全国各地，给成千上万的人提供了就业和赚钱机会。他已是儿孙绕膝，曾孙也已长大，不过女神送给他的那束蓝花依然艳丽如初，他已经一百多岁了，对生活产生了厌倦。

一天早晨，他在观赏心爱的花朵时，看到它们全都垂下了头，枯萎了，死掉了。他知道他该和尘世生活说再见了。他拄着拐杖，艰难地往山上爬去。他来到冰川近前时，已是晚上。

冰川上面的积雪发出壮丽的光芒，仿佛是向这位善良

奥斯塔拉（约翰内斯·格尔茨绘，1884）

的老人的最后一段旅程致敬。他再次看到了那个拱形大门和远处的微光。他鼓足勇气，穿过漆黑的入口，及至清晨，明亮的晨光已在欢迎这位疲倦的朝圣者，他在人世的旅程已告终结，他来到赫尔达的厅堂之内。他身后的大门已经关上，从此世间再也不见此人。

关于古老的日耳曼女神赫尔达的类似传说，流传于提洛尔地区。她的名字表明她是一个恩惠和仁慈女神，在德国和瑞典两地，人们肯定都曾崇拜过她。不过，至今在条顿堡森林仍未发现她的遗踪，那里有众多地方和名称指向了古老的日耳曼宗教，北欧诗人也没有讲述过她。然而，德国仙女的传说和故事表明，女神的性情和事迹存留于人们的记忆之中，北欧的赫尔德拉（Huldra），她通过奇妙的歌声将人们吸引到她的身边，与赫尔达正是同一个女神。她的名字源自古老的北欧语言“Hulda”，亦即黑暗（Darkness），有人认为她体现了大地和死亡女神的阴暗一面。不过我们前面提过，其词源为“Huld”，即恩惠和仁慈，此义似乎更为恰当。

在一则北欧神话中，赫尔拉或赫尔达成了哥布林（Kobolds，小妖怪）的王后。她的母亲是赫尔德的王后，她首先杀死了不忠的丈夫，然后自杀了。她通过一只牡鹿引诱英明的奥丁王来到了她的住处，那是隐蔽在树林深处的一个所在。她向奥丁献出了自己最好的东西，然后乞求他在一场法律辩论中做仲裁人，辩论双方是她和另外的哥布林与瑟斯巨人，所辩论的是关于她丈夫被杀一案。奥丁答应了，他的决定使她成为挪威所有哥布林和瑟斯巨人的王后。这一故事在形式上非常现代，而它确实是以古老的信仰为基础的。

中世纪时期的一首诗歌将赫尔达安排在了维纳斯山中，那个地方通常被认为是图林根州的豪瑟尔伯格（Horselberg）。她被称为维纳斯小姐，和女伴们住在一处华丽的庭院里。那些高贵的骑士，其中包括唐豪瑟（Tannhauser）骑士，被她吸引到山中，在那里过着放荡而欢快的生活，拜倒在她的石榴裙下，乐不思蜀，偶尔想到骑士的荣誉和责任，但很快就抛置脑后。

诗歌最后提到，只要在她的奎克波恩（Quickborn，生命之泉）中洗上一洗，那些不幸成为跛子的人就会恢复全部体力和能力，老年人就会再现已然消失的青春。这一传说将她和北欧的伊都娜关联了起来，伊都娜掌管着使阿萨神族永葆青春和活力的苹果。不过，她还像受撒克逊人、法兰克人和其他部族崇拜的奥斯塔拉。

奥斯塔拉是春天女神，经历了漫长的死寂的冬天之后，自然得以复兴，她受到了所有古代日耳曼人的高度崇拜，即便是基督教的热情也没能阻止她的声名之不朽。这些往昔的记忆久已消失，尽管“兔子”还在下着它的“复活节之蛋”。在白天和黑夜长度相等的那天，严冬已然逝去，冻结的大地复现生机，人们互赠彩蛋作为礼物，因为蛋代表了生命的开始，这一习俗由来已久。基督教对这个古老的传统赋予了另一种意义，它们将其与救世主的复活节庆联系在了一起，救世主就像在蛋中潜藏的生命，复活之前在坟墓中睡了三天。

关于春天女神的传说付之阙如。新近发现的一块纪念碑还残存着古老的信仰，这块外来石（Extern-stones）发现于林木繁茂的山之最北端的条顿堡森林中。它存在于附近一个村庄的记载中，从 18 世纪开始，无知的农民在供奉异教女神奥斯塔拉的时候，会犯一些不轨行为。牧师只是告诉我们，只要那里有游行、舞蹈、宴会、零乱的花朵，或是任何祭祀行为，一道明亮的光线就会照在崇拜女神的现场。这一事实证明，对奥斯塔拉的崇拜不仅是她的名字，一些事迹还保留在人们的记忆中，达百年或千年之久，表明了这一信仰有着深厚的根基。那些石头可能被称为东方（Eastern）或东方之石（Eastern-stones），是奉献给奥斯塔拉的。在那里和其他地方，女神的祭司和女祭司可能会在异教时期聚在一起，分发五月花，点亮篝火，屠杀牲畜作为祭品，然后在五月的第一个晚上游行，这些行为都是为了纪念她。在黑塞北部的格姆巴赫（Gambach）地区，纪念活动几乎一样。在三十年前，每逢复活节，年轻人都会到山顶的复活石前跳舞、运动。在8世纪，政府公布法令禁止这些活动，但是没有用，人们不会放弃他们的传统信仰和习俗。此后，女祭司被宣布为女巫，光亮照射到远方的篝火被说成是恶魔的起源，五月的节日被看成了巫师的鬼节。不过，在黑塞的梅斯纳－格博戈（Meissner-Gebirg）附近，青年男女还是会带着大捆的五月花，投进附近的一个山洞里。因为赋予自然以新生的奥斯塔拉是青春的神圣保护人，也是幸福婚姻的赐予者。

贝克莎／贝莎

夜幕降临柏林城。一大队静寂的人群正穿过主街，向皇宫走去。人群不时窃窃私语，从中可以听到这样的话：

“国王快要死了。”皇室里面更是无比静寂。国王的卫兵一动不动地站着，走廊和房间的地毯上听不到仆人的脚步声。塔楼上的钟声响了，已是午夜。忽然，一扇门打开了，从中飘出来一个幽灵般的女人，身材很高，举止像个王后。

她身穿一件带后摆的白色衣服，头上蒙着一块白纱，淡黄色的头发卷在里面，头发上系有一串珍珠。她的面色如死尸般苍白，右手持一串钥匙，左手拿一个五月花花束。她神情庄重地向长长的走廊走去。高大的卫兵向她举枪致敬，侍从给她让开路，守卫散了开来。她行经他们，穿过一扇折叠门，进入了王宫候见室。

“那是白衣女士（White Laly），国王就要死了。”值班军官小声地说，眼睛里流下一滴泪水。

“白衣女士出现了。”人群在嘀咕，大家都知道这意味着什么。

中午，所有人都知道了国王的死讯。“是的，”施奈肯伯格大师（Master Schneckenburger）说，“他已经见他的父祖去了。贝克莎（Berchta）夫人再一次宣告了所要发生的事，因为她能预知所有事情，不管好的还是坏的。在 1806 年的灾难中，人们看到了她，在贝拉联盟（Belle-Alliance）战争之前，人们又看到了她。她有一把钥匙，能打开生命和幸福之门。她如果给谁一朵流星花（cowslip，或译‘黄花九轮草’），此人就能无往不利。”

施奈肯伯格说对了。她就是贝莎，或曰贝克莎，她知道国王就要死了，不过她也预言了其他重要的事情。贝克莎（源自“percht”，发光的、亮丽的）和赫尔达几乎是一个人，除了后者从不以白衣女士的形象现身。许多日耳曼部落将大地女神视为贝克莎加以崇奉，在德国的南北两地，有大量关于她降世的传说。

每一年里，有一个晚上是献给她的，那个夜晚叫作邪神之夜（Perchten-evening，12 月 30 日或 1 月 6 日）。那时，她被视为一个勤奋的纺纱工，监督着纺纱房间的劳动，或者，手持一支魔棒，在可怕的暴风雨中，在狂暴军团中一马当先。她通常住在图林根州的空山之中，她在那里照料“家蟋蟀”（Heimchen），或是殇婴的灵魂，以及那些早夭的婴孩。她忙着耕种那里的地，有时婴儿也会帮着浇水。每当人们不顾她做的善事，到她的山居打扰她时，她就带着婴孩离开此地，自此以后，这个地方就会变得贫瘠不堪。

有一次，贝克莎和她的婴孩穿过一个牧场，一道围墙将其一分为二。最后一个小婴儿爬不上去，因为他的水罐太重了。

一个妇人，孩子刚刚夭折了，恰在附近，认出了她那死去的宝贝，她为了他日夜哭泣。她急忙奔向那个孩子，一把搂住，不让他离去。

那个小孩子说道：“妈妈，在你的怀里，我是多么温暖多么舒服啊。可是，妈妈，别再为我哭泣了。妈妈，我的罐子满了，太沉了。妈妈你看，你的眼泪都流到罐子里了，有一些都洒到我的衬衣上了。贝克莎夫人，她疼我爱我，对我说有一天你也会过来，到那时，我们就会在山下美丽的花园里重聚了。”

那位母亲再一次哭成泪人，让孩子走了。

从那以后，她再也没有掉过眼泪，想到有一天还会和孩子见面，她就备感欣慰。

在许多传说中，贝克莎是一个女巫，或是一个迷人的少女，那些有幸从她魔咒中被解救出来的人，将会得到大量财宝。不过，更经常的情况是，她将住处安在一座名为“女先驱”（Ahnfrau）的豪华城堡里面，或许是拥有那座城堡的家族的女祖宗。在这些故事中，这位自然女神极少会被认出来。

据说，奥拉穆德（Orlamünd）的库尼贡德（Kunigunde）伯爵夫人是个孀妇，爱上了霍亨索伦（Hohenzollern）家族英俊的阿尔波特（Albrecht）伯爵。他告诉她，有两个人妨碍了他们的结合，她认为他指的是她的孩子，就把他们暗杀了。不过，他实际上指的是她的父母，他们不同意他的婚事。他发现她的所作所为之后，感到无比愤怒。她对自己的罪行悔恨不已，只身前往罗马朝圣，以严厉的苦修进行忏悔，后来她创建了圣冠（Heavenly Crown）女修道院，并以院长之职离世。那里还有她和她的两个孩子以及阿尔波特伯爵的坟墓。自那以后，她以“阿恩弗劳”（Ahnfrau）的身份现身于贝勒乌斯（Baireuth）附近的普拉森堡（Plassenburg），她能预知即将发生的一切恶行。后来，她跟随伯爵的家族到了柏林，正如本章开头的故事所云，至今在那里还能看到她。

另一个故事将那个幽灵说成了克利夫家族的碧翠丝伯爵夫人，她嫁给了天鹅骑士，此人乃经常被提及的中世纪古老英雄。克利夫家族与霍亨索伦家族关联紧密，我们将神秘的天鹅骑士视为光明之神，他从黑夜之中出现，复归于黑夜。

在一个更为简单的版本中，她指的是一个波希米亚伯爵夫人，罗森伯格（Rosenberg）家族的贝莎。她嫁给了利希滕贝格的约翰，日子过得很不好，待他死后，她成了女领主，建造了诺伊豪斯（Neuhaus）城堡。在她寡居的有生之年，一直身着白衣。她以这副穿着，显身于并且至今还出现在罗森伯格、诺伊豪斯和柏林的亲缘家族中，预言着好事和厄运。日耳曼民族将其对这个大地女神的崇拜带到了高卢和意大利。在高卢，有一句谚语“du temps que Bertlie filait”，就是提醒人们注意大地女神的地下王国。那是纯洁安宁的时刻，几乎每个民族都有与此相关的传说，人们期盼着那样的日子，那是只有在死后才能实现的梦想。

有些历史名人也被视为扮演了曾属于大地母神的角色。

12世纪的一则故事提到，查理曼大帝的父亲丕平[①]想娶精于纺织的匈牙利公主贝尔特拉达（Bertrada）。他的追求成功了，公主和她的侍女动身前往丕平的宫廷。新娘无比漂亮，美中不足的是有一双大脚。

丕平宫中的主事宫女为人恶毒，对贝尔特拉达心生嫉妒。她贿赂了几个恶棍前往迎接公主，让他们在路上的森林里把她杀掉，然后她让自己丑陋的女儿占了女主人的位子。尽管丕平对他丑陋的新娘非常厌恶，但由于有约在先，只好娶了她。不过，他很快就发现自己受了骗，将那个丑女赶了出去。

一个深夜，他外出狩猎，来到曼恩河边的一个作坊

---

① 丕平（Pippin，714—768），又称丕平三世（Pepin III）、矮子丕平（Pepin the Short），法兰克国王，公元751年至768年在位，是查理曼大帝的父亲，加洛林王朝的创建者。——译者注

里。他在那里见到了一个辛勤织布的女孩，认出了那只大脚，知道她才是真正的贝尔特拉达，得知那些恶棍如何对她心生怜悯放了她，她又是如何来到这家作坊的。他恢复了她的身份，并且恳求她履行婚约。他们婚姻的结晶便是查理曼大帝。

在这则故事中，我们看到的是披着新外衣的旧神话。

我们看到，人类的灵魂和女祖，尤其是那些皇室或英雄民族的灵魂和女祖的保护人大地母亲，是如何被可爱而冷漠的贝尔特拉达推置一旁，但又被她神圣的丈夫联结在一起，变成了春神之母。那只大脚还提醒我们，女神最初被假想为一只天鹅，这就是法国的教堂以天鹅脚或鹅脚代表皇后的原因。

还有一些法国故事将贝尔特拉达视为赫尔达：她为失去丈夫而流泪，她是如此悲伤，以至于眼泪滴穿了石头。两位女神都与北欧的弗蕾雅相同，她为她的丈夫流下了金色的眼泪。

在美因茨一带，有一首老民谣至今还在传唱。由于歌谣本身已经失传，所以在此我们只能指出此事。从前，有个猎人悲伤地站在水边，思念着已逝的爱人。他曾经有个年轻漂亮的妻子，每当他拖着疲惫的身躯捕猎归来，妻子都会送上充满爱意的热吻迎接他。她为他生了一个可爱的孩子，让他的生活无比幸福。可是好景不长，冷酷而妒忌的死神将母子二人从他身边双双夺走，他变成了形影相吊的一个人。他很想和他们一起死掉，不过他还是苟活了下来。三个月飞快地过去了，妻儿的身影还总是出现在他的脑海中。

一天晚上，他信步来到一条河流边，在岸边停下来，直直地盯着河水深处，问道：“在一座孤独的水墓中，破碎的心能够复原吗？”

他的耳边随即传来一阵银铃般的声响。他抬头张望，看到对岸站着一位美丽高贵的女人。她正在织着金色的亚麻布，唱着一首奇妙的歌：

年轻人，到我闪耀的大厅去，
那里满是欢乐和安宁；
当倦怠的心最终找到了一切，
它心爱的人啊，得到了祝福！

懦弱的人把我的大厅称为坟墓，
我献上的吻，他怕得要死；
而勇敢的人，则会大胆地跳下去——
他以生命为代价，得到了所得。

年轻人，离开孤独的河岸吧。
勇敢地追求永久的快乐。

猎人边听边疑惑，这一令人震颤的声音是对岸那位美丽的女人发出的吗？抑或来自河水深处？

他猛地跳进激流之中，一只美丽白皙的手臂伸了出来，抱着他，将他拖到河水底部，使他远离尘世的事务，远离了尘世的悲伤和痛苦。他心爱的人儿，他年轻的妻子和他的孩子，向他欢呼致意。“看呐，爸爸！这里的树木郁郁葱葱，这里的鲜花闪闪发光！这里没有人吵闹，也没有人沾上任何麻烦！”

这一故事基于对来世的古老宗教信仰。它表明，我们的先人一直相信，死亡只是迈向新生活的一个过渡，人在死后会过上一种比尘世生活更为纯洁更为完整的生活。

托尔/索尔那

太阳的马匹阿瓦克（早醒者）和奥斯维德（飞毛腿）正在疲惫地拖着炽热的战车走向归途。大海和冰川覆盖的山脉沐浴在落日的余晖中。云朵从西方升起，越积越多。忽然，云层中射出几道闪电，远处开始响起滚滚雷声，巨浪愤怒地拍击着海湾上的岩石。

“小伙子，挂起你的防雪鞋，脱下你的皮帽子。奥库托尔（Ökuthor，驾驭战车的托尔）正驶在路上，去唤醒乔德老妈妈。老婆，把蜜酒罐放到石桌上，他就能找到喝的了。你，你这个懒家伙，你为什么坐在火边无所事事，干吗不把犁头擦亮？我们将会迎来丰收之年，因为霍洛里迪（Hlorridi，提供热量者）提前到来了。来吧，斯阿尔夫（Thialf），脱下我的皮靴子。”

这是一位坐在火边石凳上的农民对巴尔斯霍夫（Balshoff）的属下所说的话。他忽然停了下来，变得瞠目结舌；斯阿尔夫提着的皮靴子从手里掉了下来，女主人跌落了酒罐，农场雇工放下了犁头。温格托尔（Wingthor）满怀盛怒从西方飞驰而来，他用神锤米约尔尼尔击打着房子，闪电冲破了柱子支撑着的屋脊，直穿地面，深达百米。屋子里顿时充满了硫黄的味道。那个农民打起精神，从石凳上坐了起来，当看到雷神停止攻击之后，他说道：

“温格托尔已经施恩于我们，现在他赶去和霜巨人与山巨人作战了。你们听到他的锤声了吗？听到怪物们在山洞里哀嚎了吗？听到他们石像的粉碎声了吗？除了燕麦团，他们好像一无所有。他却赐给了我们雨水，现在还在下个不停，雨水很快就会把冰雪融化，我们过些时候就能在土壤中播下种子了。幼苗会长得疯快，牧草、药草和青葱会大获丰收，以回报我们的辛勤劳动。啊，托尔，保佑我们收获时节果实累累吧！”

往昔的人们以这种方式召唤强大的雷神索尔那——北欧称其为托尔。他受到了极大尊崇，甚或被视同为天神奥丁。这一痕迹至今犹存，因为不管在哪里，只要提到他和其他神灵，他总会被赋予中心地位。撒克逊人被迫放弃了沃丹、多纳尔（Donar）和萨克斯诺特（Saxnot）。在瑞典东南部的乌普萨拉神庙中，托尔被放置在奥丁和弗蕾雅之间。在《埃达》所收的一首诗歌《史基尼尔（Skirnir）的旅行》中提到：“奥丁反对你，阿萨神族的王子（托尔）反对你，弗蕾雅诅咒你。”他在挪威神祇中保持着高高在上的地位，因为他打败了将肆虐的东风带到挪威的霜巨人和山巨人。在萨克森（Saxony）和弗兰肯尼亚（Franconia），他得到了同样的尊崇。橡树是他的神树，他的节日即在橡树荫下隆重举行。当天空电闪雷鸣时，人们认为这是托尔乘着两只名叫“牙齿噼啪”（Tooth-cracker）和“咬牙切齿”（Tooth gnasher）的凶猛的公山羊拉着的战车在出行。

奥丁——不是坐在神座上俯瞰九个世界的奥丁，而是天界的全能之神——娶了地母乔德，他们婚姻的结晶是强壮的托尔，他在幼年时，就能举起十张熊皮的重量，展现了他作为阿萨神族的力量。

温柔的老母亲乔德——德国其他地区对她有不同的称呼——管不了这个强壮的儿子，于是温格尼尔（Wingnir，飞行者）和霍洛拉（Hlora，热量）成了他的养父母。他们是飞行的闪电的人格化，从他们衍生出了雷神的另外两个名字：温格托尔和霍洛里迪。

托尔娶了希芙（Sif，同族），由于他是家庭的保护人，因此他本人必须以身作则，有一个良好的家庭。漂亮的希芙有一头金发，可能因为她丈夫是金色谷物的守护人，她的儿子是敏捷的弓箭手乌勒，每到严冬，他都会脚穿雪鞋外出狩猎，在此季节，夏季的奥丁外出了，乌勒便统治着仙宫和米德加德。托尔和女巨人雅恩莎撒（Jarnsaxa，铁矿石）生了两个儿子：麦格尼（力量）和莫迪（勇气），和原配希芙生了一个女儿斯鲁德（Thrud，坚强），这些名字全都表明了他本人的个性特征。

托尔长相英俊，身材修长，体格强壮。他长着浓密的红胡须，一头卷曲的长发，衣着颇为合体，赤着膊，露出发达的肌肉。他右手拿着神锤米约尔尼尔，撞击神锤，就会引发可怕的电闪雷鸣。

神锤米约尔尼尔的由来

微风轻柔地吹拂在斯鲁德海姆丰饶的土地上，闪电宫的大门一直打开着，城堡里充溢着夏花的芬芳。托尔在大厅里安然入睡，直到黎明，天光大亮，他方才起床。他一眼看到了妻子希芙，她看上去非常悲伤。一夜之间，她的满头金发不见了，成了个秃头，就像金色的谷物被收割已空的大地。他猜出是谁搞的这个恶作剧，愤怒地冲到山上，穿过仙宫的小树林，来到不怀好意的洛基面前，一把抓住他的脖子，掐得他的眼珠突了出来。洛基诅咒发誓，说会从侏儒那里得到和以前一模一样的头发，托尔才松开手。随后，洛基急忙前往侏儒王国，付出了高昂的代价，不仅带回了头发，还有例无虚发的冈格尼尔长矛，以及一艘名为斯基德布拉德尼尔（Skidbladnir）的船，在任何风中，它都能行驶，用不着时，可以将其折叠起来放进口袋里。洛基把头发交给托尔，一放到希芙头上，它便开始扎根生长。他把长矛给了奥丁，把船给了弗雷，他可以在海上驾着大帆船，搭救失事的人。

洛基送出的礼物受到了一致赞扬，他宣称他的铁匠——伊瓦尔都（Iwaldur）的儿子们，是世上最好的锻造工人。他说这话时，侏儒布洛克（Block）正好在现场，他的哥哥辛德里（Sindri）被公认为最好的铁匠。他轻蔑地回应说没有人能胜过他的哥哥，他敢以人头作赌注。他把这个可怕的赌局给辛德里说了，辛德里相当自信，给他打足了气。辛德里把拉风箱的活交给了布洛克，让他一刻不停地拉动风箱，不能中断，否则所有的努力都会化为泡影。辛德里把一块猪皮扔进火里，然后外出锻造魔环，并念起咒语，召唤隐秘力量的援助。与此同时，布洛克努力拉着风箱，有一只飞虫不停地叮着他的手，咬得鲜血直流，他不为所动。等辛德里回来时，火中有了生命，他将其拉了出来，原来是一头巨大的野猪，名叫古林博斯帝（Gullinbursti），它长着金色的鬃毛，金光闪闪，使黑暗的铁匠铺亮如白昼。

要锻造第二件物品了。辛德里在火炉中加了一些红金，布洛克呼呼地拉着风箱，不顾那只飞虫令人痛苦的叮咬。最终魔环德罗普尼尔（Draupnir）加工成型，每隔九个晚上，它就会生出八个一模一样的魔环。

最后，铁匠把一块铁扔进火炉中，让他的弟弟有节奏地拉风箱。布洛克照做了，忍受着飞虫的叮咬，他知道那是洛基派来捣乱的。忽然，飞虫咬到了他的眼皮，血液模糊了他的眼睛，他急忙伸手捉住飞虫，把它碾得粉碎。火苗向上蹿了一下，忽然又降了下来，熄灭了。辛德里惶恐地冲过来，不过当他看到火炉里面的情况时，脸上又恢复了神采。

"一切正常，"他说，"完工了——只是手柄有点短。"

他从火炉中取出一个巨大的战锤，连同另外两件作品，一并交给了弟弟，说道："现在去吧，你会赢得赌局和你的对手的项上人头。"

布洛克来到阿萨神族的厅堂，他们正坐在议事厅里。他把魔环德罗普尼尔送给了奥丁，把野猪古林博斯帝送给了聪明的弗雷，他说野猪能载着他行动如风，穿过迷雾和云层，跨过大山和峡谷。托尔收到了神锤，他拿在右手晃了晃，这位阿萨神族的王子变得像巨人一样高大，乌云团团围聚在他的腰间，云层中射出闪电，雷声滚滚，撼动着仙宫和中庭的高处，吓坏了神灵和凡人。只有奥丁不为所动，他安详地坐在王位上，说道："米约尔尼尔是最好的宝物，我的儿子拿在手里，能够保卫仙宫免受巨人的任何攻击。"

因此，布洛克赢得了赌局，他执意要洛基的脑袋，拒绝接受其他任何东西作为交换。不过洛基已经飞快地逃走了，托尔紧追不舍，很快就把他带了回来。

就在侏儒举起宝剑准备取走他的战利品时，诡计多端的洛基喊道："我的脑袋是你的了，但是不能碰我的脖子。"

"那我就缝上你的大嘴巴。"布洛克回答说。他试着在他对手的嘴唇上打几个洞，然而白费工夫，嘴唇上连刀痕也没留下。于是他取出他哥哥的锥子，这次他成功了。他缝上了洛基的嘴巴，洛基站在大笑的阿萨神族中间，说不出话，不过他很快就找到了解开缝线的方法。

大地女神希芙的头发，是生长在大地上的花朵和谷物。它们在收获季节被切割下来，冬季恶魔抢走了女神的头发，让她的头顶变得光秃秃的。生活在地下的侏儒送给她光鲜的头发替代品，并在雷神的帮助下，惩罚了作恶之人。

奥维斯莫尔（Alwismal）——奥维斯之歌

奥维斯是侏儒之王，他遍访九大世界，学会了他们的语言和智慧。有一天，他来到仙宫，受到了热情款待，因为所有阿萨神都知道他那装饰着金银珠宝的宫殿，以及他统摄地下世界的赫赫权势。他看到了托尔的女儿，强健而漂亮的斯鲁德，对她一见钟情，要求和她结成连理。诸神同意了这个地下宝藏之王的求婚，想当然地认为托尔也会对这桩婚事感到满意。婚期已经敲定了。然而，在婚礼之前回到家的托尔，听此消息勃然大怒。

"你是谁，你这个一脸惨白的家伙？"他质问自命的新郎，"你和死人待在一起吗？你是从坟墓里爬出来，抢个活人，带回你阴暗的地方吗？"

奥维斯便问这个自称能够管得了他的新娘，并且能够阻止已经安排好的婚礼的人是谁。当他知道此人便是斯鲁德的父亲托尔时，他告诉了托尔他所具有的财产和智慧，并恳求他的应许。

托尔为了考验他，便问了某些单词在不同语言中应该怎么说，包括人类、阿萨、华纳、巨人、精灵和冥界的语言。

奥维斯答对了所有的问题，但是，看呐！就在那时，白天来了，一缕阳光照到奥维斯身上，他僵化并变成了石头，被放置在了仙宫的顶峰，成为托尔得胜的纪念碑。

托尔的乌特加德之旅

霜巨人将寒风从巨人国放到了米德加德，初绿的嫩苗冻死了，庄稼损失惨重。于是，托尔下令备好战车，火速前往巨人国，迫使他们收手。洛基以好言献媚，希望一同前往。雷神觉得带上他倒也不错，因为他熟谙荒野的道路。

托尔的山羊健步如飞，他们在晚上就抵达了巨人国的裸岩上。

他们看到了一间偏僻的农舍，主人热情地接待了他们，不过献上来的晚餐却颇为寒酸。于是，托尔宰了他的山羊，放在一口锅里煮了起来。然后他邀请农舍主人和他的随从共进晚餐，不过要求他们要把所有的骨头都扔到铺在地板上的羊皮上，并且要保持骨头的完好，不能弄断。

狡猾的洛基悄悄告诉农夫的儿子希亚费（Thialfi），他最好敲断羊腿骨，因为里面的骨髓非常好吃。希亚费听从了这个邪恶的建议，他发现羊髓的确是最好吃的。

第二天早上，托尔在羊皮和骨头上面摇动他的神锤，山羊很快跳了起来，不过有一只的后腿瘸了。雷神非常生气，眼睛喷出怒火，他右手紧握锤柄，一声惊雷震得屋基乱晃。农夫吓得脸色大变，乞求托尔的原谅，他的妻子和孩子也一并请求宽恕。农夫让托尔带上他的儿子希亚费和女儿罗斯卡（Roska），以赎断羊骨之罪。

雷神平息了愤怒，接受了农夫的赎罪。他将山羊和战车抛置一旁，与他的随从以及农夫健壮的孩子，步行向巨人国走去。

他们越过高山，穿过幽深的峡谷，面前是一个宽阔的海峡。他们又穿过海峡，走过一个遍地石头的地区，然后进入了一个貌似没有尽头的黑暗森林。森林地面上覆盖着灰白的薄雾，出来之后是一座冰川，很像一个僵尸般的幽灵，到处是它高耸的脑袋。一切都昏暗不清，难以捉摸，就像陷入了妖术之中。

这伙人一整天都在赶路，希亚费是当地最快的跑步健将，他背着托尔的行囊，总是冲在队伍前面。

已是夜晚，他们走进一家奇怪而宽敞的旅馆，那里既没有旅客也不见食物。他们太饿了，只好停下来休息。

夜半时分，一场大地震将房屋晃个不停，他们在旅馆找了个相对安全的角落。托尔的同伴都在躲着，只有他手持神锤，守在门口。巨大的咆哮和鼻息之声吵得这伙人难以入睡。托尔一直守护到黎明。

天光放亮，他看到了一个巨人，他们听到的所有嘈杂声响，正是巨人的呼噜声。他很想照着呼噜巨人的脑袋干净利落地砸上一锤，让他睡得更香，不过就在那时，巨人醒了。

“阁下是谁?”托尔问道。巨人回答说自己名为斯格里米尔（Skrymir），并且说很清楚托尔的底细，知道他是何方神圣。巨人边说边四处寻找他的手套。当托尔发现，他们晚上就住在巨人的手套里，发生地震时，他们竟然从开始休息的地方躲到了拇指套里，他感到无比震惊。

斯格里米尔对这帮陌生人的惊诧无动于衷，他摆开早餐，狼吞虎咽地吃起来。这帮行人也从托尔的行囊中取出一些干粮享用。巨人吃完之后，将所有的东西捆扎起来，扔到宽阔的后背上，大步流星地向树林走去，他的步幅巨大，其他人根本赶不上。到了晚上，他们在一棵直插云霄的橡树下面安营扎寨。巨人把包裹中剩下的食物给了诸人，他声称睡觉要比吃饭重要。强壮的托尔费力地去解巨人包袱上的绳索，却是徒劳无功。恼羞成怒的托尔勒紧腰带，双手紧握神锤，朝呼声大作的巨人头上狠狠砸去。巨人只是摸了摸挨砸的地方，询问是不是有片树叶掉到了头上。

到了半夜，树林里再度回荡着巨人的鼾声。托尔又一次使出全身力气，向巨人头上砸去。神锤砸出一个深深的洞，而斯格里米尔却认为只不过是一颗橡子掉在他身上，很快又进入梦乡，打起呼噜。

临近拂晓，托尔第三次给了巨人致命一击。大地在震颤，岩石变成了碎屑。锤子砸进了巨人的头骨，因此颇不明显。然而，斯格里米尔波澜不惊地站起来说道：“噢，托尔，你已经醒了啊。你看看，小鸟在筑巢时，一根小树枝掉到了我的太阳穴上，把它擦伤了。我们必须在此分手了，我要往北去，而你们要向东赶往乌特加德。你们在前面会看到乌特加德洛基的城堡。那里的人比我还要高大。记住，你们一定不要说大话，否则就有麻烦了。”

斯格里米尔直直地向树林中走去，而其他人则沿着他给指的路前行。

下午时分，他们看到了巨人的城堡，它像冰川一样壮丽，光闪夺目。他们从后门的栅栏中间悄悄地溜了进去，来到皇宫里面。

巨人之王乌特加德洛基端坐在王位之上，周围的座椅上罗列着他的卫士和朝臣。他惊讶地盯着这群行客。

“我熟悉你们，小人儿，”他嚷道，声音犹如高空坠石，“我认得你，阿萨托尔，我猜你的能力要比你的外表更强。现在告诉我，你们每个人都能做什么，因为在我们这里，只有展示一下你的本领，才会给予座位。”

洛基首先出场，自诩食量巨大。

“这倒是在旅途中能做的一个好事，”国王说，“因为饱餐一顿，就能撑上八天。我的厨子罗吉，将和你比比谁是更好的吃货。我们看看到底谁吃得多。”

一个盛满肉的大水槽摆了上来，两位英雄站在水槽两头，比试谁吃得更快。他们在水槽中间碰面了，洛基吃掉了一半肉，罗吉吃掉了另一半。不过后者还把骨头和水槽一并吃了。罗吉获胜了，他志得意满地离开桌子。

希亚费声称自己擅长跑步，要找人在赛场上一决高下。一个名叫胡金的年轻人接受了挑战。就在农夫的儿子到达终点时，他已经从那里折返了。

“对一个异乡人来说，你跑得很不错了，”巨人之王喊道，“现在跑得再快点。”然而，跑第二圈时，希亚费落后得更远了，在第三圈，胡金已经到达终点，希亚费落后了整整半圈。

轮到托尔展示他的才能了。托尔首先说他擅长饮水。国王下令拿出一个角杯，他说这只角杯第一口喝下去差不多会喝干，喝第二口还会剩很多，喝第三口时差不多就是满的了。托尔看了看那只狭长的角杯，不以为然，觉得能轻松地把它喝光。然而，他第一口差点就喝光了，喝下第二口时，还剩了一些，喝完第三口时，里面还多着呢。托尔很是惭愧，归还了角杯，他实在喝不下去了。

接下来，托尔说自己是个大力王。乌特加德洛基让他捡起躺在他脚下喵喵叫的灰猫。雷神心想他能把那猫扔到天花板上。但是出乎意料，他第一次提它时，只是让它弓起了后背，再次用力去提，也不过让它的身子弓得更高了点，他第三次发力，才把一只猫爪子提离地面。他根本无力挪动它。众人看到托尔在那里白费力气，发出了阵阵嘲笑，托尔听到之后怒火中烧，双眼喷出了闪电，他向巨人国的臣民挑战，看谁愿意和他摔跤。

“那会对你很不利，”国王摸着胡须说，“先看看你能不能摔过我的老保姆艾莉，她以前战胜过比你这个小虾米还强壮的人。”

老妇人已经准备停当，抓住了强壮的托尔，托尔使出全身力气，试图扳倒她。然而，老妇人却坚如磐石，巍然不动。她不费吹灰之力，就把托尔摔得单膝跪地，爬不起来。

“够了，”巨人国王喊道，“坐下吧，异乡人，我要好好款待你们。”

第二天早晨，国王把他们送到树林里。

“这里，”他说，“是我领土的边界，如果不是我对你们早有了解，你们不可能到这里来。我现在告诉你们我是如何欺骗你们的吧。托尔，你砸了三次我的头，不过每次我都推了座山放在我们中间了。你看看，那里有三个深渊，便是你的锤子留下的痕迹，最后一个深入黑侏儒的国土了。和洛基比赛吃东西，吞掉了骨头和水槽的厨子罗吉，不是别人，乃是野火。胡金是思想，别说希亚费，任何赛手也跑不过思想啊。喝水的角杯连着大海。你确实喝下了很多的水，海滨都裸露了出来，人们都说'退潮了'。你举不动灰猫，是因为你的眼睛被蒙蔽了，你是在拽如天空高的米德加德蛇呀，她虽然还能自由蠕动，不过已经受了无法治愈的外伤。保姆艾莉看上去很衰弱，她是老年，没有人能够对抗老年的到来啊。走吧，这是我的地盘，我统治着巨人国和这里坚固的堡垒。我所统治的地方，没有空地让人类耕种，不过，托尔可以用锤子把山脉和永不融化的冰川分开。"

托尔已经举起神锤，想惩罚使用了魔法的巨人，巨人却忽然消失了。只剩下他和他的同伴，置身于光秃秃的、遍布石头的荒野之中。雾柱四处盘旋，其外是怒目而视的巨人们，他们时而发出嘲笑，时而可怕地盯着托尔等人，他们在空中忽升忽降，托尔这帮人分不清何者为真，何者为假。他们只好动身返回斯鲁德海姆。

自然神话产生了《小埃达》中的这首诗歌，这非常适合我们的诗集。即使是强大的阿萨神族，也不能使人类耕种那些大山上的土地，那里石头成堆，终年覆盖着冰雪。希亚费代表了勤劳，能鼓舞农民的干劲，而他的姐姐罗斯卡意指灵敏和活力，能够照顾这位弟弟。

与赫朗格尼尔的决斗

托尔在闪电宫中度过了一段幸福的时光。他美丽的妻子希芙，像五月的月亮一样漂亮，将家里打理得井井有条。她那精工制成的金发长得越来越长了，卷曲着披在脖子和肩上。托尔对儿子麦格尼非常满意，尽管他只有三岁，却长得又高又壮，像个成人。周边的巨人都很老实，因为他们无意于毁坏农民的庄稼。农民们仍然住在荒凉的群山之间的遥远峡谷中，经常向阿萨神族请求帮助，以对抗那些放出了风暴、洪水、雪崩和滚石，妨碍他们安宁的劳动的怪物。于是托尔带着神锤火速前往，去惩罚那些破坏和平者。

诸神之父奥丁外出旅行了，他或是支配着凡人的战争，或是求学问道，或是以甜言蜜语博得女人的喜爱。在一次出访时，他来到山巨人赫朗格尼尔（Hrungnir）的城堡，受到了热情招待。他们在一起谈天论地，巨人说斯雷普尼尔虽然是一匹好马，不过他自己的坐骑古尔法克西（Gullfaxi，金鬃）更胜一筹，它的四条腿要比前者的八条腿跳得更远。

“好吧，我以项上人头赌我的马会赢。来追我吧！”

他跳上斯雷普尼尔飞驰而去，巨人咆哮着在后面紧追不舍。

诸神之父快如暴风，遥遥领先。赫朗格尼尔只顾飞奔，没有注意到他的金鬃已经怒吼着越过了彩虹桥，直到停在瓦尔哈拉神殿门口之后他才发觉。阿萨之王走出来迎接他，热情地招呼他进入大厅。吩咐手下给赫朗格尼尔端上一个硕大的酒杯，斟满了泛着泡沫的啤酒，托尔常用此杯饮酒。赫朗格尼尔心情正糟，他几口喝个精光，一次次地要求加酒，要喝个一醉方休。

“哈，”他嚷道，“你们还没有人认识我。我要把瓦尔哈拉放到后背上，带到约顿海姆去。我要把阿斯加德扔进尼夫尔海姆深渊里，把你们全都勒死，只留下弗蕾雅和希芙，我要把她们带回我家。我要喝光你们窖藏的啤酒。我要带走你们的东西。弗蕾雅要给我拿着酒杯。”

弗蕾雅气得浑身发抖，将一杯酒泼在赫朗格尼尔身上，其他诸神大声喊叫托尔。

托尔如闪电划破长空一般，突然出现在大厅中。

“是谁允许你这个巨人坐在神圣的仙宫里的？”他以雷鸣般的声音喝道，“弗蕾雅为什么要给他酒杯？我要让他的脑袋搬家。”

在说这些话的时候，托尔双眼闪着电光，手中紧握锤柄。

赫朗格尼尔顿时醒过神来。他结结巴巴地说是奥丁请他来赴宴的，托尔攻击一个手无寸铁的人是可耻的。他准备在约顿海姆边界的石墙上和托尔一决雌雄。

托尔接受了这一挑战，赫朗格尼尔毫发无损，以最快的速度赶回老家。

世界的每个角落都在讨论这场即将到来的决斗。巨人们知道他们最好的战士正面临危机。他们凑到一起开会讨论，怎样才能确保取得胜利。

他们塑了一个身高 9 英里、肩宽 3 英里的泥人，取名莫克卡尔菲（Mōckerkalfi，意为雾中跋涉者），让他帮助他们的英雄作战，不过泥人的胸膛中只有一颗颤抖的母马的心。赫朗格尼尔有一颗三角形的石心，他的头骨也是石头的，他的盾牌和棍棒同样也是石头的。

约定的日期到了，赫朗格尼尔和他的泥人护卫在岩石墙等待着托尔的到来。托尔如期而至。他站在惊雷和闪电中间，身边围聚着云朵。他的飞毛腿仆从希亚费，跑在托尔前面，向巨人大喊说他不该把盾牌举在身前，因为托尔会从地下攻击他。

于是赫朗格尼尔在脚下挥舞着盾牌，抓着石棒，严阵以待，准备投出石棒，或是用它猛攻对手。他察觉到托尔掷出了米约尔尼尔，于是他以可怕的力量扔出石棒。两件兵刃在战场中央撞到一起。神锤的力量实在太强，将石棒撞成了碎片，并且砸碎了巨人的石头脑袋，巨人倒地身亡。与此同时，石棒中的一个碎片刺进了托尔的前额，托尔也倒在地上，正好压在了巨人的一条腿下。在此期间，健壮的希亚费用一把铲子就把泥人打发了，将他打为泥土，复归到他的本然状态。希亚费试图帮助他的主人，却抬不动巨人的腿。其他神灵也是如此，最终，强壮的男孩麦格尼来了。他不费吹灰之力就把巨人沉重的腿扔到一边。他还说："父亲，真是遗憾啊，我要是早来就好了。我肯定能用拳头把那家伙的石头脑袋打破。"

"你会成为一个强壮的男人的，"托尔说，"宝马古尔法克西就送给你了，算是送给你的礼物。"

然后，他试图把额头上的石片拔出来，石片却纹丝不动，他只好负痛赶回斯鲁德海姆的家中。

慈爱的希芙和焦灼的斯鲁德没法帮托尔减轻痛苦。女先知歌茹娅（Groa，意为带来绿色者）来了。她能以魔咒移动岩石，也能叫停洪水。她被请来给托尔治病。她画着圆圈，唱起奇妙的歌曲。石块开始晃动并且变松了，受伤的托尔希望能快些治愈。为了取悦歌茹娅，托尔告诉她，在她念动咒语的时候，他已经跋涉到了埃利瓦格尔（Eliwagar）冰川，把她的丈夫奥瓦迪尔（Orwandil，意为活种子）背回来了，途中弄断了奥瓦迪尔的一个冻僵的脚趾头，他已经把它扔到天上，它在那里像星星一样闪闪发光呢。

“现在，”托尔说，“他已经在回家的路上了。”

他仅仅说了这么几句话，歌茹娅高兴不已，却忘了所有的魔咒。于是，石片就留在了托尔的额头上。

诗人乌兰德（Uhland）认为，这是对雷神之锤所击碎的岩石的诗意描述。勤劳的农人希亚费战胜了代表着未经耕作的土地的泥巨人，而托尔则使得在岩石中间从事农业成为可能。他在做此事时被坠落的石块所伤。促使植物发芽的歌茹娅嫁给了奥瓦迪尔，托尔背着他穿越寒冷的埃利瓦格尔冰川。曼哈特（Mannhardt）将奥瓦迪尔视为闪电的火花。我们就此打住，不再深入考察对这则故事的不同阐释。吟游诗人发现了自然神话，弹起竖琴，投入地唱起歌，而不管他是否唱出了这一古老神话的全部细节。

希密尔之行

这则神话描述了极地的恐怖情景。那是霜巨人希密尔（Hymir，带来黄昏者）所统治的北部地区。在他的居所，住着金白色眉毛的光亮女神，她是从家乡被劫掠过来的，还有一位有九百个头的老太婆，以及冰雪覆盖的群山。

希密尔守护着巨大的酿酒桶，其深度要以英里来计算，可能指的是北冰洋。夏季之神托尔穿过北冰洋，为海员打开一条通道。托尔征服了可怕的极地气候，此前，就连大胆的维京人也骇惧地铩羽而归。而在如今，英勇的北极航海者已经大无畏地面对它们了。

乌兰德如是解释这则神话，我们也倾向于同意他的观点。不过，其他评论家认为托尔的希密尔之行表示下沉到了地下世界。或许两种说法都可接受，因为在冬天，自然陷入死寂，覆盖于雪幕之下，而冬季和死亡的观念经常可以互换。因此，强壮的托尔进入了地下世界，正如他打败了其他巨人，他同样战胜了可怕的地下世界，然后凯旋，就像古希腊神话中的赫拉克勒斯，其英雄事迹犹如托尔。

托尔前往索列姆海姆取回神锤

夜晚戴着她饰满繁星的王冠，将斗篷披在仙宫上空。所有生灵都睡着了。阿萨神在他们金色的屋子里就寝，恩赫里亚在盛宴上大吃野猪肉、饱饮美蜜酒之后，躺在瓦尔哈拉的长椅上进入了梦乡。他们梦到了英勇的功绩以及胜利的欢欣。

只有托尔在不安地扔着他的软毛靠垫。他在睡梦中听到有人在默念邪恶的鲁纳文，并且看到一只巨手拿走了神锤米约尔尼尔。他终于被沉闷的雷声吵醒，赶快去抓一直放在床边的神锤，结果神锤不见了。他气愤地跳起来到处摸索，还是一无所获。靠着微弱的晨曦，他发现放神锤的地方已是空空如也。他愤怒地晃动脑袋，两眼冒火。他的胡须变得更红了，屋子随着他的喊叫震颤起来。

“米约尔尼尔不见了，它被魔法偷走了！”

洛基听到他的喊叫，对他说：“如果弗蕾雅肯把她的鹰羽衣借给我，不管是谁偷了神锤，我都能找回来。”

于是他们前往福宫，见到了弗蕾雅。他们谦恭地说明来意，请求弗蕾雅出借鹰羽衣，他们就可以穿着它侦查是谁偷去了米约尔尼尔。

温柔可亲的女神答道：“你们会得到它的。就算它是金银制成的，我也愿意借给你们。”

她从一个箱子里面拿出羽衣，递给托尔。洛基穿上它，挥动翅膀，飞行在仙宫上空，他很快越过了伊峰河，来到了巨人国贫瘠的群山中。

巨人索列姆坐在一座山上。他用金丝带打扮他的一群狗，它们跑得飞快，他把他的烈马的鬃毛梳洗得油光锃亮。

“你从仙宫带来了什么消息，你是一个人来索列姆海姆的吗？”他对来人喊道，“阿萨和精灵都怎么样了？”

“阿萨和精灵都不好，”洛基回答说，“因为米约尔尼尔丢了。告诉我，你把它藏到哪里去了？”

巨人大笑，说道：“我把它藏到一个地裂下 8 英里的地方了，谁也休想找到它，除非他把弗蕾雅送来给我作新娘。”

洛基闻言非常恼怒，他飞过伊峰河，回到仙宫，托尔正在等他。他把这个邪恶的巨人的口信告诉了托尔。

托尔和洛基再次拜访福宫里的女神。

“起来打扮一下，弗蕾雅，”托尔说，“穿上你洁白的新娘礼服，我带你到巨人王索列姆那里。”

这番话把弗蕾雅激怒了，她从座位上腾地站起来，宫殿都在晃动。

“你以为我疯了吗？”她喊道，“我会穿着新娘礼服跟你去索列姆海姆，去见索列姆那个怪物？”

说完这些，她一脸阴沉地下了逐客令。

阿萨神族都聚到沃德泉边的议事厅，商量如何才能从强大的巨人那里把神锤夺过来。

以机智著称的海姆达尔首先发言，他说：“让托尔本人假扮新娘，穿上新娘服装，腰扎一串叮当作响的钥匙，脖子挂上亮闪闪的宝石，穿上及膝的女裙，戴上一副面纱遮住脸。”

托尔对这个聪明的提议连连摇头，他说，如果他穿上女人的衣服，以后就脱不开女人这个称呼了。洛基回应说，如果他不这样做，巨人很快就会攻占仙宫，住到里面来了。诸神亦不停劝他，托尔无奈同意了。

很快，托尔打扮得像个新娘，登上战车，劳菲的儿子洛基，化装成一个女仆，坐在托尔的身边。

神羊出发了，它们一路狂奔，穿过仙宫和米德加德。所到之处，扬起滚滚灰尘，岩石和群山轰轰作响。

索列姆舒适地坐在大厅的门槛上。他看着他的金角奶牛迈步回家，看着他的大群黑公牛，看着他装在铁箱里面的金银财宝。

“我有万贯家财，”他说，“现在唯一想要的就是能娶弗蕾雅为妻。明天她就会来到我的厅堂。伙计们，在厅里摆满桌椅，准备上充足的食物和蜜酒，那才能与我宽敞的大厅相配，我要办一场盛大的婚礼。”

第二天一早，客人就来了。很快，新娘坐在索列姆旁边，蒙着厚厚的面纱，一是羞怯，二是遵循习俗。

桌上摆满珍馐和佳酿，不唯赏心悦目，亦让人胃口大开。不过说到胃口，没人比得上新娘子。她风卷残云般吃掉了一头肥牛，又吃了八条大马哈鱼，为女宾准备的所有甜点也被她消灭了，还喝掉了两桶蜜酒。索列姆看得目瞪

托尔伪装成弗蕾雅

口呆，心想她怎么如此饿啊。

“哎呀，”他呼道，“我从没见过这么能吃的新娘，也没见过一个女孩能有这么大的酒量！”

新娘的侍女赶快打圆场，说她的女主人一想到婚礼就异常激动，已经整整一星期不吃不喝了。

索列姆闻听此言，想亲一下新娘子。他揭起她的面纱，看见弗蕾雅的眼睛闪着亮光，好像要向他喷出火舌，吓得赶快退到了屋角。

不过机智的侍女又打消了他的恐惧。她说：“我的公主已经一星期没有睡觉了，这就是她的眼睛发红的原因。”

索列姆枯瘦的姐姐走到新娘面前，索要结婚礼物。

她说道：“请给我金戒指和一对衣扣，你将会得到我的爱。”

新娘对此请求置若罔闻，穿着礼服一声不吭地坐着。陶醉于爱情和美酒之中的索列姆，命令将神锤从藏匿地取出来，并且要按照惯例隆重庆祝婚礼。

他又补充说：“要把神锤放到新娘脚下。”

就在此时，仿佛在新娘的面纱下发出了一声窃笑，当下人遵从国王命令将神锤取来之后，众人的确听到了惊人的笑声。

新娘子已经站了起来，扯掉面纱，他正是令人闻风丧胆的托尔。他抬起赤裸的胳膊，用强壮的右手高举米约尔尼尔。屋墙摇摇欲坠，有了裂隙，一记响雷撼动屋子，一道闪电穿透厅堂。索列姆直挺挺地躺在地板上，脑袋开了花。他的客人和仆从全都命丧神锤之下，他那枯瘦的姐姐也未能幸免。房顶上冒出火苗，屋子和大厅轰然倒掉。强大的索列姆所统治的这个地方，只剩下了冒烟的废墟。

春日的朝阳升起来了，阳光照耀着毁坏的居所、破碎的岩石、坠落的石头和坑坑洼洼的土地，也照耀着挫败了强大的敌人取得胜利的神灵。

愤怒的阴云从托尔的眉头散去。他站在高处，凝视着他摧毁的地方，脸上浮现出温柔与慈爱。他召来了他的人类子孙，让他们在此开始新生活，这里应该有农场和民居，农业和贸易，公民秩序、法律和道德，并且繁荣发展。因此，农民和建筑工带着斧子、铁锹和耕犁来了，牧人赶着牛羊来了，勇敢的猎人控制着这里的熊和狼的数量。托尔在他们中间竖起石头以标记边界，用神锤开拓了更多耕地。心怀感激的人们为他设立了一个圣坛，并为他召开了一次盛大的宴会，发誓为他献上首个劳动果实。之后，托尔跨上战车，洛基紧随其后，他们带着胜利的喜悦，一起返回仙宫。

我们已经指出了这首诗歌所立基的自然神话。它是《大埃达》中最为美妙的一个篇章。诗人自由地组合安排材料，因此原始神话中即使最为微小的细节也看不到了，而接下来的神话无疑能辨别出来。

善良的雷神统治着夏季，他的神锤在冬季被夺走了。索列姆（雷）将其藏在了 8 英里的深处，亦即藏了八个月。他希望占有美丽的春神弗蕾雅，由此他就可以夺取她带给人类的晴朗天气。但是托尔重新得到了神锤，杀死了霜巨人和他的同伙，以及他枯瘦的姐姐，据乌兰德说，她代表了荒凉的山区常常出现的饥荒。于是，托尔为人类开辟了一片新领地。

盖洛德加德之旅

有一次，洛基拿走了弗蕾雅的鹰羽衣，他披在身上，飞过一个又一个深渊和宽阔的大河，来到巨人之国贫瘠的岩石和冰川上空。他看到远处有一个烟囱，里面冒着火和烟。他立刻飞到那里，看到烟囱属于一个杂乱无章的农场。

这就是盖洛德加德，巨人盖洛德和他的臣民居住于此。洛基很想知道那个巨大的厅堂里会有什么事，便展翅飞到窗户近旁。不料盖洛德看到了老鹰，吩咐一个仆人出去捉住它。洛基想戏弄一个仆人，他让那个人爬到他停靠的高高的栅栏上，他小心翼翼的，觉得那个人根本抓不住他。谁承想，他突然被抓住了腿，并被带到了巨人那里。“这只鸟长得很奇怪。”盖洛德说，他盯着老鹰的眼睛，就像他能看出它的底细一样。他问道：“告诉我，你从哪里来，你到底是什么？”

然而，鸟儿一言不发，一动不动。

于是，巨人决定以饥饿驯服它，把它锁在一只箱子里，三个月内，不给吃喝。

到了最后关头，洛基被取了出来，他供出了自己的来历，乞求饶命。

闻听此言，巨人放声大笑，声震大厅和整个农庄。他说：“我终于得到我梦寐以求的东西了，捉到一个阿萨神族的人质。我可以放你走，只要你发一个圣誓，把杀害巨人索列姆的托尔给我带来，不要让他带神锤和腰带，我要和他徒手对决。我要像打一个小孩一样轻松地把他击倒，然后把他送进赫尔的黑暗王国。”

洛基依照巨人的命令，发了一个圣誓，然后逃之夭夭。

狡猾的洛基一待恢复体力，便想起他的誓言。他告诉强壮的托尔，盖洛德将自己奉为上宾，还告诉他非常想当面见见战无不胜的仙宫守护人托尔，不过他非常害怕托尔可怕的武器，所以见面时希望托尔空着手。洛基接着说，巨人那里有许多在别处看不到的奇珍异宝。托尔上了钩，立刻动身踏上旅途，洛基依然陪伴着他。

在前往盖洛德加德的路上，托尔碰到了女巨人格丽德（Grid），她曾和奥丁生了韦达。她把盖洛德的真实面目告诉了托尔，并把自己的腰带、拐杖和铁手套借给托尔，让他应对盖洛德。

此后，托尔和洛基继续赶路，来到维穆尔（Wimur）大河边，这条河异常宽阔，就像大海一样横亘在他们面前，根本看不到堤岸。托尔开始涉险渡河，用拐杖支撑着身体，河水上涨了，波浪凶猛地拍打着他的肩膀。

“维穆尔，不要再涨了，”他喊道，“因为我必须要渡过去，前往巨人的家中。”

他看到盖洛德的女儿吉奥普（Gialp）正站在一块岩石的裂口上兴风作浪，让水位不断上升。他朝她扔了一块大石头，把她赶跑了。然后安全抵达对岸，他抓住一棵花楸树，摇摇摆摆地爬了上去。洛基也安全地上了岸，因为他一路抓着托尔的腰带。

当他们看到喷着火苗的烟囱，像山一样高的城堡时，知道已经到达了目的地。

他们走进大厅，里面只有一把椅子，托尔拖着疲倦的身躯坐了下去。很快，他发现座椅越升越高，面临被天花板压扁之虞。他用拐杖末端撑着房梁上到大厅顶部，然后用尽全身力气，使了一个千斤坠。他听到一声可怕的破裂声和痛苦的喊叫声，知道伤着了某种活物。举起椅子的正是盖洛德的两个女儿吉奥普和歌蕾普（Greip），她们躺在地上，背已折断，正所谓搬起石头砸了自己的脚。

一个巨人仆从向托尔发起挑战，要和他在大厅里击剑。进入大厅以后，托尔吃惊地发现，大厅的墙上全都燃烧着烈火，火苗和浓烟从他们此前看到的烟囱中冒了出去。

庄园主人盖洛德并没有礼貌地招呼他，相反，他用一对火钳从火炉里夹了一块火红的铁块，挥动着向他冲去。托尔用铁手套抓住铁块，奋力扔向巨人，铁块以迅猛之势穿透了巨人的铜胸甲和身体，又穿过墙壁，深陷到地表的另一端。托尔看着恐惧得缩成一团的巨人瞬间变成了石头。他将其竖了起来，作为胜利的纪念。目瞪口呆的巨人在那里存在了数百年，提醒后人记住托尔的伟大事迹。

据说这是另一个自然神话，讲述了夏季善神是如何用自己的武器平息破坏性的动乱的，巨人的两个女儿乃是造成河水泛滥的山洪的人格化身。

不过，另一些人认为，这则神话和最后一个一样，描述了神灵下凡到了地下世界。萨克索·格拉马提库斯[①]也提到了一个类似的故事，索吉尔（Thorkill）是其中的英

① 萨克索·格拉马提库斯（Saxo Grammaticus，约 1150—约 1220），丹麦历史学家，著有 16 卷本的丹麦史书《冰岛人行止志》。前九卷写的是挪威人及其生活环境的神话传说，后七卷涉及萨克索所生活时代的历史。——译者注

雄人物。

不过，我们认为它与冰岛的火山岛的故事更为相似。在那一故事中，托尔战胜了恶魔。早在这座岛被北欧殖民之前，吟游诗人就从勇敢的水手那里听说了它。火山喷发和火热的泉水的故事一定极大地刺激了诗人的想象力。他们可能据此构想出了托尔的盖洛德加德之旅的神话，在这个神话中，托尔战胜了地下的火魔。豪卡达尔（Haukadal）附近的岩石形状支持了这一观点，那里有一个周长为 900 英尺的圆圈，其中是间歇性喷泉。据说那块岩石很像一个蜷缩的巨人，他的腰部被打断了。

哈博德之歌

在这首诗歌中，奥丁装扮成一个船夫，取名哈博德（Harbard），拒绝搭载农业之神托尔过河，最后满嘴污言秽语地将他送上了路。之所以如此，是因为奥丁乃精神之神，其好战之心能使贵族及其随从充满斗志。骄傲的战士和吟游诗人看不上爱好和平的农民，农民喜欢待在家里安稳过活，以鲱鱼和燕麦粥为生，厌恶战争造成的破坏，而他们恰恰相反，为了财富和荣誉不断征战，希望阵亡于疆场之后能够进入奥丁的神殿。

哈博德短歌中明显地表现出了对于在土里刨食的农民的轻蔑之情，这使得农业保护者托尔扮演了一个很是可怜的角色。在对诸神的古老信仰及对他们的虔敬开始式微之时，这一神话在后世进一步扩容。

英勇的维京人会毫不犹豫地说，他们更相信手中的利剑，而不是奥丁和托尔的帮助。这一短歌可能就是在那时形成的，不过它仍然是以一个更为古老的短歌为基础，其中更为详细地描述了农业的神话，描述了托尔的母亲乔德在经历了战争的蹂躏之后的死亡，以及大地女神的新生。

伊尔明

上面提及，托尔是日耳曼民族崇信的神灵之一，他可能也以伊尔明（Irmin）的名字受到尊崇，形态各异的伊尔明圆柱就是奉献给他的。不过伊尔明意指宇宙，伊尔明圆柱是为宇宙全能的神建立的。正是他帮助日耳曼人打败了罗马人，因此之故，大约 800 年以后，查理曼大帝毁掉了著名的伊尔明圆柱，并在条顿堡森林竖立了他自己的圆柱。这也使我们想起英雄阿明（Armin），他受到了极大尊崇，他的名字和性格逐渐和那些神灵混淆在一起了。

伊尔明也被视为和神话般的英雄伊灵（Iring）是同一人。在法兰克人和撒克逊人对抗图林根人时，他向他的领主伊尔明弗利德（Irminfried）举起叛旗，杀死了法兰克人伪善的统治者。此后，他并没有投到敌军阵营，而是手持利剑，做了许多英雄事迹。如果这位英雄和伊尔明一样，那么他和托尔非常不同，在所有的神话中，托尔总是真心实意，从不行欺骗之举。不过，从这则传奇中，我们也看到了叛逆者和天神的不同，战争之后，撒克逊人为伊尔明而非图林根的伊灵竖立了一个圆柱。

伊尔明是诸多部落共同信仰的神，一些语言学家从他身上导出了“German”（德语、德国人）这一名称。他是图林根人、卡蒂人（Katti）和切鲁西人的守护神，他驾驶着伊尔明马车（大熊座或北斗七星）行进在苍穹之中，降福于人民。米尔克路（Milky-way）、伊灵或伊尔明路，精神之路，同样是奉献给他的，因此他是精神的统领，和最古老时代所有雅利安人的民族神阿尔亚玛[①]相同。凯尔特人崇拜同样的人，名之为埃利莫（Erimon）或埃林（Erin），由此，冰岛人和爱尔兰人以此称呼他。根据最古老的观念，他行驶在天空中的马车表明了他和托尔的关联，不过他仍然和精神之统领奥丁有更多共同之处。不过，天庭的古老之神、剑神提尔和他的关系似乎更为亲近，因为他被描述为一个好战之人，并且伊尔明圆柱以他为名。还有好几处地方亦是得名于他。

提尔 / 齐奥

谁在那里，谁在辛苦劳瘁一天之后，没有欣喜地看到平静的夜晚母亲的到来，每逢此时，她披着缀满繁星的斗篷，给世界带去被焦躁不安的白天所夺去的安宁？

这种平静感经常被某种神秘而奇怪的声音破坏。那不过是一只狗的长吠，每逢月明之夜，叫得更加频繁。其中

---

① 阿尔亚玛（Aryama），早期吠陀神之一，其名字意为“亲密的朋友”，他是太阳神，作为白天和黑夜的创造者，他掌管着时间的运行。他又被视为主司灵魂，银河是其轨迹。——译者注

隐含着某种恐怖，人们普遍相信，这预示了听到叫声之人即将死亡。

在仙宫圣地，发生过一次这种事。

玛尼（月亮）乘着战车，高兴地追随着夜晚母亲，忽然，他僵住了，脸上布满阴云。在一个巨大的深渊中，传出来一声哀嚎，声音越来越大，成了令人恐惧的咆哮，在一阵惊雷过后，整个大地为之震颤。

阿萨们被惊醒了，恩赫里亚抓起武器，他们以为诸神的黄昏到了，只有秀拔如松的提尔无所畏惧，稳坐不动。

他说："芬里斯被月亮唤醒了，想吃东西，我去喂他。"

他在夜色中出发了，满载或死或活的动物，去填饱那个饥饿的怪物的肚子。当再次响起可怕的咆哮时，狼怪似乎显得安静了，只听到他咬碎并吞吃骨头的声音。

次日清晨，阿萨神们召开会议，商讨怎么办。因为狼怪溜走了，他恶狠狠地看着仙宫，好像在盘算着如何攻进诸神的城堡，夺走这片土地。诸神看到他已是多么巨大，并且清楚他的身体和力量每天都在长大增强。

海姆达尔指着托尔的神锤和奥丁手中的死亡之矛冈格尼尔。不过诸神之父一脸严峻地说道："不要让此怪的黑血弄脏诸神的圣地。造一条坚固的链子，捆住他，让他无法逃脱，这样就能控制住他的怒火了。"

奥丁言出必行。诸神立马锻造了一条名为鲁斯恩（Leuthing）的锁链，带到利格威（Lyngwi）岛。芬里斯狼在提尔的诱哄下，乖乖地跟着他们。

芬里斯老老实实地受缚了，因为他知道自己的力量。待到完全被捆住以后，他扭动身体，舒展开来，铁链像脆线一样断成碎片。

第二条铁链名为德洛马（Droma），比第一条更为坚固，捆了没多会儿，芬里斯就猛烈地晃动身体，德洛马哗啦一声落到地上，成了碎片。

芬里斯在吞下喂给他的食物后，力量更大了，诸神一言不发地围着他，不知如何是好。

奥丁派出了史基尼尔（Skirnir），他是弗雷的仆人，虽然年轻，却机智能干。奥丁让他到黑侏儒之乡，找那些住在地下精通魔法的侏儒，打造一副能够捆住狼怪的枷锁。

侏儒锻造了一条锁链，又小又轻，如同丝线，名之为格雷普尼尔（Gleipnir）。他们说，犯人越是挣扎，它会变得越加坚固。

史基尼尔带着锁链返回神族。无所不吃的狼怪拒绝被缚，他张开大口，威胁说谁敢绑他就吃掉谁。因为他觉得那条脆弱的枷锁里面隐藏着神奇的力量。

这时，提尔走上前来，爱抚地摸着狼怪，把右手伸到了他的嘴里。芬里斯认为这表示并无恶意，于是同意让那条细链捆住他的脖子和脚。

被捆住之后，他用力挣扎，试图逃脱，然而，细链变得更为坚固，并且嵌到了他的皮肤和肌肉之中。他已经咬掉了提尔的手，现在又张开血盆大嘴，妄想抓住提尔和其他神灵。不过他们已经不怕这个野兽了，他们把一把利剑插进狼怪的上颚，让他无法撕咬。

他们把格雷普尼尔固定在两块大石头上，狼怪已经无法逃脱。他徒劳地日夜嚎叫，鲜血从他嘴里流了出来，汇聚到瓦恩（Wan）河里，他再也不能挣断锁链了。

C.E.BROCK
At this signal the other Æsir threw the chain round the monster's neck.

锁住芬里斯狼

因而，导致人类堕落的罪恶，被表面上很显脆弱的法律枷锁束缚住了，正如狼怪的力量被利剑击垮，罪恶亦被司法判决控制。当一个人不再遵从法律，并且将所有的市民规则弃之不顾，罪恶就会从它的枷锁中逃逸出来，国家就会迅速走向灭亡，正如诸神的黄昏到来之时，格雷普尼尔会被打断，芬里斯狼会摆脱枷锁和利剑。

哥特人称提尔为蒂乌斯（Tius），盎格鲁－撒克逊人称其为蒂欧（Tio）或齐奥（Zio），生活在康斯坦茨湖边的居仑根（Juthungen）部落的苏维汇人（Suevi）亦如是称之。他们被叫作齐奥瓦利（Ziowali，齐奥的仆人），因为他们将提尔视为自己的守护神。他们的主要城镇名为齐斯伯格（Ziesburg，现为奥斯伯格）。代表它的鲁纳文，是以提尔命名的，以剑为标记。它衍生出了诸多名字，如蒂乌斯、蒂欧，在古老的高级德语中是齐奥，此外，还有埃奥尔（Eor）、埃克（Erch）、埃利克（Erich），在古老的撒克逊语中称为埃尔（Er）、埃鲁（Eru）、荷鲁（Heru）或车鲁（Cheru）。这些不同的称谓全是从提尔而来，这说明对他的崇拜是多么广泛。

此外，在苏维汇地区还公认为有一个女神齐苏（Zisu），这在拉丁编年史的残篇中亦得到了证实。奥斯伯格有一座她的神庙，这位女神本性好战。因此，她必然是齐奥或提尔的女性化。这一神灵体现了古时人们将自然视为一个整体的观念。他没有外形，最初也没有名字。当罗马人初识日耳曼人的时候，他已经变得人格化，并被赋予了一些属性。因为他们将其与他们的战神玛尔斯（Mars）相提并论，因此将他认成了战神。由此，他也就丧失了最初的含义。

提尔和芬里斯狼

提尔或蒂乌斯，意指光明、荣耀，闪烁的天空，和印度教中的蒂奥斯（Djaus）、古希腊的宙斯（Zeus）、古罗马的朱庇特（Jupiter，Diu-piter/Dies-pater）具有同样的词根。太阳的光线和叉状闪电都是来自天空，用箭头和致命的投射物来表示。在中世纪的德国，仍然称箭头为光线。因此，箭头就成了万能的天神的属性和象征。后来，剑代替了箭头，因为它在战场上是更为强大的武器。这一象征保留在了鲁纳文以及供奉他的树林中。当后来天宫主神的位子给了奥丁和托尔之后，提尔就被当成了战神。战争期间，一定要乞求他的帮助，在说出他的名字时，他的胜利符号要刻在剑柄和剑身上。

在吟游诗人时代，提尔受到的尊崇减弱了，他被视为奥丁的儿子，被视为永不妥协的残酷的战争之神。精神之神奥丁，具有尚武的勇气和诗性的热忱，取代了他的位置，成为国王和勇敢的贵族的典范。农民之神、人类的恩主托尔也推波助澜，将他挤进后台，接管了提尔的一些信众。

荷鲁/车鲁、萨克斯诺特

与好战的提尔关系密切的，或许和他是同一个人的，是荷鲁或车鲁和萨克斯诺特（Saxnot）。他们实际上都是德国的剑神，不为北欧吟游诗人所知。他们广受尊崇，因为阿兰人（Alanes）、奎德人（Quades）、埃特人（Getes）和马克曼恩人（Markomanns）皆膜拜剑，希罗多德[①]告诉我们，斯基泰人（Scythians）将它竖立在高高的金字塔形的灌木堆上，视之为神性的象征。至今还有与之相关的许多传说，下面这则即是其中之一。

车鲁的剑是由神秘的侏儒铁匠制造的，他们的手工技艺受到神族和人类的一致肯定。奥丁之矛的锻造者伊瓦尔都诸子和米约尔尼尔的锻造者辛德里同心合力，铸造了这件决定着诸王和各国家的神奇武器。兢兢业业的良匠们在地下忙碌地工作着，在流水之下建造了萨克瓦伯克（Sokwabek），最终光闪夺目的宝剑铸成了，强大的车鲁得到了它。

每天早晨，这把宝剑都会在圣地的高处闪闪发光。黎明时刻，它就像一团火焰，将光线投向远处。不过有一天，宝剑不见了，只剩下玫瑰色的阳光照射着剑神的祭坛。

祭司和贵族向女智者寻求帮助。下面就是他们得到的

---

① 希罗多德（Herodotus，约前484—约前425），伟大的古希腊历史学家，著有史学名著《历史》，该书共9卷，1—5卷共28章，叙述西亚、北非及希腊诸地区之历史、地理及民族习俗、风土人情。被尊为“历史之父”。——译者注

神秘莫测的答案。

> 诺恩在夜晚的道路上漫步，月亮隐藏起了他的脸庞。她们系紧坚固强劲的丝线，诸神和人类都无法弄断。一条朝向东方，一条朝向西方，一条朝向南方，黑色的丝线朝向北方。她们向车鲁说道："去吧，选出统治者，大地的主人，给他一把双刃剑，让他自取灭亡。"他得到了剑，他手中持剑，不过车鲁很快就会把它带回来。

人类被这个晦暗不明的谕言吓到了，乞求进一步的解释，但是那位女智者再也不发一言。不过，她的故事描述了事件的进程，给那则谜团留下了仅有的线索。

已过夜半，莱茵河下游的罗马行政长官维特里乌斯[①]正在他科隆的居室里大快朵颐，他对美食的喜好，胜过了世间所有的荣耀和权势。

当听说有个陌生人从德国带来了重要消息想禀报于他时，他不耐烦地站了起来。他想尽快处理此事，不过他走到会客厅之后，看到了一个相貌高贵的人物，不由得以礼相待。假使他长期放纵的生活没有摧毁他对先民宗教的信仰的话，他很快就会将来人视为一个神灵了。

陌生人送给他一把做工精良的宝剑，说道："带上这件武器，妥善保管它，好好利用它，它会给您带来荣耀和

---

① 维特里乌斯（Vitellius，15—69），在公元69年4月至12月做了8个月的罗马皇帝。后被继任者维斯帕先（Vespasian）的士兵刺杀。——译者注

国土。向您致敬，凯撒·奥古斯都！”

长官端详着宝剑，再抬起头时，陌生人已经不见了，守卫既没有看到他进来，也没看到他出去。他返回晚餐室，诉说了发生的事。他从剑鞘中抽出宝剑，仿佛有一道闪电划过房间。

顿时传来一个声音，不过谁也说不清它是否从房间里发出来的。“那是神圣凯撒的宝剑！向您致敬，维特里乌斯！向您致敬，维特里乌斯！”

餐桌上的客人一并呼喊起来，并且将这个消息传扬出去。第二天早上，罗马军团拥戴维特里乌斯为皇帝。信使骑着快马，将这一信息发送到了其他诸省。命运女神似乎选他为宠儿。他的部队挫败了敌军，罗马向他敞开了大门，整个东方承认了他的统治。

“是神圣凯撒的宝剑使我成为世界之王的。”皇帝说这话时，正坐在餐桌前，享受着通过水旱两陆从遥远的异国进口的美味佳肴。他不再关心宝剑了，将它扔到房间一角。一名日耳曼贴身侍卫发现并取走了宝剑，换成了自己笨拙的旧武器。

宝剑的新主人对皇帝的行为非常不满，因为维特里乌斯只知享受饕餮之欲，对帝国的事务与士兵的要求不闻不问。他不知道在遥远的亚洲，英勇的维斯帕先（Vespasian）已经被他的军团拥立为皇帝了。

那个日耳曼士兵离开皇帝的宫廷，混进了庸俗大众之中。同时，不幸一件接一件地降临到这个贪吃的皇帝身上。诸省、将领和士兵全都背弃了他，敌人的军队开到了首都。于是，维特里乌斯再向给他带来胜利的宝剑求援，可是，他看到的却是一把又破又旧的无用武器。

他众叛亲离，想要逃跑，悄悄地躲到宫殿一个角落里。人们把他从藏身之处揪了出来，押着游街。来到国会大厦下面时，那个日耳曼士兵用车鲁或神圣凯撒的宝剑刺杀了他。女智者的预言“自取灭亡”以此种方式实现了。

此后，日耳曼士兵离开罗马，来到潘诺尼亚，又加入了罗马军团。他身经多战，全都凯旋，很快声名鹊起，被提拔为千夫长，后来又成了护民官。他老了以后，不能再服役了，便在多瑙河畔挖了一个洞，把宝剑埋了进去。他又盖了一间小屋，直到离世一直住在那里。临终之前，他告诉了邻居们他的一切，谁在他身边助威作战，他参加的战争，他是怎样得到了车鲁的宝剑。不过他没有说宝剑藏在何处，不过，谁要是得到宝剑就能统治世界的说法，一代代地流传了下来。

几个世纪过去了。民族迁徙之风席卷罗马帝国。日耳曼民族分享了他们的战果；亚洲的游牧民族——野蛮的匈奴人，就像惊涛骇浪一般从东方汹涌而来，意图有所斩获。匈奴王阿提拉[①]，或埃特泽尔（Etzel），为了土地和军事声誉，高举着鲜血染红的大旗，不过在很长时间里都徒劳无功。

---

① 阿提拉（Attila，约 406—453），匈奴帝国统治者，434 年至 453 年在位，与中国历史上北魏太武帝拓跋焘同时的人物。在他统治期间，版图从乌拉尔河直达莱茵河，从多瑙河直到波罗的海。他是令罗马帝国最为闻风丧胆的人物。他曾两次渡过多瑙河入侵巴尔干半岛，包围君士坦丁堡；亦曾远征至高卢（今法国）的奥尔良地区，最后终于在沙隆之战被停止了向西进军。后来他又攻向意大利，并于公元 452 年把当时西罗马帝国首都拉韦纳攻陷，赶走了皇帝瓦伦丁尼安三世，使西罗马帝国名存实亡。史学家称其为“上帝之鞭”。——译者注

有一次，阿提拉骑着战马，和他的骑兵沿着多瑙河行进，他满脑子想的都是占领世界帝国的宏大计划。他偶然抬起头，看到一个农民赶着一头瘸腿的奶牛，腋下夹着一把制作精良的宝剑。阿提拉问这个农民是怎么回事，农民回答说，他的母牛被藏在草丛中的某个利物刺伤了，于是他查看是什么东西，就发现并挖出了那把宝剑。

国王觉得这把宝剑应该是送给他的，他欣喜地拔剑出鞘，雪亮的剑锋在晚霞中发出了火红的光彩，所有人都看得目瞪口呆。

只见阿提拉用他强壮的手握着光闪闪的宝剑，喊道："这是战神的宝剑，我会用它征服世界。"

说完这些，他一路疾驰，返回军营，此后不久，他即挥军前行而攻无不克。只要他拔出战神的宝剑，从东方至西方，整个大地都在颤抖。

在意大利经历最后之战以后，他娶了美丽的伊蒂可（Ildiko），乃被他杀死的勃艮第国王的女儿。这个年轻的新娘为了她憎恨的婚礼，极不情愿地梳洗打扮着。

一位老妇人悄悄来到她身边，送给她一把剑，以报杀父之仇。

国王醉醺醺地来到新娘的卧室，倒在卧榻之上。伊蒂可从衣服下面取出宝剑，插进国王的心脏。

匈奴人的统治随着阿提拉的死亡而告终结，日耳曼人将这些游牧部落赶回了他们的老家。然而，传说并没有告诉我们此后的这些战争是否是在神奇之剑的帮助下进行的。不过它给我们说了中世纪时，利用它所做的许多奇异之事，以及在米尔贝格（Mühlberg）战役之后，阿尔巴（Alba）公爵如何将它埋在了地下。

海姆达尔 / 里格

从前，世界尚然安定，里格启程拜访了他的人类子孙，看看他们如何生活，在做什么。

他沿着绿荫道往前走，最终看到一个屋顶低矮、建筑破败的房屋。灶台旁边的木凳上坐着男主人和他的妻子。阿依和埃达（Ai，Edda，曾祖父和曾祖母）是他们的名字。他们的衣着非常褴褛。里格友善地拜访了他们，坐在他们两个中间，吃着他们提供的粗糙的麸皮面包，喝着陶盘里的麦片粥。

里格在那里待了三天三夜，给他们提供了一些很好的建议，然后沿着沙滩继续前行，赶往有更好的耕地的地方。

里格离开九个月之后，阿依和埃达生下一个小男孩，他的皮肤黝黑，前额凹陷，取名斯拉尔（Thrall）[①]。他茁壮地成长，很快学会了干体力活儿。他用强健的胳膊捆扎庄稼，整天背着沉重的物品。

长大成人之后，他娶了一个手脚皆黑的女孩，名叫斯尔（Thyr），她干起活来最为卖力。他们成为斯拉尔（Thralls）民族的始祖。

与此同时，里格继续他的旅途。他来到一片耕地中央一座宽敞精装的房屋面前。在那里见到了阿菲和阿玛（Afi，Amma，祖父和祖母），他们衣着整洁，在忙碌地工作着。丈夫在制作一台织布机，妻子在纺车上纺着雪白的

① 本义为奴隶。——译者注

亚麻线。一罐美食在火炉上冒着气泡。阿玛很快盛了一盘子，同时递给客人一杯啤酒，这是自由民的习俗。里格就如何管理房屋和土地给了他们很好的建议。他和他们待了三天三夜之后，又沿着贯穿成荫的树林和绿地的道路出发了。

九个月后，幸福的时刻到来了。一个小男孩的降生，带给他的父母巨大的欣喜。小男孩取名卡尔（Karl，少年），茁壮地成长着。他有着玫瑰色的面颊和明亮清澈的眼睛。

男孩很快学会了把犁，给牛上轭，能像他父亲一样推车。长大之后，他娶了斯诺尔（Snör，绳索）为妻，她非常富有，衣着华丽。他将她带回新居。他们生了很多儿女，在自己的土地上，全都活泼、愉快、自由地成长着。

其间，里格走过美丽的田野和鲜花盛开的花园，登上一座倾斜的山，山顶上有一个庄园。大门没有上锁，把手锃亮，他走进装饰得富丽堂皇的大厅。地上铺着地毯，一对夫妇坐在靠垫上，穿着柔软的丝绸，把弄着精致的玩具。

男主人调试着他的弓箭，制作箭头，磨快宝剑，他的妻子穿着一件有着长裙裾的绿衣服，雪白的脖子和肩膀上披着一块头巾，出来看她的丈夫。

里格坐在他们中间。他知道如何提升他们的荣誉，并让房产增值。

随后，女主人在桌子上铺了一块饰着鲜花的亚麻布，摆上了精心烹饪的猎物和家禽，在金色的烧杯和水壶里倒满泛着泡沫的美酒。他们边喝边聊，直到天黑，里格被带到了舒适的卧室。

里格和他们一起待了三天三夜，然后继续他的行程。

九个月过去了，一个男孩诞生在这个庄园里，他一头金发，有着漂亮的红面颊，眼睛像闪亮的星星。

他名叫扎尔（Jarl）[①]。他茁壮地成长，学会了击剑、投矛、弯弓、骑马和游泳。长大之后，这个男孩学会了更多东西，因为里格从黑暗的树林里走了出来，教他认识鲁纳文，并且激励他去做能给他和他的家族带来荣耀的事业。

扎尔奔赴战场，击败了敌人，为自己赢得了荣誉和奖金、城堡和土地，他慷慨地赠给战友们金扣子和金戒指。

他成了一位伟大的统治者，不过他还是很难过，一个人住在奢华的大厅里，不免感到孤寂。于是他派出信使，向腰肢纤细的厄纳（Erna）女士求婚。他被接受了，高贵的少女来到他金碧辉煌的大厅，他兴奋地迎接了她。他们恩爱有加，白头偕老。

他们养了很多儿女，家门昌盛。最小的儿子克纳尔（Konur）学会了鲁纳文，掌握了过去和未来的事情，还懂得鸟类的语言。除此之外，他是一个强大的战士，后来成为丹麦的第一任国王。这就是《埃达》中的一首诗歌《里格的赞歌》（*Rigsmal*）所讲述的最初的阶级差异。

里格（或海姆达尔）完成他的工作以后，跨上战马古尔塔普（Gulltop）返回极乐宫，履行他的守卫之职去了。

他每晚都饮蜜酒，因为没有它的话，仙宫的所有事物都在沉睡。有一天半夜，他听到一阵脚步声，动静很小，只有他的耳朵能够听到。声响来自爱神和美神弗蕾雅的福宫。

---

① 本义为贵族。——译者注

海姆达尔用他的千里眼向声音来源处观望，他看见女神正躺在床上入睡。她侧身而卧，一只手臂放在金光闪闪的项链布里希嘉曼（Brisingamen）上。洛基站在她的床边，贪婪地盯着那件饰物。他似乎在盘算着如何才能得到它。他口中念动咒语，看呐！他越变越小，最后成了一个小动物，生着鬃毛，长着利齿，嗜好鲜血，神族和人类都是它的攻击对象。他变成一只跳蚤，蹦到床上，滑进被单下面，他朝女神的侧身叮了一口，让她转动身子。项链空了出来，洛基现出原形，解开固定项链的带子，偷走了它。

天塔上的忠诚守卫被夜贼的偷窃行为激怒了。他抽出利剑，蹬上七里靴，飞快地追赶洛基。他向偷盗者发出一击，不过他的宝剑只是穿过一道直耸入云的火柱，那是洛基的变身。

海姆达尔立刻变成了一块阴云，大雨从中倾盆而下，要把火浇灭。

洛基随即变成一头北极熊，张开大嘴喝光雨水。在他逃身之前，受到了海姆达尔所变的更大的北极熊的攻击。

洛基又变成一头海豹，试图逃脱，不过实为枉然，因为他又被另一头更大的海豹捉住了。

两头海豹激烈地战斗着，撕咬着对方，雨水都被他们的鲜血染红了。一阵激战之后，海姆达尔赢了，洛基脱下千疮百孔的海豹皮。不过，当海姆达尔手举宝剑砍向他的头时，他乞求饶命，把项链交给了海姆达尔。

海姆达尔倚剑而立，左手拿着布里希嘉曼，欢欣于他的胜利，不顾伤口的疼痛。布拉吉可爱的妻子伊都娜来到他身边，送给他一颗永葆青春的苹果。他吃下之后，伤口

伊都娜的苹果（詹姆斯·多伊尔·彭罗斯绘，1912）

随即愈合，不再感到疼痛。他吩咐伊都娜将项链带给弗蕾雅。

然后他返回极乐宫，骑着宝马古尔塔普，穿行在伊灵的路上，人类现在称之银河。黑色的暴风云很快消失，闪烁的星星照耀着广袤的天空，就像布里希嘉曼在仙宫的大厅里闪耀一样，直到白天到来，唤醒诸神和人类开始工作。海姆达尔和海姆达林格（Heimdellinger）一样，将白天带到了世界。他的名字里格表明他和德国的埃利克、埃尔克（Erk）、荷鲁或车鲁，以及剑神，也就是提尔或齐奥亦有关联。《埃达》称他为“剑—阿萨”，让他在大地的绿荫道上漫步，就像伊灵在银河上漫步一样，是以他的名字命名的。一些道路有同样的名字，比如从南到北穿越英格兰的道路，还有德国的连接伊尔明柱的伊尔明街。因此，里格类似于宇宙之神、胜利的赐予者。

里格的漫步使我们想起了奥瓦迪尔，托尔背着他穿越了埃利瓦格尔冰川。他和神秘的英雄奥伦德尔完全相同，奥伦德尔是特里尔（Trèves）的埃伊格尔（Eigel）国王的儿子，他在大海上的旅途和冒险很像奥德修斯的事迹。在塔西佗时期，这些故事是否为条顿人所知，是有很大疑问的，因为塔西佗提到古希腊英雄到过德意志，并且发现了艾斯伯格姆（Asciburgum）小镇。这更像是中世纪诗人关于历险记的模糊的传言。

海姆达尔由九个母亲（扬波之女）所生，他的名字取自波浪和悬崖，他由大地母亲、冰冷的大海和太阳的光线共同抚养长大，训练成人，因此他像一个天神，海浪把它举到空中，落下之后就变成了大雨或露珠。这就是他在自然神话中的位置。吟游诗人将他变成了仙宫的守护者，他受命护卫着彩虹桥，阻止巨人的任何攻击。

布拉吉和伊都娜

起初，广袤无际的大海一片死寂，空气中没有一丝微风，海面上也没有一个波浪。所有事物都静止不动，悄无声息，没有生命的迹象。

一艘小船，乃是侏儒所造，穿过寂静的水面。神圣的歌手布拉吉，躺在甲板上进入了梦乡。他洁白无瑕，身边放着金弦竖琴。当小船驶过死亡侏儒（the Dwarf of Death）纳恩（Nain）的门口时，布拉吉醒了，拨弄着琴弦唱起了歌，歌声响彻九大世界，描绘了生活的欢喜、战争的残暴、胜利的魔力，以及爱情的甜蜜。这首歌将死寂的自然从恍惚迷离中唤醒了。

诗神是否为奥丁的儿子，我们不得而知，因为吟游诗人没有告诉我们。不过诗歌不能死亡，它总是从死亡中唤起新生，让诸神和人类的心灵得到喜悦。

布拉吉登上海岸，唱着关于自然的觉醒和新生命的绽放的高贵歌曲。他一边唱歌，一边漫步于正在生长着的，抽枝发芽的树林中。伊都娜从草丛、花朵和植被中走了出来，来到他的面前。伊都娜是青春女神，侏儒伊瓦尔都最小的女儿。伊瓦尔都将生命藏在了地底深处，时机成熟时，便将其放回上界。

伊都娜戴着由花朵和树叶编成的花冠，像晨曦一样漂亮。布拉吉看到她后，情歌唱得更为浓烈动人了。他伸开双臂紧紧搂住她。诗人必须娶年轻貌美的女子为妻。

他们结合以后，前往幸福常绿的仙宫高处，受到了阿萨诸神的热烈欢迎。伊都娜送给他们永葆青春的苹果。

诸神和恩赫里亚在饱餐神猪沙赫利姆尼尔的鲜肉之后，布拉吉弹起竖琴，唱起英雄的赞歌。不过，仙宫的这种快乐生活，以及诗人的幸福婚姻，却被一个严重的事件打破了，下面我们来讲讲这件事。

奥丁、霍尼尔和洛基结伴旅行，视察人间疾苦。他们经过长途跋涉，来到一个树木繁茂的山上，那里什么吃的也没有。他们找不到舒适的房屋躲风避雨，也听不到招呼他们的友好声音。秋风呼呼地吹着橡树和冷杉树。

他们到达山谷以后，看到一群牛在草地上吃草。他们抓了一头宰杀了，将牛肉切成块，准备炖熟做晚餐。洛基

伊都娜和布拉吉（Nils Blommer）

点上火，他们觉得很快就会把牛肉煮好。不过煮了好久，牛肉还是生的。他们煮了一次又一次，牛肉依然如故。几位神灵非常吃惊，盘算着如何是好。

忽然，他们听到一个声音，说阻止牛肉变熟的人正蹲在他们头顶的树枝上。他们抬起头，看到橡树枝上栖着一只巨鹰，正在使劲呼扇着翅膀，试图把火熄灭。巨鹰许诺说，如果给他分点牛肉，他就让他们煮熟晚餐。奥丁诸人答应了这个条件，巨鹰便飞下来，扇起火，晚餐很快就好了。

他们坐到一起，不过老鹰吃得太快，好像要把所有牛肉全都吞到肚里。洛基饿极了，非常生气，抄起一根棍子朝老鹰打去。老鹰察觉不妙，纵身飞向天空。棍子的一端固定到了老鹰的翅膀上，另一端粘住了洛基的手。

老鹰飞得很低，洛基的双脚拖着地面，撞击着石块和树桩，他觉得胳膊已经脱臼了。他痛苦地尖叫哀号，乞求饶恕，他已经知道，藏在鹰羽衣下面的，正是暴风巨人。

"很好，"巨人说，"如果你把伊都娜和她的金苹果带给我，我就送你走。"

洛基满口应承，被放之后，一瘸一拐地找到了奥丁和霍尼尔。在这种情况下，几位旅行者决定回家。一定是有人送给了他们七里靴，因为他们第二天就回到仙宫了。

美丽的伊都娜正在做着家务，她一袭绿衣，戴着青春树的树叶织成的花环。布拉吉作为吟游歌手离家远行了。她收集着苹果，通常在晚餐时，她会分发给诸神。

这时，洛基快速来到她身边，瞅瞅四下无人，悄声说道："温柔可爱的女神，赶快随我到城堡门外，我看到一棵奇怪的树，和你的一样，上面也挂满了金苹果。"

女神无法拒绝这个请求。她在水晶盘里装了几个苹果，跟着洛基这个骗子穿过仙宫，走进黑暗的树林。

忽然，狂风大作，身着鹰羽衣的巨人提阿斯冲过来，抓住惊恐万分的伊都娜，带着她飞到了冰冷枯寂的索列姆海姆，那里寸草不生，一片死寂。

洛基溜回仙宫，悄悄地保守着关于伊都娜的秘密。“他们发现得越晚越好。”他狡猾地想。

阿萨们很长时间都没发现伊都娜已被抢走，还以为她外出旅行了。不过，随着时间一天天过去，他们的头发开始变得灰白，脸上开始有了岁月的刻痕。众女神对着一条清澈的溪水照看自己的容颜时，发现了衰老的迹象，就连弗蕾雅亦是如此。

他们全都在找伊都娜，遍寻不得。她最后一次被看到时，正和洛基说话。狡猾的洛基受到盘问，他的谎言无人相信。托尔威胁说要打断他的四肢，并且举起了神锤，洛基只好招认，许诺说他会带回伊都娜，如果弗蕾雅肯借给他鹰羽衣的话。

弗蕾雅满足了他的要求。他立刻飞往暴风巨人提阿斯的居处索列姆海姆。

巨人出海了，伊都娜孤独而悲伤地坐在一间由粗木制成的破落屋子里。洛基告诉她不要害怕，把她变成了一颗坚果。

然后他载着轻巧的坚果，越过岩石和峡谷，朝仙宫飞去。

巨人航海归来了。他一直乞求他的囚犯能送他一份青春之果，好让丑陋畸形的他变得年轻英俊，然而他的请求总是落空。他发现伊都娜逃走了，赶快穿上鹰羽衣，以暴风般的速度追了上去。

诸神焦急地观看着这场残酷的追逐。他们在堡垒前堆起一些刨花和木块，待猎鹰载着坚果飞进城墙安全着陆以后，他们点燃木块，火苗直冲上天，烧焦了追逐而来的老鹰的翅膀，他摔到了地面上。

提阿斯就这样被杀了，托尔把他的眼睛扔到天上，自此以后，它们每晚都像星星一样闪闪发光。

布拉吉回家之后，看到了妻子，从她那里得知了所有的事情。他看到暴风巨人的女儿斯卡蒂（Skari）披盔戴甲，要报杀父之仇。后来他讲述了整个故事，故事的结尾，是海神奥吉尔（Ögir）向那位好战的少女赔罪。

有趣的是，我们看到奥丁及诗神是如何与复现青春的赐予者——春天女神结合在一起的，以及季节的转换是如何构想成为神话的。来自旷远之处的布拉吉，将生命及自然从混沌状态中唤醒了。将春天和青春带给世界的伊都娜成了他的妻子。他给予阿萨诸神能够复现青春的金苹果，它与希腊英雄赫拉克勒斯从金苹果园中带回来的金色水果可能是一样的。

就像秋风卷下了树叶，暴风巨人偷走了伊都娜，就像绿草地在冬天覆盖上了冰雪，伊都娜不得不在巨人破败的房间中待上一段时间，此时，诸神变老了，头发变白了。

然后，可能是南风化身的洛基，不得不前往救出伊都娜。暴风巨人去了北方，直到春天来临，他的统治方才告终。因此，被囚禁的春天获得自由，巨人前往仙宫时被杀死，也就是说，冬天的暴风被封闭在了某些区域之内。

乌勒

在《埃达》中，乌勒被描述为活泼坚强的冬天之神，他不顾狂风暴雪，常常足踏冰鞋或雪鞋作长途旅行。

他所到之处，如果是没有结冰的湖面或峡湾，就会换上一艘小船，让风浪帮他渡到对岸。

雪鞋，至今在挪威和冰岛还在使用，是一种轻巧的鞋子，非常地大，形如小船。穿着它可以很轻快地滑下山。它可能就是乌勒的故事中所指的鞋子。在那时，冰鞋同样用于滑过结冰的湖面。这些鞋子还与一种盾牌相提并论，在很多地方，这种盾牌被称为“乌勒的小船”。

乌勒滑过冰层之后，总是带着他的盾牌、致命的箭头以及紫杉树制成的弓。紫杉木质柔韧，最适于制造用于狩猎或战争的弓箭。因此，乌勒的居所名为紫杉宫。

乌勒给大地盖上一层雪被，以保护植物和种子免遭严寒之侵袭，因此，他被视为人类的保护人，被看成所有幸福欢乐的赐予者——巴尔德尔的朋友。

在一次外出狩猎时，乌勒遇见了勇敢的女猎人、漂亮的斯卡蒂，我们在后面还会谈到她。乌勒对她一见钟情，那时斯卡蒂已与第一任丈夫尼奥尔德分开了，所以很乐意嫁给乌勒。婚礼上，暴风全都演奏着舞曲，因为白天黑夜时长相等的秋天已经过去了，冬天，这一最欢快的婚庆时间，开始了。

在盎格鲁－撒克逊人中，沃德（Vulder）意指神圣的荣耀，或者神自身，异教时期的北欧神乌勒似乎具有这一特征。这可能是对北欧冬夜荣耀化的一个结果，大雪、耀眼的冰川以及北极光，常常将北欧冬夜照得雪亮。

乌勒（《冰岛手稿》）

PART 6

华纳神族

人类为了权势和金钱你争我夺，与此相似，诸神之间也起了分裂。华纳揭竿而起，集结起千军万马对抗仙宫，其数量之众，如同天上的群星，集结于被摧毁的仙宫城墙周围。

阿萨没有恩赫里亚的帮助，因为这是决定世界统治权的第一场战争。双方奋力掷出的长矛在空中飞动，利剑砍着盔甲咔嚓作响。受伤倒下的战士痛苦不已，不过他们不会死去，伤口很快就会愈合，他们站起来重新投入战斗。

武器已然不足。战士们将岩石和山巅打碎，将松树和橡树连根拔起，掷向对方。雷声滚滚，太阳躲进云层，世界看似就要毁灭了。约顿巨人幸灾乐祸地坐山观虎斗，准备向双方发起进攻，以促成世界的毁灭。

强大而光辉的诸神之父出现了，他身着金色盔甲，挥动夺命长矛，命令必须停止战争。

酣战的战士遵从了他的命令，他们低下高昂的头颅，放下高举的武器，听到奥丁说："自此以后，让天宫和上界保持和平，神权之间需要制定一个协议，以后不能进犯对方的领地，并且每个神族都要尽最大可能确保人类的财富和幸福，人类会为他们提供适当的祭祀和礼品。"

诗人如弥尔顿[①]，可能会以此作为诸神之战的结局。

---

① 弥尔顿（John Milton，1608—1674），英国诗人，代表作有《失乐园》（1667）、《复乐园》（1667）、《力士参孙》（1671），其中《失乐园》和《荷马史诗》《神曲》并称西方三大诗歌。——译者注

不过除此之外，《埃达》还告诉我们阿萨和华纳为了表示诚意而互派人质。

奥丁的兄弟霍尼尔，曾在往古时期赐予人类心智和感觉，被派到了华纳。华纳则将尼奥尔德以及他的孩子弗蕾雅和弗雷送到了阿萨。尼奥尔德是纯洁的人类之王，他的两个孩子和他一样受到尊崇。

睿智的米密尔陪同霍尼尔一同来到华纳海姆。可是华纳杀死了他，把他的脑袋送到了阿萨。奥丁用神秘的鲁纳文使他活了下来，这样就可以和他探讨过去以及未来之谜，像往昔他以一只眼睛为交换，向米密尔换来智慧泉之水一样。他并没有以眼还眼，而是将尼奥尔德及其子女纳入阿萨神族行列。因此，他们有着崇高的地位，而他们的同族却几乎被完全遗忘了。

对于华纳的信仰在日耳曼传说中保留了一点模糊的痕迹，他们被假想为感觉和知觉之神。希姆罗克（Simrock）教授指出，华纳很可能与阿萨没有本质上的区别，不过他们为其他部落所崇拜，居住在海边的苏维汇人（Suevi）可能即是一例，阿斯特尔人（Aestyer），尤其是瑞典人和斯韦威尔（Suevian）部落主要崇信弗雷、弗蕾雅和尼奥尔德。也有一种假想，认为他们都是部落神，被迫屈服于胜利者，却又拒绝服从，在新战争中，摧毁了仙宫的部分防御工事，不过后来又和敌人达成和解。这一可疑的假设倒是十足地解释了与华纳的战争，表明此乃部落之间的争战。

有些作家将华纳解释为祭司阶层，他们与阿萨之间的战争则为教权与世俗权力之间的争斗，正如整个中世纪罗马教皇和恺撒之间的战争，这种战争至今可能都未结束。不能说这一假设完全毫无根据，因为在《埃达》中经常提及睿智的华纳，智慧不是感性冲动的诸神的特征，而在教士之中却很容易看到这个特点。不过，唯一可以确定的是，除了这三个被接受到阿萨的华纳，这一族群的其他诸神没有出现在任何神话故事。这并不能假定在自然全面毁灭之时华纳会消失，因为世界获得新生以后，霍尼尔被允许选择是进入神圣的吉米尔（Gimil），还是留在华纳海姆。

尼奥尔德和斯卡蒂

尼奥尔德被称为人类之君，据传说所云，他高大伟岸，英俊无比。他以智慧、善良和财富著称。因此他保佑人们的劳动成果，尤其是那些航海和进行商业活动的人们。

他住在海宫（Noatun，海港），喜欢倾听海浪的拍击和天鹅的歌唱。天鹅只在将死之时歌唱，被视为地下世界的神鸟，因此尼奥尔德似乎和它们有所关联。此外，他被看成平静安宁的海洋的主宰。当野蛮的奥吉尔兴风作浪，唤起波涛冲撞船只，威胁着要吞没它们时，尼奥尔德便念动魔咒，平息他的怒火，并派出顺风，帮助水手。他不戴奥吉尔的头盔，那令所有生物感到恐惧，他戴着一顶以贝壳装饰的帽子，上面飘动着苍鹭的羽毛。苗条的身躯上裹着一件海绿色的长袍，健美的小腿露在外面。在这种情况下，他拥有了第二任妻子——美丽的斯卡蒂。因为住在仙

尼奥尔德凝望海面（罗宾·乔治·科林伍德绘，1908）

宫，他与第一位妻子大地女神涅耳瑟斯分开了，她也是他的姐姐。因此，他只身一人生活在遥远的海宫，直到娶了斯卡蒂。

如前所述，温柔的伊都娜被劫掠，洛基将她救了出来，暴风巨人提阿斯被阿萨杀死。

此后，巨人好战的女儿斯卡蒂，在家乡索列姆海姆整装待发，她披戴上盔甲，手持长矛和夺命弓箭，来到仙宫寻仇。她一身闪亮的戎装，看上去异常美丽，阿萨诸神不愿和这位高贵的少女作战，他们将她的愤怒看在眼里，却未放在心上。他们提出为她的父亲之死提供补偿，而她全然不顾他们友好的言语，举起长矛，扔向一个为他父亲之死负责的从犯。

这时狡猾的洛基走上前来，向她低下头，跳起舞来，他伸出手，忽左忽右，忽前忽后，一只长角长须的山羊跟在他后面，做着同样的动作，因为他用一根无形的线索将

尼奥尔德和斯卡蒂

那只山羊和他固定在了一起。最后他像一个求爱者一样跪在了斯卡蒂膝前，那只山羊也哀叫着跪了下去，斯卡蒂不由得大笑。她怒火顿消，同意和解。

天黑了，奥丁指着天空说："看吧，那是你父亲的眼睛，我把它们放到了天上，今后它们可以像星星一样看着你。你可以成为我们的一员，还可以从我们中间挑选一人做你的丈夫，不过必须用面纱蒙住你的眼睛，你只能看到诸神的脚。"

她愣了一会儿，答应了这个条件，她的目光落在了巴尔德尔身上。他站在面前，英俊风发，光彩夺目，在阿萨诸神之中，如同明亮的晨星之于夜晚苍白的群星。她希望能认出他，即便只能看到一个衣角。她的眼睛被半遮住了，诸神团团围着他。她环顾四周，想象着能从中找出一只漂亮的脚。

“我选你，”她说，“你是巴尔德尔。”

她扯下面纱，发现她选的不是巴尔德尔，而是尼奥尔德，他看上去苗条英挺，温柔可亲。

斯言已出，佳婿已选，接下来就是隆重的婚礼了。伟大的女猎手和她的丈夫在仙宫过得非常幸福。她走过金树林格拉瑟时，里面充满了美妙的歌声；她走进瓦尔哈拉神殿时，恩赫里亚都从座位上站了起来；女神们送给她佩戴的饰物，阿萨们愉快地对她献上敬意。蜜月期过后，她和丈夫去了他的海边城堡诺欧顿。

她刚开始还喜欢那里的生活，不过没多久她就开始想念家乡索列姆海姆了，想念她常常前往狩猎的森林，想念她常常前去滑冰的池塘。

她厌恶波浪拍击海岸的声音，厌恶海豹的呻吟和尖叫，厌恶看到鱼儿跳出水面，海鸥嘶哑的叫声常常把她从睡梦中吵醒。她再也受不了了，告诉丈夫她必须回到索列姆海姆，要不然她就会死掉。

尼奥尔德耐心地听着她的诉苦，提议他可以和她到索列姆海姆过上九天，然后她再跟他到海宫待上三天，如此往复，直到世界末日。她高兴地同意了。有一段时间，他们二人对这种生活状态很是满意。

不过最后，尼奥尔德厌倦了索列姆海姆。就像他的妻子讨厌海边的各种噪声一样，他对狼的嚎叫、水牛的低吼以及熊的咆哮感到厌恶。于是，他们解除了婚姻关系，各自住在自己的领地。

尼奥尔德是渔业以及船只和商业的保护人。斯卡蒂像以前一样狩猎，带着弓箭，追捕森林里的野兽和鸟类。和尼奥尔德离婚一段时间以后，她嫁给了冬季之神乌勒，乌勒在性格上更适合她。

希姆罗克正确地指出了这则神话的起源，并给出了解释，他认为尼奥尔德是行善的夏日之神，他帮助谷物成熟，赐予物质财富，教会人类如何种植葡萄和其他作物。他可能是大地女神涅耳瑟斯的男性对应，后者是他的妻子和姐姐。由于他对商业活动和航海同样感兴趣，《埃达》将他描述为大海的统治者以及风暴的平息者。斯卡蒂也和大地女神有关，不过只是在她身着冬装时。

冬天那令人愉快的方面，在人们的意识中获得了一种形象和人格化，因此漂亮的斯卡蒂出现在了吟游诗人的歌曲中。这则神话是北欧天才的创造，而非其他诗人的作品。它表明，在这些诗歌中，巨人、阿萨和华纳并非绝然敌对不可调和的力量，他们曾经友好相处，亲密无间。

弗雷 / 弗罗

《埃达》告诉我们，弗雷是尼奥尔德之子。他和姐姐弗蕾雅以及父亲一起离开华纳之乡，被接受为阿萨神族之一员。不过，他在更早时期即已为人所知了。他作为太阳神受到斯堪的纳维亚人，可能还有南部日耳曼人的极大尊崇，因为他使田野丰收，保佑家庭和婚姻生活。

前面已经提及，在《埃达》的记载中，就在洛基和侏儒布洛克打赌之前，弗雷收到了帆船斯基德布拉德尼尔，它在任何风况中都能行驶，不用时可以叠起来放在口袋里。后来他又收到了野猪古林博斯帝，那是布洛克的哥哥辛德里制造的三件艺术品之一。这头野猪拉着弗雷的战车，有时也作为弗雷的坐骑。它载着弗雷穿过树林，越过草地，它的金色鬃毛将漆黑的夜晚照耀得亮如白昼。

在这艘船上，我们认出了云朵，当它们在天空中急速穿行时，总是有一股风在吹动；在野猪身上，我们看到了太阳的金色光芒。宝马布洛德胡格霍夫（Blodhughofi），奔跑如飞，随时待命，驮着他参加阿萨会议。

圣诞季节（Yule-tide）是向弗雷献祭的，得名于太阳的车轮，“jul”或“giuli”，意指“车轮”。在这一节日中，太阳神睡醒了，再次点亮他的车轮，所有的日耳曼民族都保留了这一节日。在节日盛宴中，有一道独特的菜要端上来，即野猪头，在牛津大学的圣诞餐桌上还能看到这道菜。

弗雷长大成人之后，诸神将光精灵之国作为一个适宜的礼物送给了他。因为阳光和丰收之神必须掌控光精灵王国。

根据一个传说，弗雷曾经化身为人，以菲奥尔尼尔（Fiölnir）为名统治过瑞典。在弗罗迪（Frodi）国王的邀请下，他前往西兰岛参加为他举办的盛大宴会。到那里之后，就像太阳神每个傍晚都会落到玫瑰色的海浪里，他掉进一口巨大的酒桶里，淹死了。

他以弗利德雷夫（Fridleif，赐予和平者）为名出现于丹麦，乃哈丁（Hadding）的儿子或孙子，以铁腕统治人

弗雷

们。他派人向阿蒙德（Amund）国王的女儿、美丽的弗蕾格尔达（Freygerda）求婚。阿蒙德付之轻蔑的嘲笑，于是弗利德雷夫集结起军队，逼他就范。

一天晚上，他坐在树林里的一个池塘旁边沉思时，听到天鹅向潺潺的流水歌唱：

无情的强盗夺走了你的爱人，
莫迟疑，快去杀死巨人，
他的金银财宝藏在了山洞里，
赶快去，格尔达正在掩面哭泣。

歌声一结束，弗利德雷夫看到有个比最高的树还要高的巨人，正手持石棒，向他砸去。

二人很快展开战斗，弗利德雷夫先是砍下巨人的一条腿，巨人倒地之后，又砍下了他的三个脑袋。

在巨人居住的山洞里，弗利德雷夫找到了弗蕾格尔达，还有大量金银财宝。

不久以后，弗利德雷夫迎娶了公主，在回家的路上，他成功地屠杀了一条可怕的龙，在龙窟里发现了更多的金子。

二人育有一子，名叫弗罗迪。他继承了丹麦王位，降福于他的臣民，而这通常乃神灵所为。在他的治下，社会极为安定，国王将金银财宝整天放在外面，却无人敢去触碰。旅行者踏入这个国家，即会受到热情招待，因为这里仓廪充实，庄稼丰产，国王厉行节约，生活简朴。所有人都认为这种安定和谐的局面乃是最大的福祉，后来为了纪念弗罗迪，便称之为“弗罗迪之和平”。无论是坐在父辈殿堂里的高高王位上饮用蜜酒，还是带领家臣侵袭邻近部落，国王总是感到很欢悦。[①]

在国王的宝物之中，有两件磨石。它们毫无引人之处，只是两块普通的磨石，不明其所以的人不会注意它们。不过，这些磨石要比弗罗迪拥有的任何东西都要值钱，因为它们能够生产出研磨者想要的任何东西。它们能够带来金子、银子、宝石，此外，还能磨出爱情、欣喜与和平。因此，可以毫不夸张地说，它们比国王的所有宝物都要珍贵。

如果他能使用它们的话，这么说是没问题的，可是它们太重了，根本无人能够搬动。就在我说这话的时候，在这个国家里还找不到人操纵两块磨石。

对这两块神奇的磨石，弗罗迪国王想得越多，就越想将它们投入使用。他从北方到南方，从东方到西方，找遍全国，看看能否碰巧找到一个足够强壮的人帮他实现所需。机缘巧合，就在他彻底失望之时，运气来了。他在访问瑞典国王时，听说有两个身材巨大的女奴。弗罗迪想："太好了，她们就是能磨我的磨石格罗帝（Grotti）的女人。"他要求瑞典国王允许见一下她们。

于是，瑞典国王下令将女奴带到弗罗迪面前，弗罗迪一看到她们，精神为之一振，因为曼妮娅（Menia）和菲妮娅（Fenia）确实非常强壮。她们身高八尺，肩宽堪比弗罗迪的任何武士，臂肌发达，结实如绳索。她们高举重物，投掷重型标枪，能做诸多力气活，弗罗迪确信，她们

---

① 接下来的故事引自朱利娅·戈达德的杰作《北欧故事精选》（Julia Goddard，*Wonderful Stories from Northern Lands*）。

能够玩转磨石。

“我要买这两个奴隶，”他说，“把她们带到我的国家。”

曼妮娅和菲妮娅双臂交织站立一旁，低头致敬，弗罗迪将金子递给了卖家。她们是奴隶，用钱买进卖出。弗罗迪怎会关心谁是她们的父母，她们是怎样来到瑞典的？

他把她们带回家，命令她们推动磨石。他可以检验一下神奇磨石的威力了。

“磨，磨，曼妮娅和菲妮娅，让我看看你们的力气如何。”

弗罗迪国王说完之后，两个巨大的女人举起了沉重的石头，就像举鹅卵石一般。

“我们要磨什么？”奴隶问道。

“金子，金子，和平和财富，都要献给弗罗迪。”

金子！金子！这个国家充斥着财富。国王的宫殿中，臣民的金库里，堆满了财宝——金子！金子！国中没有了穷人，大街上没有了乞丐，没有孩子哭喊着要吃的。全要归功于磨石！

和平！和平！这个国家再也没有战争，弗罗迪和每个人都相处安好。有甚于此，凡是知道弗罗迪威名的国家，甚至远达南方，全都国泰民安，每个人都在传诵着弗罗迪之和平。全要归功于磨石！

财富！是的，所有事情进展顺利。没有一条弗罗迪国王的决策失败，没有一块绿地不盛产庄稼，没有一棵果树不挂满果实，没有一条河流干涸，没有一艘驶离哥得兰岛的船不在长途航行之后顺利抵达。到处都有好运气！

“磨啊，磨啊，曼妮娅和菲妮娅！好运是我的。”弗罗迪国王说。

两个女奴不停地磨。

“我们何时能休息一下，弗罗迪国王？我们从早磨到晚，太累了！”

“春天里的布谷鸟不再鸣叫时，就可以了。”

“如果树林里的布谷鸟不停止鸣叫，我们就不能休息？”

“不能，”弗罗迪国王答道，“只有布谷鸟唱出一首歌，才能休息。”

“那就是说很难了！”曼妮娅和菲妮娅叹息道，她们只好埋头干活。她们的胳膊发酸，眼皮发涩，真想睡上一觉啊。不过弗罗迪不会让她们片刻休息。她们是奴隶，要听主子的吩咐，她们只好继续干活，为弗罗迪磨出和平和财富——

为弗罗迪和王后，
带来喜悦与和平——
祝愿这个国家
继续保持稳定，
弗罗迪和王后，
远离危险与不幸；
祝福他们在绒毛床上，
做着甜美的梦。
在哥得兰岛，
鲁莽的凶手，
不会拔出利刃。
没有伤害降临

高处或低处——
没有人悲伤，
所有人都有好运，
所有人都有好运。
我们磨啊，我们磨啊。
不让我们休息，
我们要求休息。

两个女巨人这样唱着，她们再次乞求：“让我们休息一下吧，弗罗迪！”

但是弗罗迪还是回答说：“只要布谷鸟唱出一首诗歌，或者春天里的布谷鸟停止鸣叫。”

国王还是不让她们休息。

尽管弗罗迪被视为一个好国王，但是金子和好运迷失了他的心肠。

曼妮娅和菲妮娅一刻不停地磨着，心中的怒火越来越旺，最后她们说出了一番话。

菲妮娅首先说道：“哦，弗罗迪，你实在不够聪明。你买我们，是因为我们像巨人，比其他奴隶强壮能干，能够举起重物。”

曼妮娅开始悲叹：“哦，弗罗迪，我们不是山巨人吗？我们家族不比你们强大吗？要不是巨人的女儿，磨石就不会离开过灰色的地面。我们从不，从不像这样磨东西，我们民族自出现以来就没这样做过。”

曼妮娅接着说：“我们花了九个漫长的冬天训练力量，九个漫长冬天的辛苦劳瘁。我们深藏地底，不停地劳作，直到我们能够挪动整座高山。我们是命运女神，哦，弗罗迪。我们能够看到遥远的未来。我们以前早就见过磨石。在巨人的房间里，我们转动它，直到大地震动，嘶哑的雷声绕着山洞回响。你并不聪明，哦，弗罗迪。哦，弗罗迪，你并不聪明。”

不过弗罗迪没有听到这些话，他正沉浸在磨石所带来的甜美梦乡里呢。

“我们确实强壮，”菲妮娅悲哀地笑道，“强壮得足以和弱小的男人抗衡。我们在瑞典的娱乐活动就是驯养猛熊，我们把东西喂到它们嘴里。我们和强大的武士作战，总是胜利。我们帮助一个国王，扳倒另一个。我们英勇善战，利矛和飞剑让我们伤痕累累。弗罗迪不知道我们的厉害，否则他就不会把我们带到宫殿做这种事了。这里没有人同情我们。天气是多么寒冷，寒风吹打着我们的胸膛。我们站在冰冷的大地上，严霜敲打着我们的脚部。啊，没有人可怜我们。没有人关心奴隶。我们总是为敌人磨磨，他却不让我们休息。磨啊磨；我累极了，我必须休息。”

曼妮娅回答说：“别提休息的事，除非弗罗迪对我们带给他的东西满意。”

菲妮娅又说：“既然他不让我们休息，我们自己休息吧。为什么我们要为一个带给我们苦难的人磨出好的事物？我们可以磨出我们高兴的东西，让我们报仇雪恨。”

于是，曼妮娅手挥磨盘手柄，转得更快了，以一种粗野的声音唱道：

我看到一艘船正在驶来，
甲板上站着勇敢的战士，
许多是丹麦人，

准备拔剑出鞘。
你说，我们要把他们磨过来吗？
你说，他们会在晚上登陆吗？
你说，他们会将宫殿付之一炬吗？
你说，他们会赢得战争吗？

然后，菲妮娅以雷鸣般的声音喊道：“弗罗迪，弗罗迪，醒来，醒来！你没听到我们吗？行行好吧，让我们休息休息。”

声音划破长空，复归平静，弗罗迪没有应答。

曼妮娅说道：“不，他不会听到的。他不会关心累得要死的奴隶。复仇，复仇！”

弗罗迪睡着了，做梦也不会想到不幸即将到来。

菲妮娅又喊叫：“弗罗迪，弗罗迪，醒来！灯塔通明，危险临近。你还不宽恕一下吗？”

弗罗迪还是没有回答，女巨人继续劳作。

“哦，弗罗迪，弗罗迪，我们再也受不了了。”

还是没有回应。

“弗罗迪，弗罗迪，你就要面临危险了。全副武装的船只正在大海上乘风破浪。那是麦辛格（Mysinger），他的白帆在风中飘扬。他的旗帜临风招展。弗罗迪，弗罗迪，醒来，醒来！你再也当不成国王了。”

就在女巨人磨磨的时候，她们说的话变成了现实。她们是为自己复仇，所召敌军越来越近了。

“呵！留意听消息吧！弗罗迪，弗罗迪，镇子着火了。宫殿很快会化成灰烬。磨吧，曼妮娅，再快点，我们把死亡带给弗罗迪。”

曼妮娅和菲妮娅继续磨着，直到麦辛格和他的部属登陆，抵达宫殿。

“拿起武器，拿起武器！”守卫大喊，不过为时已晚。哥特兰德人武装起来，不过谁能抵挡女奴召来抗击他们的军队呢?

战争没有持续多久。尽管弗罗迪和他的臣民英勇作战，但是麦辛格和他的同盟军实力更强，因为女巨人满腔悲愤，磨石手柄越转越快，直到磨石摔到了地上。弗罗迪被刺得血肉模糊，战争结束了。曼妮娅和菲妮娅磨出来帮助麦辛格的军队消失了，血淋淋的战场上只剩下了麦辛格和他的人马。

他们在船只上装满财宝，麦辛格带上了曼妮娅、菲妮娅以及磨石。

但是，唉！麦辛格并不比弗罗迪国王英明多少。

不过，他最想要的并不是金子，他已经有很多了，他想要的是比金子还贵重的东西。

船上没有盐，所以他说：“磨出盐来。”

曼妮娅和菲妮娅就为麦辛格磨盐。

到了半夜，她们问是不是够了。

麦辛格命令她们继续磨。

于是她们磨啊磨，直到船上装满了盐，因为太重而沉入大海，麦辛格和他的所有人马都淹死了。

磨石下沉之处，至今仍有一个巨大的漩涡，从那以后，海水就变咸了。

弗雷和格尔达

从前，夏神弗雷试图融化冬季的冰雪，不过没有成功。他登上希利德斯凯拉夫，想看看能否找出失败的原因。他朝东方望去，又朝西方和南方观望，最后转向北方，看到那里有位少女，比此前见过的任何女孩都要高挑漂亮。她的玉臂像阳光一样闪亮，她的美丽映彻天上人间。不过这一美景没有持续多久，她推开居室的屋门，不见了。他徒劳地盼着她再次出现，但是她没有出来；她的形象深深地印在了他的脑海里，让他满怀着无望之爱情的苦闷。

他不再参加奥丁欢乐殿堂里的庆祝宴会，也不再参与其他神灵的家庭晤谈，他宁愿独处，变得抑郁孤僻。

他的父亲尼奥尔德看到儿子百无聊赖的失常行为，感到心疼，想知道儿子缘何如此。便央求弗雷忠实的仆人史基尼尔巧妙地打探出他的主人悲伤不已的原因。

于是史基尼尔来到弗雷近前问道："告诉我，我强大的主人，有什么我需要知道的，你为什么如此孤独悲伤，在这宽敞的大厅里消磨时日。"

弗雷回答说："你还年轻，阅历尚浅，你怎么能够明白我的悲伤？太阳每天都照耀着快乐的人们，但却不能让内心悲哀的人感到喜悦。"

但是史基尼尔没有放弃。他向弗雷提到他们一起度过的快乐童年，他们一起玩的欢快游戏，以及他们互相没有秘密、坦诚相待的日子。

弗雷被他的诚意打动了，告知了他那念兹在兹却又没有希望的爱情。

史基尼尔回答说:"给我你的宝马，载我前往北方；给我你的宝剑，让我对战霜巨人，我会把少女带给你。我预感我会完成任务。"

很快，史基尼尔跨上马鞍，腰佩宝剑。

"驾，"他喊道，"快些跑，红马，越过陡峭的大山，走黑路，那样有助于我们前往巨人国。只要我们能躲过巨人的魔爪，我们就能安全到达目的地。"

宝马一路疾驰，越过山谷，就像老鹰飞过高松之巅。史基尼尔很快就看到了霜巨人的广袤领土。

高高的树篱围着美丽少女的庭院，凶猛的狗儿守卫此地，里面是一圈火焰，整个地包围着房子。旁边倚着一个牧人，看守着一大群牛羊。

史基尼尔走近他，询问他如何绕过狗儿和火焰，进入高贵少女的厅堂。

"你已经死了吗?"牧人问道，"或者你觉得你的心已经死了？活人不允许走进那里。"

"对一个旅人来说，勇气胜过恐惧。我的寿限有数，没人能够缩减它们，对抗诺恩的意愿。"

说完这席话，史基尼尔将马刺扎进马儿的身体，马儿发出一声雷鸣般的嘶叫，叫声越过凶猛的狗儿，高高的树篱和燃烧的火焰，使整个庄园震颤不已。

格尔达（Gerda）正坐在房间里，害怕地问她的侍女，为何庄园会如此奇怪地晃动。

一个侍女告诉她说，有个男人骑马立在门外，要求进入庄园。

格尔达命她将那个男人带进来，并下令准备好蜜酒。她预感到他带来了不祥的消息，可能是她哥哥贝利（Beli）被杀了。

异乡人喝下蜜酒之后，她问道："你是精灵、阿萨，还是聪明的华纳？你是多么疯狂的骑手啊，竟敢走过瓦夫尔罗基（Wafurlogi），来到我们的厅堂？"

"我不是精灵，也不是阿萨，也不属于聪明的华纳族。"异乡人回答说，"我带给你十一颗纯金的苹果作为求婚礼物，想让你知道没有人比弗雷更喜欢你，他渴望得到你的爱。"

然而她却回答说："我不会接受你的金苹果，也不会把我的命运与你的主人弗雷联在一起。"

"那我就加上侏儒制造的金环，"他继续说，"每隔九个晚上，它就会生出八个一模一样的金环。"

"盖密尔（Gymir）的女儿不需要金环，"她回答说，"她父亲的财宝足够她用。"

"看啊，骄傲的少女，"他愤怒地喊道，"看看我右手所持明晃晃的宝剑，如果你还是拒绝他，我就不客气了。"

"我不怕你，"她无所畏惧地答道，"我不会接受任何男人的爱情，我知道盖密尔武装好了，准备给你点颜色看看。"

史基尼尔愤怒地从座位上站了起来，说出了下面这番话：

> 少女，你没看到我手里的宝剑吗？我会用它杀死老巨人，你的父亲，如果他胆敢和我作战。至于你，我会用我的魔杖对付你。好好听听我用鲁纳法杖查探到的消息——

你只能在巉岩上憩息，
兔起鹘落隼鹰才歇脚。
眼巴巴瞅着红尘人间，
泪涟涟却只见地狱门。
甘露佳肴你不能吞咽，
憎饮厌食整天病恹恹。
陪你作伴的没有别人，
只有周身光腻的蟒蛇。
……
哀怨满腹伤心又痛苦，
悲悲切切整日泪不干。
好好坐下且听我细说：
这乃是一种酷烈折磨，
尝到生不如死的滋味。
魔鬼无止无休来纠缠，
在巨人宫殿出怪作祟，
通宵达旦闹得不安宁。
每天你从闺房里出来，
去到冰霜巨人的殿堂，
却只能四肢匍匐爬行。
……
悲痛忧伤终日泪洗脸，
堪可恼再无欢乐笑靥。
你嫁给巨人三个脑袋，
朝夕此生相随丑八怪；
不然孑然一身守空寡，
……

我脚步匆匆走进森林，
来到生命之源树底下，
去折魔力永久的树枝。
我把那支树枝折到手。
坏透了的姑娘格尔达！
奥丁对你已怒火满腔，
托尔对你也气冲斗牛，
满腹怨怼弗雷恨不休。
你已激起众神祇公愤，
将永世遭受神谴天罚。
听着，巨人和侏儒：
听着，冰霜巨人：
还有巨人苏东的后裔，
阿萨部落的众神祇。
我明令宣告禁止你们，
不准同这个姑娘往来，
更不许有男女的苟且。[①]

——节选自《埃达》，有所删减

史基尼尔停下来，拿起刀子要割掉魔杖上雕刻的鲁纳文。

格尔达颤声喊道：

---

① 译文采用《埃达》，石琴娥、斯文译，译林出版社 2000 年版，第 116—119 页。原译文中的“格尔达”“阿萨”译作“吉尔德”“阿西尔”，根据本书译名调整。

解开你的诅咒吧，哦，英雄！拿上我手里盛着陈年老酒的冰冷的杯子！我从没想过我命中会爱上一个阿萨族人。听听我极不情愿地说出话吧——

有片丛林名字叫巴莱，
那个地方你我都晓得。
空谷幽静寥不见人影，
树木葱茏举目皆苍翠。
九夜之后何妨再相见，
格尔达自会亲口许婚，
答应嫁给尼奥尔德之子。[①]

史基尼尔心中狂喜，策马扬鞭，一路疾驶，赶回家给主人报喜。弗雷说道：

哎哟哟，
一个夜晚已嫌孤衾寒，
两个夜晚倍觉更凄凉，
三个夜晚我就难熬过。
平日一个月转瞬逝去，
怎耐婚前等待半夜长。[②]

在巴莱丛林中，弗雷在约定的时间见到了梦寐以求的格尔达，他们举行了隆重的婚礼，唤醒了在冬日沉睡的大

① 译文采用《埃达》，石琴娥、斯文译，译林出版社2000年版，第120页。

② 译文采用《埃达》，石琴娥、斯文译，译林出版社2000年版，第121页。

弗雷将杯子放入格尔达手中

地，给新娘穿上了用春天的花朵做成的礼服。

正如诗歌所云，这件事每年都会发生；阳光的夏神杀死了冰雪覆盖的暴风巨人贝利，追求美丽的格尔达，她乃巨人族之一员，被她父亲盖密尔监禁了起来。

盖密尔和被托尔打败的霜巨人希密尔是同一人，他还和狂暴寒冷的海神奥吉尔有关联。弗雷将阳光利剑送给了仆人史基尼尔，他以此迫使心不甘情不愿的格尔达成了他的新娘。信使（在最古老的传说中是弗雷本人）将每隔九个晚上就生出八个金环的宝物送给了心有不甘的少女，正如秋末播种的玉米，在九个月里生长成熟。他以雕刻在魔杖上的鲁纳文威胁冷酷无情的女孩，他的诅咒非常可怕，令人恐惧。他诅咒她嫁给冰霜巨人，或者孤独地埋葬于寒冷的冰层之下。就在他要挖去鲁纳文，他的诅咒变成现实时，美丽的格尔达只好屈服，嫁给了弗雷。

史基尼尔之行是《埃达》诗篇中最为动人的一章，诗人所具有的观念同样非常有趣。它们在其他神话中也有所呈现，它们在童话故事和英雄史诗中同样有相关情节。例如，在《林中睡美人》（*Sleeping Beauty in the Wood*）的故事中，女孩在寒冷的冬天陷入了沉睡，王子的热吻将她唤醒，开始了新的生活。

丹麦亦有一个类似的故事。

年轻的斯温达尔（Swendal）正在玩球，球忽然从他手里飞了出去，冲进远处女孩的房间。他追了过去，等他回来时，已经陷入爱河，因为他在那里看到一位可爱的少女，一下子就爱上了她。

听！他听到有人在喊他，他觉得是他的姐姐和继母。

“听啊，年轻的斯温达尔，”她们说，“不要把球扔给我，扔给你心爱的漂亮姑娘吧。要不然你就要辗转难眠了，除非你唤醒那位妙龄少女，她因巨大的悲伤而陷入长眠。”

听到这番话，他穿上皮外衣，来到议事厅。他告诉他们，他要进入深山，问问母亲他该怎么做，才能让那个悲伤的少女获得自由。

人们嘉许他的行为，于是他出发了，来到他母亲安静地沉睡多年的大山。

他入山之后，墙体崩塌，岩石破碎，大地裂开了口，一个声音喊道：“是谁吵醒了疲倦的沉睡者？我在黑暗的地下就不能安安静静地休息吗？”

“妈妈，”他答道，“是你的儿子到这里寻求你的建议，因为他们告诉我，如果我不让那个久遭奴役的花季少女获得解放，我就不能安宁或入睡。”

于是那一声音说道：“那么，带上你妈妈仅剩的礼物，年轻的斯温达尔，出发吧，你会发现你想要什么。”

忽然，他面前出现了一把宝剑，还悄无声息地出现了一匹良马。

那把宝剑战无不胜，那匹千里马翻山越海，不知疲倦。

年轻的斯温达尔腰挎宝剑，骑上骏马，越过宽阔的海洋，穿过绿色的林地，最后抵达少女被关押并在此受苦的城堡。

他乞求坐在门外的粗暴的看门人让他进去，许诺自己当上国王之后赐予他尊荣。

看门人愁眉苦脸地回答，大门乃钢铁制成，城墙乃坚固的大理石垒就，里面还有一头凶猛的狮子和一只残忍的狗熊巡逻，任何闯入的陌生人都会被撕成碎片，除非他是年轻的斯温达尔。

骑手闻听此言，心中欣喜不已，用马刺深扎宝马，一下子跨进院里。两头猛兽温顺地拜倒在他的脚下，长着金色树叶的橙子树向他弯腰致敬，因为他正是期盼已久的主人。

少女听到骑手的马刺发出的清脆的叮当声，从死一般的沉睡中醒了过来。她的心里全是她的英勇的救赎者，她冲出门外，扑到了年轻的斯温达尔的怀里。

弗蕾雅、弗丽或弗洛娃

一位年轻的猎手，正大步流星地穿过阴暗的森林。他神采奕奕，身强体壮，一身轻巧的猎人装束，饰以鹰羽。他那宽柄长剑随着步履在剑鞘里叮当作响，他右手拿一根长矛。

他的身后有几个随从，两条大型猎犬在他身旁跳来跳去。忽然，猎犬停了下来，转过头狂吠不已，然后消失在了近处茂密的灌木丛中。

从猎犬闯入的灌木丛里传出来一声巨大而可怕的咆哮，灌木发出了嘎吱嘎吱的声响，就像有好几个大巨人在踩踏它们，一头硕大无朋的野牛冲了出来，追逐着猎犬。

野牛一跑到猎人及其同伴站立的空旷场地，就低下大脑袋，用圆角挑起一条猎犬，晃动脖子，将其抛到高空。与此同时，猎人奋力投出长矛，深深地扎进了野牛的肚子里。

巨兽愤怒地转向它的新对手，不过猎人没有移动。所有人都认为他完了，力量对比如此悬殊，野牛看上去太可怕了。

勇敢的少年镇定心神，等待着猛兽的袭击，待其冲上前来，他一下子抓住牛角，将全身力气集中于肩部，以超凡的力量，把野牛推倒在地。不等野牛站起，猎人的脚狠狠踩住它的脖子，拔出长剑结束了战斗，野牛发出一声沉闷的咆哮，气绝身亡。

猎人的随从没有加入战斗，因为他们了解自己的主人，知道他力量的强大，毫不担心战争胜负。他们默默地干活了，从野牛冒着热气的尸体上剥下皮，带回了主人的城堡。而猎人却独自坐在附近的橡树荫下，陷入沉思。

附近的地蕨丛中传出一阵沙沙声，把他从梦中吵醒了，他抬起头，看到面前站着一位高大的女人，周身环绕着神秘的光环。

这位女子身着一袭洁白的拖尾长衣，束着金色腰带，头戴透明网格，扎着淡黄色的明闪闪的锁带，颈和肩上装饰着众多金饰。

年轻的贵族惊讶地看着这位来客：他不知道他已醒了还是尚在沉睡，抑或面前这个女人不过是他冥冥中构想出的人物。然而看得越多，她越是清晰，她没有消失，而是活生生地站在面前。

“沃尔森[①]人的英雄，”弗蕾雅开始说道，她的声音听起来像银铃一般清脆，而非世俗凡响，“沃尔森家族的后人，你为什么大材小用，仅用你的利刃杀一头野牛？你为什么不去屠龙？他潜伏在仙宫的圣林里，用饕餮大口吸食着人类的精髓。你没听到他蜷曲的声响吗？你没看到他竖立的壁垒吗？去吧，勇敢的年轻人，用你强壮的臂膀铲除藐视诸神的仙宫祸害。奥丁保证让你赢得胜利。一个人载誉而终，生命方能不朽。”

年轻人静静地听着她的话，心中狂喜，因为她所说的，正是他一直渴望要做的事。他抬头看了看天空中展翅翱翔的老鹰，再看那位美丽的女人时，哦！她已经消失不见了！

他没有迟疑，弗蕾雅本人或是她的一个侍女已将伟大的奥丁的命令带给了他。

他立即动身，马不停蹄，来到树林里，参加智者会议。将他的所见所闻，以及他所接受的任务，全都告诉了与会者。他们击打着盾牌表示支持，铿锵之声响彻安静的树林。

散会之后，人们回到各自的村庄，集合起所有能够参战的年轻人。集结之后的第三个晚上，在年轻的英雄的带领下，他们向罗马人侵者发起攻击，经过三天血战，他们赢得了胜利。

因而，罗马毒龙、仙宫的祸害，被杀死了，而人们则

---

① 沃尔森（Wolsing），是一个古老的家族，由于民族迁徙等原因，其家族历史很显复杂，难以厘清。沃尔森的意思或与贸易有关，许多类似的族姓都源于宗教经典文本，如《圣经》《可兰经》《薄伽梵歌》等。——译者注

获得了英雄阿米尼乌斯[①]的拯救。

这就是日耳曼民族心目中的弗蕾雅。她是强大的女神，坐在世界之巅的高高王位上，陪在奥丁身旁，统治着天上人间，掌握着国家的命运，决定着战争的胜负。她和瓦尔基丽一起，或是在她们的头顶，盘旋于战场上空，赐予英雄们胜利或是让其慷慨赴死。她和她的配偶、伟大的奥丁共同分配阵亡将士，带着她的那部分前往福宫，前往她华丽的厅堂赛斯鲁米尼尔（Sessrumnir，意为"有座椅的房间"），她将在那里赐给他们甜美的蜜酒。

她作为大地之母的身份似乎更受尊敬，与涅耳瑟斯、斯堪的纳维亚的乔德相同。她在民间驾驶着圣车，给大地披上新绿，饰以鲜花和叶片，使种子茁壮生长，让大地果实累累。

斯堪的纳维亚神话对弗蕾雅和弗丽嘉作了明确区分。他们将弗丽嘉视为地位最高的女神，而弗蕾雅则位列第二，她也不再是奥丁之妻。她是华纳神尼奥尔德的女儿，爱神弗雷的姐姐，弗雷每年都要迎娶美丽的格尔达。弗蕾雅是美神和爱神，她给所有向她祈愿和献祭的爱人送出祝福，不过当隆重举行婚礼之后，夫妇二人一定要向伟大的弗丽嘉祈求祝愿了。

南部日耳曼民族没有明确区分这二位女神，他们将星期五（Friday）——给弗蕾雅献祭的日子，视为最恰当的婚期。直到基督教牧师让他们相信，救世主被钉在十字架

① 阿米尼乌斯（Arminius，前 17/18—21），日耳曼部落切鲁西人的首领。公元 9 年，他带领军队在条顿堡森林之战中大败罗马人，对日后的世界格局产生了深远影响。后被刺杀身亡。19 世纪晚期，阿米尼乌斯被推崇为日耳曼民族的英雄。——译者注

上的日子必然不是个好日子，这种风俗才告结束。不过他们没有改变星期五的名字，一直沿用至今。

在哈拉尔德国王时代，有一位利里尔（Rerir），他是红胡子托尔的儿子。他以全部力量挑起战争，对抗国王，然而还是失败了，只好躲到一个偏僻的小岛上。

海尔达（Helga）是他的爱人，然而她的父亲，乃国王的首席武士以及忠诚的大臣，对这位穷困的落难者极为不屑。

利里尔非常渴望再看一眼爱人海尔达，他建造了一艘坚固的小舟，乘着它无畏地来到了她和她父亲居住的城堡附近。

她站在海滩上，看着汹涌翻腾的波浪，心怀期待。忽然，一个小工艺品冲到了她的脚下，利里尔跳上海滩，站到了她的身旁。

她涕泪四流地告诉他，她那残忍的父亲强迫她嫁给一个贵族，发誓说她爱的人只有他。

> “海尔达！”他喊道，“有一个偏僻的小岛
> 坐落在大海之上——
> 英勇的流浪者知道如何栖身——
> 我的爱人，和我远走高飞吧！”

她浑身颤抖，然后不情愿地拒绝跟他走。利里尔满怀悲伤，脸色惨白，伤心至极，再次以热切的言语苦苦地乞求她。

她再也不能让自己的爱人悲伤难过了，她再也禁不住他那擦出火花的炽热语言：

她义无反顾追随英雄而去，
去往波浪冲洗的滨海之处；
“我的爱人，无论你在何地居住，
我都会将之视为我的国度！”

那色彩艳丽的小小帆船，
庇护着这对年轻的爱侣，
扬起风帆，掌好船舵，
救出了英雄和他的美女。

一个船队在后面紧追赶，
那是她父亲派出的搜捕队，
速度飞快超过了小情侣，
愈行愈远陆地隐隐看不见。

海浪翻滚波涛真是汹涌，
面对追捕他们心中从容；
就像花朵遇到恶毒摧残，
他们很快就要命丧黄泉。

忽然之间阳光闪烁耀人眼，
驱走了阴云，处处大光明。
抬眼望波浪滔天猛升腾，
从中现出弗蕾雅的福宫。

小船稳稳当当无颠簸，
载着一对情人进福宫。

远离人世的艰难困苦，
弗蕾雅乃他们的救世主。

在被当成自然女神和世界统治者，或是大地之母之后，弗蕾雅总是佩戴着光芒四射的项链布里希嘉曼——耀眼的天宫宝石，以及色彩斑斓的春花。当吟游诗人将她拉下高位，便赋予她人的本性和特点，下面讲述了她是如何得到项链的。

根据神话传说，四个灵巧的侏儒在地下铁匠铺里将其锻造，镶嵌上人间最为昂贵的宝石，因此它像太阳一样熠熠生辉。弗蕾雅偶然看到了它，就被它那精美绝伦的光彩迷乱了双眼。弗蕾雅极欲占为己有，让侏儒开个价，谁知侏儒什么也不要，只要与她一亲芳泽。弗蕾雅答应了条件，以身体为代价得到了项链。

在北欧诗歌中，美神和爱神被描绘为一个少女，不过有一则神话说她嫁给了神族的后人奥都尔（Odur）。他们过着幸福的生活，生了好几个可爱的女儿。

不过，弗蕾雅知道幸福难以长久，因为奥都尔离开了她，随着他的离去，所有的欢乐和幸福也一并不见了。

她悲痛万分，鲜花为之枯萎，树叶为之坠落，大地变得荒芜阴暗。弗蕾雅日夜哀叹，泪光闪闪，像秋阳照耀着的金色水珠。漫漫冬季，她独自一人悲伤地待在空荡荡的厅堂里。

她再也受不了了，动身外出寻找自己的丈夫，走遍了遥远的异国他乡。她急切地寻找着爱人，最终在一个四季长青的地方找到了他，那里挂满了金色的果实，桃金娘正在怒放。她紧紧抱着他，喜极而泣，泪水像新春的阳光一

寻找丈夫的弗蕾雅（Nils Blommer，1852）

样灿烂，他回心转意了。

他们一起回到家乡，成千上万的鸟儿齐声歌唱表示欢迎，五彩斑斓的鲜花和枝繁叶茂的树木低声地赞叹着爱情和夏日时光。

美丽的女人使出浑身解数，试图以爱情将丈夫留在身边，他本不应再离开妻子了。然而，一切皆为枉然，秋分时分，处女座降落之后，他又离开了她，跑到不知名的远方异国了。

在《菲奥斯文恩（Fiölswinn）短歌》中，同样的观念构成了整部诗歌的基础。

梦拉达（Menglada，珠宝—快乐）在城堡中等待着她的新郎，城堡由凶猛的狼狗看守，四周围着火墙。

守门人菲奥斯韦德（Fiölswider，博学多知者）站在门口，看到远处来了一个陌生人。他直到近前，请求进入。守门人喝道："此地禁止行乞，你到潮湿多雾的路上吧，走开！"

流浪汉答道："守门的，你是什么怪物？你是哪个族的？你为何拒绝热情接待疲惫的旅客？"

"我名叫菲奥斯韦德，由于我行事英明谨慎，所以你不能进入城堡。"

流浪汉抬头看着城堡的窗户，久久不忍离开，说道："我实在不愿移开我的视线，只想看一眼我的爱人。在这里，在这个扎着鲜艳腰带的金色厅堂里，我能找到安宁。"

然后守门人问他姓甚名谁，他说自己叫温德卡尔德（Windkald，风寒），是瓦尔卡尔德（Warkald，春寒）之子。陌生人询问城堡的主人是谁，得知乃是梦拉达。他问围绕城堡像火墙一样的腰带是什么，能否有办法驯服看门的狼狗。他又问及城堡依傍的是什么山，坐在梦拉达膝前的九个少女是谁，是否有人进入金色厅堂靠近梦拉达。

对于所有的问题，他得到的答案全都莫名其妙，但是针对最后一个问题，守门人说没人能够进去，除非是年轻的斯韦普达格（Swipdager），此人乃女主人朝思暮想的新郎。

他于是喊了出来："打开门吧，给她朝思暮想的人带路！斯韦普达格来了，要求进去！"

守门人火速前往梦拉达的大厅，禀告说来了个自称斯韦普达格的人，狼狗热烈欢迎此人，城堡的大门对他大敞四开。

"你说我企盼已久的爱人终于来了？你要是敢对我撒

谎，就让乌鸦撕烂你的眼睛！”少女欢快地喊道，飞快地跑到门口。她一看到来人，就知道他正是她的爱人，一下子扑到他的怀里。

“你去哪里了？你从何处回来的？你是怎么进来的？”

他告诉她，他偶然踏上了风寒（温德卡尔德）之路，诺恩女神的命令将他带到了那边，从此他就待在那里。

梦拉达回应说：“欢迎你又回来了！我的梦想实现了。我常常坐在高高的山上，日盼夜盼，盼你回来。我的盼望终于成真了，你又回到我身边了。”

PART 7

诺恩女神和瓦尔基丽

古希腊将掌控人类行为、苦难、生命和斗争的力量叫作摩伊拉（Moira，拉丁文 Fatum），他们认为，诸神即使事实上不依赖于它，至少也是服从于它。后来，他们发展出命运三女神——未来、现在与过去，分别与人类的出生、生命和死亡关联在一起。她们的名字及其承担的职责在下面这首著名的诗句中体现了出来：

克洛托（Klotho）开始纺线，
拉克西斯（Lachesis）将其旋转，
阿特洛波斯（Atropos）一剪两断。

除此而外，他们增加了涅墨西斯[①]，乃人类傲慢非礼及一切恶行的复仇者。最后，当旧的宗教衰退之后，他们开始崇信机会或运气女神堤喀[②]，为她建立了圣坛并献上

① 涅墨西斯（Nemesis），希腊神话中冷酷无情的复仇女神。根据赫西奥德的《神谱》，她由夜神尼克斯（Niuxs）所生，经常为天后赫拉服务。不过有的传说提到，她们是乌拉诺斯被自己的儿子克洛诺斯阉割以后，血液滴入盖娅的腹内所生的三位复仇女神。根据传说，复仇三女神面貌丑陋，头上盘绕着毒蛇，对那些有误杀行径的人绝不手软。——译者注

② 堤喀（Tyche），希腊宗教中的命运女神，她往往随意把好运和厄运分配给人。她常和善神阿格忒斯・岱蒙（Agathos Daimon）一起行动，保护每一个人和家庭。她常以长着翅膀、头戴皇冠、手持聚宝盆的形象出现。有时她又蒙着眼睛，代表各种欲望都存在着风险与不定。——译者注

牺牲。

条顿民族的观念和南方人们异常相似。奥尔劳格（Orlog）或乌尔拉克（Urlak）、费特，乃是宇宙中的永恒法则，主宰着诸神和人类。后者对它无能为力。因此，英雄极力避开命运，终归徒然，还是老老实实地听从它的安排，诸神虽能预见自己的命运，却也无力改变。

奥尔劳格既不创造也不生产，而是客观无情。他在战争中具有重要意义，甚至直至今日，德国最重要的战船被命名为奥尔劳格船。他秘密地统治着万物，在上帝那里获得了认可和个性。上帝是世界的创造者、支撑者和统治者，他在人们的意识中是不确定的存在。他是未知的神，在最后之战和世界毁灭之后，领导了新世界的重生。他是奥丁的最高形式。最后，奥尔劳格以雷金（Regin）的形象重新出现，世界的掌控者们，坐在沃德泉旁边的审判椅上，决定着人类的命运，评判着他们的行为。每当他们单独现身时，他们便是阿萨，不过不像那些吃喝拉撒睡，如人类一样冒险的阿萨，他们更显强大和高贵，尽管他们像其他神祇一样亦有激情与喜好。

在斯塔卡德（Starkad）的传说中，雷金最为明显地进入了人们视野，他们决定了神话英雄斯塔卡德的命运。这个维京人与古希腊的赫拉克勒斯非常相似，正如宙斯和赫拉决定了赫拉克勒斯的命运，奥丁和弗蕾雅也决定了斯塔卡德的命运。

斯塔卡德有半个巨人的血统，还是个孩子的时候，他就体形高大，臂力超群，长着八条胳膊。在师父马鬃须（Hrossharsgrani，恐怖胡须）的训练及其魔法的作用下，他不仅博学多能，勇猛善战，而且变成了人形，英俊健美。

他长大成人之后，师父制作了一条船，载着他到了一座无名小岛上。沙滩上有一大群人，十一个贵族模样的人围着议会树团团而坐，面带严肃，第十二个更高的王座尚且空着。马鬃须坐了上去，所有人待之如伟大的奥丁，欢呼起来。

有人开腔了，说话的是托尔，只听他说道："奥芙赫尔德（Alfhild），斯塔卡德的母亲，不选托尔作为她孩子的父亲，却选择一个巨人，我判决他将断子绝孙，他是他家族中的最后一人。"

奥丁说："是的，我准许他的寿命是常人的三倍。"

"那么，"托尔回答，"我让他注定每年都会做一件严重的暴行，这件事在人类眼里是个耻辱。"

奥丁又回应："我赐予他最坚固的盔甲和最宝贵的衣服。"

托尔说："我禁止他有房屋和居所，也不能有一寸自己的土地。"

"我分给他成堆的金子。"奥丁回答说。

"那么我就判决他不停地渴求得到金子和财富，他永远不能享受内心的平静安宁。"

奥丁回应："我授予他英勇和威猛，战无不胜。"

"不过他每次战斗都会受伤，伤口深及骨头。"托尔回答。

"他会拥有吟游诗人所具有的高贵知识，"他的保护人继续说，"他会唱歌，他的每一句话都是一首歌。"

"他的记忆力会深受其苦，他很快就会忘掉所唱的内容。"

“最高贵和最优秀的人类都会爱戴他。”奥丁命令说。

“但是他的部落成员都会躲避他，憎恨他。”这是托尔最后的诅咒。

这伙雷金走进议事厅，下了判词，奥丁和托尔的意愿都会变成现实。

审判结束了，马鬃须走下王位，和养子一起上了船。

斯塔卡德成为最有名的一个神话英雄，他的名字在北欧国家广为传颂。

有一次，在追随挪威韦卡尔（Wikar）国王进行劫掠时，舰队遭遇了一场暴风雨，他不得不寻找一个避风港。他本想得到丰厚的战利品，不料风暴持续多日，使他无法动身。所有的祈祷和献祭都不管用。奥丁需要一条人命。

只好通过抛掷致命的鲁纳文来解决了，命运落在了国王本人头上。没人敢宣读这个可怕的结果，遑论加以实施了。忽然，一个戴着宽边帽的人在夜里出现在了斯塔卡德面前。斯塔卡德立即认出来此人是马鬃须，他递给斯塔卡德一根细柳枝和一根芦苇。

斯塔卡德随即明白了神的意图。第二天，他来到国王面前，将这两件无害的东西呈给国王，告诉他神灵会对这微不足道的献祭表演感到满意。国王会被细枝条缠住脖子，然后被绑在一个小树枝上，用芦苇触他一下。如此一来，献祭就完成了，奥丁会再次送给他们顺风。

韦卡尔同意了这个提议，然而，那根细细的柳树枝弹了起来，变成一根绳子，刺向国王的芦苇则变成一根长矛，穿透了国王的心脏。

正如托尔所宣判的那样，这就是斯塔卡德所犯下的可耻的暴行之一，不过这则神话没有明言，此暴行乃是在奥丁的协助下所作。

英雄斯塔卡德，不顾自己的恶劣行径，继续他的冒险，在瑞典、丹麦、爱尔兰和爱沙尼亚诸国立下了惊人的赫赫功勋。

冬天里，他游走于其他国王的朝堂，吟唱着他那远近皆知的劫掠，王公大臣静静地倾听着他的短歌，对这位强大的战士满怀钦佩，而民众却因他造成的破坏而惧怕并仇视他。

不过，他也受了很多的伤，有一次作战时，他的脑袋被劈中了，多亏头盔护佑，才没分成两半。更有甚者，他在成为百岁老人之后，还杀死了九个武士，然而他的内脏亦从伤口中淌了出来。在值得纪念的布拉瓦拉（Brawalla）战役中，他遭受重创，从肩膀到胸部被切掉了，肝脏露在外面。所有这些伤口都奇迹般地愈合了，因为根据奥丁的判决，他的寿命三倍于常人。

这就是阿萨化身为雷金，预测人类命运的故事，他们的预测从来不会落空。

丹麦国王弗里德雷夫（Fridleif）在屠杀巨人和恶龙的英勇事迹中，积攒了巨额的财富。有一次冒险途中，他来到一间农舍，农夫热情地接待了他。他在此赢得了老实巴交的农夫的女儿、漂亮的朱丽娅（Juritha）的芳心，把她带回了家。他们喜得贵子，取名奥拉夫（Olaf）。

孩子出生九天以后，弗里德雷夫带他来到命运三女神的神庙里，向她们询问孩子未来的命运。

在进入圣林之前，他向上帝祈祷，希望得到吉兆，并庄重宣誓。然后他跨进神庙，看到三女神坐在圣殿的神座上，她们静静地看着他走了进来。

第一位女神年纪大了，不过看上去友好喜悦，一如逝去的欢乐青春；第二位女神举起手，像一位瓦尔基丽，她观望着战场上的敌人，为英雄指引前行的道路；第三位女神置身于覆盖着她的神秘的阴暗面纱之下。

“这位高贵的年轻人会非常英俊，”善良的沃德说道，“并且会得到人类的喜爱和服侍。”

“我赐予他：在战场上无比英雄，对待朋友慷慨大方。”维尔丹尼接着说。

最后，一脸阴郁、皱着眉头的斯库尔德补充说：“不过，永不餍足的贪欲会玷污他的灵魂。”

我们在本书前面几章多次提及诺恩女神。她们是命运三女神，坐在沃德泉边的宇宙树下。她们能够预知人类的命运，通过女先知和祭司之口宣谕，有时亦亲自发布。同时，她们亦在一定程度上安排人类的命运，正如上述故事所示。在军队奔赴战场时，她们盘旋在他们的上空，将死亡的命运投掷给士兵。她们追随凶手的血迹，如古希腊复仇女神厄里倪斯[①]的所为一样，对他施以可怕的复仇，不

---

① 厄里倪斯（Erinys），是希腊神话中复仇女神的总称。她们住在塔尔塔罗斯的最底层，无休止地追究违背誓言和怠慢客人的人，尤其是杀人凶手，使其丧失理智，陷进灾难。在荷马史诗中，她们没有确定的数目。后来认为她们之中包括提西福涅、阿勒克托和墨盖拉。起初她们可能象征被害亲属呼吁复仇的幽灵，谁不根据习惯法报杀亲之仇，她们就迫害谁。国家形成后，国家担负了惩罚犯罪的职能，血亲复仇的制度逐渐消失，她们也从复仇女神变成了罪犯心灵痛苦的体现。这时，忏悔和宗教净罪便可摆脱她们，她们于是成了善心女神——欧墨尼得斯。埃斯库罗斯的同名悲剧（即《报仇神》）就反映了这种观念的变化。作为复仇女神，她们的形象十分可怕：背生双翅，以蛇为发，手持鞭子或火炬。——译者注

诺恩三女神

管他藏身何处，也不管他如何躲藏。她们将符文显现于人们的指甲上，亦即指甲下面的白点，有的意指好运，有的表示厄运。以前的人们理解这些意义，能够读懂它们，不过这项技艺如今已经失传，因为人们不再信仰命运女神，对她们的所有恐惧和崇敬也就随之消失了，因此她们现在以各种更为恐怖的方式呈现出来。

诺恩之名在德国久已消失，如果它确曾存在的话。盎格鲁－撒克逊人称命运三姐妹为迈特娜（Mettena），亦即量器，权衡轻重之人。在其古老的观念中，三姐妹乃是一人，名叫乌德（Wurd）或沃德，盎格鲁－撒克逊人称其韦德（Wyrd）。不过同时，她们亦被视为三位一体的。

在异教时期，人们认为三姐妹居住在一片神圣树林之中。她们被视为那片圣地的守护者，在基督教时期，圣徒建立起了礼拜堂和神龛，她们却消亡在居所的废墟之上了。还有一种观点认为，命运三姐妹住在一座四面环水的山上。她们编织麻线，然后分发给人们。她们在洗礼和婚礼上歌唱，预示着能够带来好运，由此，在收获时节要为她们献上三穗玉米。诺恩女神追踪作奸犯科之人，织出无法挽回的命运之线，对她们的恐惧最终弱化了。与之相反，恐怖的冥界女神赫尔却日益深入人心。

我们对女神赫尔已经有所了解，她是一个可怕的怪物，是洛基的女儿。然而，最初关于她的观念却大异于此。在远古时期，死亡并不可怕。大地母亲承载了生命，将死者带回她的怀抱，对古人来说并不可怕。

希伯来的族长，在寿终正寝之时，为自己的子孙祈福，并将自己的心愿告知他们，然后平静地躺下，安然逝去。类似的观念在雅利安民族中可能同样盛行。照看牛羊的牧羊人平静地对待生死，将大地母亲尊崇为生与死的创造者，对她毫无惧意。

但是，当人们将精神与肉体判然两分，赫尔就成了灵魂的主宰者和审判人。同时，有关死后之生命境况的观念就不那么令人愉快了。在荷马笔下，死者的灵魂就像无意识的影子一样随风而动，而莪相（Ossian）的诗歌表明，死者的灵魂栖居于摇曳舞动的芦苇中、翻腾起伏的波浪中、倏来倏往的云朵中，向生者窃窃私语。

荷马向我们讲述了那些受到塔尔塔罗斯①判决的灵魂所遭受的惩罚。在塔西佗时代，日耳曼民族似已关注死后的赏罚问题。他们知道瓦尔哈拉神殿，风暴和战争之神奥丁在那里接受阵亡英雄的灵魂，而赫尔仍然是居住在地底深处的大地母亲，促使植物在阳光下生长发育；她或者是涅耳瑟斯，在祭司的指引下，外出向民众致意，或是在他们的土地上漫步。不过，《埃达》对这个伟大女神的前世生活只有一些零星暗示。她为大地铺上鲜花和水果，她给人类和野兽带来生命与活力，她召唤她的孩子回到她的怀抱。其中提到，奥丁赐给她统辖九大世界的能力，另一个版本说奥丁赐给她的是统辖第九大世界的能力。不过，这位生命与死亡女神更有可能被描述为掌控着九大世界。她的形象是一半如死尸，一半是常人，表明了她掌握生死的能力。后来，婆罗门以同样的形式打扮他们的自然女神。

---

① 塔尔塔罗斯（Tartaros），是希腊神话中“地狱”的代名词。在混沌（卡厄斯）中，世界由大地之母盖娅创立，她的身体中轻飘的物质上升成为天空（称为“乌拉诺斯”），沉重的物质则下沉成为阴暗的地域，就是塔尔塔罗斯。塔尔塔罗斯是人死后灵魂的归所，用冥河与人间世界连通。——译者注

赫尔达是自然女神光明的一面。与之相对的，黑暗的一面赫尔，随着人们对死亡和坟墓越发恐惧，变得愈加突显。《埃达》告诉我们，骑乘九天，穿过黑暗的峡谷，方能到达基奥尔（Giöl）河，河上有座金制廊桥，河对面是围着高高的铁栅栏的地下女神居所。没有生物敢看那张可怕的面容，就连神灵亦是如此。

她的厅堂叫作悲惨（Misery），她的杯盘叫作饥饿（Hunger），她的刀子叫作贪婪（Greed）；她的男侍叫作闲散（Idleness），她的侍女叫作懒惰（Sloth）；她的门槛叫作毁灭（Ruin），她的窗帘叫作大火（Conflagration）。在她的王国尸体滩（Corpse-strand）内，专为刺客和做伪证者分出了一个厅堂，它远离太阳，面朝北方，屋顶是条巨蛇，巨蛇头部低垂，将毒液吐向地面，让里面的恶人痛苦不堪。尤甚于此的，是一口名叫赫沃格尔密尔（Hwergelmir）的发着怒吼之声的铁锅，毒龙尼德霍格在里面吞吃着恶人的尸体。赫尔的居所前面是吉尼巴（Gnypa）洞穴，里面住着巨狗怪加姆（Garm），他向初来乍到者张牙舞爪，狂吠不停，因此它的爪子上不停地滴着鲜血。

这些以及其他可怕的图景，显示了后来的诗歌对北欧赫尔的描述，不过，它们极少以从前的日耳曼人对赫尔的观念为基础。有的地方证实了赫尔亦有善良的一面，她热烈地欢迎那些有可能来到她这里的善良和杰出的人物。

当光明的巴尔德尔被狡猾的洛基送到她这里时，他看到厅堂装饰得极为华丽，座椅全都铺上了金叶，酒杯里盛满了蜜酒。原来女神赫尔亦有喜乐厅堂，接纳那些未被收入瓦尔哈拉神殿的好人和勇士。

低语谷（Whispering Valley）中，口齿不清的精灵少女邀请流浪者来到此处，一享梦幻泡影般的欢乐。它位于一座低矮的圆锥形小山上，原址为一个古老的城堡。据说在地底的洞穴里，一个黑白混合的少女之魂守护着秘密宝藏。多年以前，她为了金银，将修道院的宝藏出卖给了敌人，因此被罗马教廷逐出教会。她的灵魂无处安顿，除非敌人被打败，被偷的宝藏物归原主。从前，在满月之夜经常能看到她，在废墟上游荡，不停地哭泣。不过后来，这个幽灵不再出现了。可能是由于未知的敌人被打败，她的麻烦已然解决。

这个黑白混合的少女使我们想起邪恶的女神赫尔。她还可以和希尔德进行比较，希尔德是瓦尔基丽，在胡格尼和赫定的斗争中，她唤醒了阵亡的战士，让他们重新投入战斗。

瓦尔基丽

北欧最令人骄傲的城镇赫尔德拉（Hledra），一个圣诞时节，赫罗尔夫·科拉里（Hrolf Kraki）国王和他的十二勇士，共举酒杯，将杯中酒一饮而尽。他们发誓永结兄弟之义，将同赴战场，并肩作战，同生共死。

夏天到来时，他们奔赴战场，展开战斗，许多贵族和国王都归附了他们。

“奥丁和我们在一起。”十二勇士之一鲍德瓦尔·比尔里（Bodwar Biarki）说道。

女武神瓦尔基丽

“瓦尔基丽保护着我们。”另一个武士希奥迪（Hialti）说。

“希望他们总是赐予我们胜利，”第三个补充说，“指引我们全都安然进入英灵殿。”

他们说话的时候，一个名叫沃格（Wogg）的年轻人来到他们面前，请求为国王服务。科拉里送给他一个金环。

小伙子将其固定在了他的左臂上，说道：“我的右臂没有饰物，肯定觉得羞耻了。”

于是，国王面带笑容，又送给他一个金环。

沃格将他的手放在弗雷的野猪上面，起誓说如果国王被敌人杀死，他将为国王复仇。

有一次，赫罗尔夫·科拉里国王带领手下武士来到乌普萨拉（Upsala），他的父亲命丧此地。他向伊尔萨（Yrsa）的丈夫、贪婪的阿迪尔（Adil）索要他父亲的金环。

经过一天的跋涉，他来到一家农舍，主人赫拉尼（Hrany）热情地招待了他，建议他将部分手下打发回去，因为他们在战斗时只会碍手碍脚。

农夫戴着一顶大帽子，把脸全遮住了。他只有一只眼睛，不过他的建议非常睿智，国王遵从了。第二天早晨，他们见到了同样的房屋，面前站着同一个农夫。

他们又收到了同样的建议，赫罗尔夫·科拉里国王现在很清楚此人精通法术，他把武士的所有仆从都打发走了。

国王走后，农夫看上去很焦虑，他用右手招呼了一下，好像在召唤一个仆人。只见从云层和雾霭之中出现了七个少女，她们身跨白马，披盔戴甲，英姿飒爽，停在农夫面前。

“赫丽斯特（Hrist，暴风）和米斯特（Mist，乌云），斯鲁德（力量）和格尔（Göll，传令），格恩达尔（Gondul，母狼）和斯克古尔（Skogul，运送），还有你，勇敢的希尔德，使出你们的本领，帮助赫罗尔夫国王吧，让他取得胜利。”

农夫说完，瓦尔基丽们匆匆上路，执行命令去了。

接下来，经过与奸诈的阿迪尔的殊死对战，他们赢得了所有战争，凯旋返乡。他们再次投宿到赫拉尼家，他们发现他比以往更为热情了。他给赫罗尔夫拿出一个盾牌、一把剑和一件铠甲，说道：“带上这些武器，你会用到的。”

不过赫罗尔夫拒绝从一个农夫那里接受如此贵重的礼物，赫拉尼变得越来越愤怒，脸黑如夜，双眼喷火。

“滚出我家，你们这些莽小子，”他大喊，“诺恩蒙蔽了你们的心神，她朝北方抛出丝线了。”

地板震动，房屋吱嘎作响，就像要塌掉。英雄们心生惧意，翻身上马，落荒而逃。比尔里最终打破沉默。

“我觉得，”他说道，“我们真是傻子。那个农夫没有这么简单。”

“它就是奥丁，独眼神，”赫罗尔夫回答，“我们回去找他吧。”

不过已经悔之晚矣，赫拉尼和他的房子都不见了。

国王和他的武士在赫尔德拉老老实实地待了一段时间，因为他担心奥丁生了他的气。附属国的王公贵族继续交纳赋税，不敢举旗反对他们的常胜君主。

不过，最终，赫罗尔夫的姐姐斯库尔德乞求她的丈夫希奥尔沃德（Hiorward）兴兵叛乱。为达目的，她使用了诡诈的魔法和致祸的巫术。他们以上交贡品为借口，和许多随从一起来到国王的城堡，城外埋伏了许多骑兵。

国王深感荣幸，热烈欢迎，召开了一次盛大的酒宴。不过当他和随从酒足饭饱，躺在厅里酣睡之时，叛军悄悄地潜进来，杀死了许多正在沉睡的英雄。外出的希奥迪返回之时，战争刚刚开始。他喊醒了鲍德瓦尔·比尔里。二人拿起武器，杀出一条血路，来到国王的卧室，国王正手持武器，站在武士之中。

赫罗尔夫见二人进来，便说道："好吧，英勇的兄弟们，我们即将踏上死亡之路，让我们一起喝下最后一杯献给奥丁的酒。"

他们群情振奋，举杯一饮而尽，比尔里说道："你们看到瓦尔基丽在我们的上面吗？她们是不是戴着头盔，向我们点头微笑？我们靠近你，伟大的少女；你很快就会带着我们去英灵殿，弗蕾雅在那里亲自给英雄们斟上蜜酒。不过既然一息尚存，我们就要恪尽职守，让我们慷慨就义，不负往日之声望以及吟游诗人的赞美。"

这就是勇敢的英雄所说的话，武士们紧紧跟随着国王，奋力向前对抗敌军，他们的宝剑铿锵作响，好似一个军队在作战。叛军听到集结号声，退出厅堂和城堡。赫尔德拉人追随着他们勇敢的君主，好像已经获胜。

不过与此同时，希奥尔沃德带来了新的军队，险恶的斯库尔德站在战场中间，以她的魔歌，使战死的武士复活。

英雄们一个个地倒下了，好战的国王屹立在中间。飞枪在他身边嗖嗖作响，敌剑不停地刺在他的头盔和盾牌上，不过他以强大的攻势击倒了众多叛军。最终，他的盔甲完全破败，他的身体被刺穿，倒在了满是盔甲和破损的武器的血泊之中。希奥迪已在他身旁就义。比尔里仍然站着，不过面色苍白，头盔和盾牌已经损坏，胸甲和心脏被一支长矛刺穿了。

他的脸上已无血色，
他说话时呼吸孱弱；
我已四肢无力，生命将逝，
致命的伤口疼痛欲绝。

希奥迪躺在地上，
挨着将死的国王；
英雄国王让我亲吻他的嘴唇，
他就要成为一个亡人。

我俯身靠近他的头，心中喜悦，
没有恐惧，没有惊慌；
瓦尔基丽正在我上面招手，
祝愿守卫少女快乐长久。

她们召唤，邀请我们，
吩咐英雄们快快地走，
前往奥丁的壮丽厅堂，
他们在那里分发麦芽酒和蜜酒。

胜利者希奥尔沃德和斯库尔德一起坐在大厅里宴饮取乐，高兴地谈着他们那邪恶的鬼把戏。

只听女巫说道："我弟弟和他的所有英雄都死了，他们像举世最为高贵的民族的后人斯格奥尔丁（Skioldung）。"

"他的英勇下属就没有活着的了吗？"国王问道，"我会给他崇高荣誉，加封他为我的第一武士。"

就在国王说完之后，一个浑身是血的人来到他的面前，此人赤手空拳，双臂各戴一金环。所有人都认得他，因为他是赫罗尔夫引为兄弟的沃格。他说他愿意忠诚地服侍他的新主人，不过他没有剑，他的那把在战斗中折断了。于是希奥尔沃德把自己的佩剑递给了他。沃格说赫罗尔夫在赠人宝剑时，总是手持剑尖。希奥尔沃德也这样做了。沃格一握住剑柄，就把利剑插进了国王的胸膛，同时说道："去赫尔的地狱吧，你这个虚伪的叛徒，你到那里受罪去吧。"

希奥尔沃德的武士一拥而上，沃格身受无数创伤。他殊死挣扎，向一息尚存的赫罗尔夫爬去，说道："现在我实现诺言，为我的主人复仇了。我看到了瓦尔基丽。她们在马上载着诸英雄，她们在等我。我跟着你们，我摆脱了尘世的鲜血和痛苦，到仙宫的高堂大厦里享乐去喽！"

这些女先知向人们预言胜利，或是披挂上阵，用强壮的臂膀高举大旗。她们或是高大健壮的中老年妇女，或是年轻貌美的佳丽。当战士们看到她们站在首领和贵族中间，满怀着胜利的信心，颁布命令，提出忠告，以确保战争如其预言所示取得胜利之时，他们就会将她们视为神人，内心充满崇敬。斯堪的纳维亚亦是如此。在著名的布拉瓦拉战争中，许多女战士参与进来，不过这些亚马孙女战士并没有改变那时的命运。

这些瓦拉或亚马孙女战士的出现是以瓦尔基丽信仰为基础的，在诗意的幻想中，她们乃天上的神灵，将胜利赐予值得获胜之人，带领战死沙场的勇士英灵前往瓦尔哈拉神殿，她们可能和战争之父以及神圣的恩赫里亚在一起。我们在前面的论述中已经多次碰到她们，她们骑着白马，身穿华美的铠甲，观望着战争以及参战英雄的命运。在这种场合中，通常会有七个、九个甚或十二个亡灵选择者，希尔德（战争）和诺恩三女神中最年轻的斯库尔德时常身在此列。她们在空气和水上骑行，因为她们的马儿是在天空飘浮的云朵。她们有天鹅羽外衣，穿上之后，她们可以化装成天鹅，飞到英雄们一决生死的战场。

著名的布琳希尔德（Brynhild）是一位瓦尔基丽。她骑在马上说，艾格尼（Agnar）偷了她和她的姐妹的天鹅羽外衣，逼迫她赐予他在对抗奥丁的战争中取得胜利。因此之故，奥丁使她陷入了不可思议的睡眠。斯瓦瓦（Swawa）和斯格露恩（Sigrun）和布琳希尔德一样，本为凡人，战争期间，她们常在她们喜爱的英雄上空盘旋，保护他们。不过她们嫁给他们之后，立即失去了瓦尔基丽的法力。只有单身少女方能接受神圣的天赋，如果她们嫁给凡人英雄，就会丧失这种力量。

瓦尔基丽、诺恩和神圣的女性以狄斯（Dises）之名重新出现。这一名称将她们和战争之神与剑神提尔联系起来。不过她们不是他的仆从，而是相当独立于他。在塔西佗时代以前，伊狄斯（Idises）或狄斯为日耳曼人所熟知，并受到他们的尊崇。像维蕾德（Weleda）等得到神启的女先知和预言家被视作狄斯。我们已经展示了她们在战争期间所具有的影响，不过她们有时也会来到人间，进入房舍，帮助罹患疾病的人，因为她们颇晓医术，对那些信仰其疗治之功的人非常有用。

据说，在拉丁故事中，有一位狄斯前往会见德鲁斯（Drusus），他已经推进到了易北河。她身穿日耳曼服装，体重超群，命令征服者退出她们的神圣领土，因为死亡已向他逼近。他害怕之极，听从劝告撤了回去。众所周知，此后不久，他就从马上掉下来摔死了。这一故事可能出现在了日耳曼传说之中，不过它表明古人是如何崇信这些女先知的伟大和力量的。她们亦被称为女智者。非常美妙的是，我们看到这些女先知在内心渴望人们幸福，激励他们参加战斗，高举旗帜投身战场，将伤者带出战场，为他们包扎伤口，照料他们，或是给他们帮助，让他们康复。当她们陪着游牧部落侵掠之时，图景便迥然有异。她们形象粗野，一头蓬松的长发，和战士一起加入恶斗，取得胜利之后，她们站在祭坛上，屠杀俘虏，通过巫术般的咒语，在敌人的尸体上预言未来之事。

古时的作者向我们讲述了其他一些被视为狄斯的女性。其中之一是显现于匈奴王阿提拉面前的莱希（Lech），她使阿提拉惧怕渡过大河。一些作者认为她们被称为阿里奥鲁纳（Alioruna），并与约南德斯[①]的观点进行比较，以

① 约南德斯（Jornandes），6世纪时的罗马官员，主要从事历史写作。主要作品有关于罗马史的《罗马》（*Romana*），以及写于约公元551年的《哥特》（*Getica*），此书是有关哥特历史的最早著作，也是他最著名的作品。——译者注

证明他们的看法。约南德斯提出长相古怪的匈奴人是阿里鲁姆纳斯（Aliorumnes）的后人。她们后来被称作阿尔鲁纳（Alrunes）或阿尔劳恩（Alrauns）。

据说，阿尔劳恩与人类的远亲关系早就被切断了。很长时间里，著名的藤蔓植物野葡萄，在德国被当成了阿尔劳恩。不过当德国人在10世纪至11世纪入侵了意大利，他们发现曼德拉草要比野葡萄更接近他们的想象。

根据传说，这种植物只在绞刑架下生长。一个女智者使用可怕的咒语，在半夜时分到此挖掘。她找寻的时间正值夏至，下弦月泛着苍白的亮光。当拔出根部时，她听到一声低沉的痛喊。女人脸上露出疯狂的神情，抱着战利品匆匆离去，那东西在她怀里像个活物一样扭动。她把它带回家，放到柔软的床上。那个畸形的生物躺在她面前，惨白如死人，没有眼睛，迟钝的脑袋上可以看到几缕头发。她心疼地抱起它，像母亲爱护自己的孩子。她将两颗杜松果安放到了眼睛的位置，第三颗放到了后脑勺上。这些浆果变成了真正的眼睛，不过是圆的，而不像人类的眼睛是椭圆形的。

在她的照料下，这个土生的东西长得很快，不过只有三岁小孩那么高。他像猴子一样爬树上房，看着养母焦急的神情，笑个不停。他为她寻找并挖掘埋在地下的金银财宝。

因此，这个家庭变得富有体面起来。不过女人并不开心。她的父亲自恃财富，去追求更高的权势，结果以叛国罪伏诛。她的爱人和兄弟为了她的财产而争斗。阿尔劳恩嘲笑她的哭泣。在折磨她时，他会感到无比的快意，最终，她死在了从其下挖出他的同一绞刑架上。

这个故事使我们想到奥丁，悬挂幸存的神，以及财富对人类的可耻影响。它也让我们想到女巫，她们最初和我们前面提到的野蛮女人并无相似之处。

瓦尔基丽的守夜（爱德华·罗伯特·休斯绘，1906）

PART 8

奥吉尔和他的随从

在距离穆迈尔湖几里之遥的黑森林中有一个村庄，每逢五月节，村民就载歌载舞，游戏取乐。

在这些节日上，时常能看到一个陌生的少女，她喜欢跳快乐的乡村舞蹈。她的头发上扎着一串珍珠，脖子上也挂着一串。优雅的身体上穿着一件绿丝外衣。她是如此可爱迷人，那些引导她到草地舞场的年轻人，无不心跳加速。

年轻人中，她似乎最喜欢迈克尔·西德福（Michael Stauf）。他身体最为强壮，是摔跤和拳击冠军，亦最擅长跳舞。观看年轻人游戏的老人都说，他们在草地舞场上从没见过如此标致的一对。但是，每当时钟敲击十一下的时候，年轻的女孩总是离开舞场，尽管有许多年轻人急切地追随着她，不过在他们赶上之前，她已经消失在黑暗的森林之中。

有一次，迈克尔跟着她的时候，发现了她的足迹，他追上了她。他们肩并肩走着，女孩带他来到一条他从未见过的小道，尽管他出生在这里，对这片树林颇为熟悉。

过了一会儿，他们来到一个湖边。他问她是否愿意跟他一起回农庄，做他的妻子。她回答说，她必须询问她的父亲，他为人严苛，怕是不会答应。

说完之后，她跳进水里，从他面前消失了。

迈克尔知道了她是一个水妖，不过依然对她魂牵梦萦，一心想着怎么娶到她。

欢乐的节日暂告结束，开始了田间劳动，迈克尔几乎没有时间考虑婚姻大事。不过当冬季来临，他又有闲暇了。他不断地想象着这样一个画面，如果那位可爱的绿衣少女能成为他的妻子，他该多么幸福啊。他日思夜想，放弃了玩牌掷骰子之乐，也不再泡乡村小酒馆，以前可是少不了他。纺纱屋也见不到他的身影，姑娘们都非常疑惑，为何富有的迈克尔不再找她们了。

在焦急和期待中，他等到了五月，第一个跑到了草地舞场。他的希望没有落空，湖中少女像以前一样出现了，和他跳舞聊天。十一点的钟声敲响时，她同意让他陪着回家。不过，当他谈到他的婚姻计划时，她伤心起来。

“我的父亲，”她说，“不会允许我和凡人结合，他非常严厉，他的话必须服从。”

“一个女人终会离开她的父母，和她的丈夫一起生活，”他喊道，“如果你愿意，我们就回家结婚，等你成了我的妻子以后，看谁还敢违背我们的意愿，把你带走。”

“嘘，”她害怕地说，“别让我父亲听到你的话。你没看到我们身边的泉水和溪流吗？它们都听他的调遣，只要他一声令下，它们就会暴涨成激流，把我们淹死。别惹他发火。他不会和凡人扯上关系，因为他们给他取了个外号叫‘鸭子比尔’，他长着一个牛角鼻，我们族人都是这样。不过他会好好安排你的，送给你这个戒指，上面有一颗大红宝石，能指给你地下埋藏的所有宝藏。”

说完这些话，她把戒指戴在了他的手上。宝石像阳光一样闪烁，他把它转向地面，就看到地下有金矿和银矿，一如冰冻的小溪。

“真是美妙的景象，”他说，“不过我不想要什么财宝，只想要你，我已经很富有了，足够我们两个富足生活。”

他们走到湖边，匆匆告别，她消失在了洪水之中。

迈克尔是个无所畏惧的年轻人。要是他有了什么想法，就会一门心思做下去。他真想把水王弄到面前，一拳打倒。不过这是不可能的，在回家的路上他耿耿于怀，盘算着如何把漂亮的女孩带回家中。

第二天，她照常来了，比以往更加漂亮，对他更加亲密。到了晚上，他悄悄溜出舞场，爬到教堂的钟楼上，把时钟往回拨了一个小时。返回之后，他把带着湖中少女跳舞的一位年轻人赶到一边，自己和她跳了起来，好像要一直跳下去。他不觉得疲惫，她也心情正好。风笛手一脸倦容，提琴手胳膊酸痛，他们不敢停止，因为他在跑过他们身边时发了话，许诺给他们三倍酬劳。

十一点的钟声终于响了。少女从他的双臂挣脱出来，往树林奔去，他在后面跟着。听到邻村的钟表敲击了十二下时，他们呆住了。

少女恐惧极了，浑身瑟瑟发抖。他对她讲了他所做的事，发誓说今晚她就是他的人了。然而，他的所有欢乐与所有争辩全都一无所用，她只是步履匆匆地走着，哭哭啼啼。

最终，他们站到湖岸边，湖水如镜，映射着一轮满月。他恳求她回心转意，然而，只听她轻声说道："好好看看会发生什么吧；如果湖面升起乳白色的水浪，我就得救了，会嫁给你；如果是鲜红色的，我就完了。"

话音刚落，她就纵身跳进水里。她消失之处，留下一个漏斗形的漩涡，阵阵涟漪泛起湖面。

迈克尔屏住呼吸，期待地盯着水面，看呐，看呐，从水涡里喷出的不是乳白色的，而是血红色的水流，他听到

奥吉尔的盛宴

一声惨叫，心中顿如刀扎。

“菲恩迪斯·奈克（Fiendish Neck）！”他大喊，“你这个杀掉亲生骨肉的凶手！拿走你的魔戒，你这个邪恶的鸭子比尔！”

他把宝石向湖里的一块岩石扔去，将其摔成了碎片。

碎片一落进水面，湖水就翻滚起来，就像有隐火将其烧得沸气腾腾。它逐渐隆起，越来越高，中间是一个巨大的波浪，冒着气泡。湖水汹涌起伏，狂暴地翻卷起来。它冲破堤岸，巨浪卷走了拼命挣扎的年轻人。不断上涨的洪水造成了巨大的破坏，此后再也没有见到富有的迈克尔和湖中少女。

还有许多故事与此情节相似，场景都与泉水、小溪、河流和湖泊有关。它们在英格兰、德国、斯洛伐克以及罗马大地上流传。同样从古典作品中，我们知道了奈德斯[1]、河神、塞壬[2]等。

还有一个传说在德国非常流行。所有经过莱茵河的人都会被指着看看罗蕾莱岩石[3]，并听上一段与之相关的迷信故事。

---

① 奈德斯（Naiads），古希腊神话中的水中仙女。——译者注

② 塞壬（Sirens），希腊神话中人首鸟身的怪物，经常飞降海中礁石或船舶之上，又被称为海妖。塞壬善歌，常用歌声使过往的水手倾听失神，航船触礁沉没。在荷马史诗《奥德赛》中，奥德修斯在航行中遇到了塞壬，水手用蜡封住耳朵，将奥德修斯绑缚在桅杆上，才通过了塞壬的海域。在希腊神话中，因情自溺于海的女子就会化身为塞壬。而在其他记载中，塞壬是冥界的引路人。——译者注

③ 罗蕾莱岩石（Loreley Rock），"罗蕾莱"是个地名，德国莱茵河弯弯曲曲的河道，一段最险、水流最急的弯处，劈面一道高高的悬崖，叫作"Loreley"。早先很多的船只因为简陋的装置、薄弱的船体，船夫们稍不注意，就在这里遇险沉没。罗蕾莱的传说有很多版本。其中之一说的是，美女罗蕾莱因遭魔咒，被迫用其美丽容颜与动人歌声吸引莱茵河上往来船夫，导致许多船夫无法集中注意力好好行船而船毁人亡。为摆脱魔咒，罗蕾莱最终从悬崖跳入莱茵河。在海涅的诗里，罗蕾莱用歌声蛊惑过路的水手，妖媚而神秘，充满了诗人的灵感和想象。而在她家乡人的嘴里，罗蕾莱更像一个邻家少女，红颜薄命。传说，罗蕾莱是一个穷人家的女孩，很不幸和一个富家子弟相爱了，但是地位悬殊使他们不可能在一起。每天的清晨和黄昏，罗蕾莱登上山崖的最高处，坐在这块石头上梳着金色的头发，唱着歌。希望爱人的游船从山崖下经过的时候，能看到她的身影，听到她的歌。终于有一天，爱人的游船从山崖下驶过，罗蕾莱从山上一跃而下，将美丽的青春和无望的爱情一同埋进了莱茵河。从此，每逢清晨和黄昏，人们总能看到罗蕾莱坐在山崖上缥缈的身影，一边梳理着长长的头发，一边唱着歌，低回婉转，如泣如诉。当地出产一种名为"罗蕾莱的眼泪"的葡萄酒，所采用的葡萄距罗蕾莱山崖只有几百米远。——译者注

罗蕾莱的传说

“海上老人”的故事可能是对北欧奥吉尔的一种缅怀，奥吉尔即使不是海上之王，也是最高最伟大的水神。

奥吉尔，意即恐怖（Terrible），他是老巨人弗尼奥特（Forniot）之子。从这个单词的字源来说，他等同于古希腊的俄刻阿诺斯[①]，不过个性更加鲜明，因为古希腊人对大海的认知不过是从腓尼基的船员那里听说的，而北欧船长则坐在并不牢固的船（他们称之为龙或蛇）里，勇敢地直面强大而可怕的大海。恐怖的奥吉尔娶了兰（Ran）为妻，兰和她丈夫一样，常常把人拉到大海深处，埋在沙子里。根据其他一些传说，她接收那些葬身大海之人的灵魂，像赫尔接收在陆地上默默死去的人的灵魂一样。他们生了九个女儿，她们后来成了海姆达尔的母亲。奥吉斯尔姆（Ögishelm），意为恐怖的头盔，这一名字即来自海洋之王。人们相信，只要看它一眼，内心就会无比恐惧，就像着了法术一般双手麻痹，手里的武器会掉在地上。头盔的前端装饰着一个向敌人张着血盆大口的野猪头。盎格鲁－撒克逊人和波罗的海的爱沙尼亚人都戴这种头盔，后

① 俄刻阿诺斯（Okeanos），古希腊神话中的一个提坦，大洋河的河神。所谓大洋河是古希腊人想象中环绕整个大地的巨大河流，代表了世界上的全部海域。在最古老的荷马史诗里，俄刻阿诺斯是原始神之一，与其妻忒提斯一起为其他所有神的始祖。而后来被广为接受的赫西奥德体系则把他划为由原始神产生的第二代神，为地母盖娅与天神乌拉诺斯之子。根据赫西奥德的说法，俄刻阿诺斯的妻子是他的妹妹忒提斯，两人生下了三千个儿子和三千个女儿，成为世界各地的河神与大洋神女。——译者注

者相信佩戴它的人能够消隐于无形，或会免遭创伤。这使我们想起《尼伯龙根短歌》中的薄幕帽（dusk – cap），而野猪头又让我们想到弗雷的狂暴野猪古林博斯帝。从奥吉斯尔姆一词的结构和词义来看，它似乎与宙斯之盾埃癸斯（Ögis）[①] 一致，因为它绝非如人们后来所说的只是一块羊皮，而是令人闻风丧胆的武器。宙斯有一次将它借给了儿子阿波罗，阿波罗将盾牌带到战场，敌军吓得抱头鼠窜。雅典娜盾牌上的美杜莎[②] 的头具有同样的效果。

可怕的海洋之王奥吉尔在北欧诗歌中并没有佩戴野猪头盔，不过他在旧日一定戴着，只不过文献已经散佚。他的性情比从前更显温和，虽为巨人，却与阿萨相处安好。他亦被描述为坐在岩石上，弹着竖琴或敲击着贝壳。每当奥吉尔的音乐之声响起，海浪就涌起如山高，以汹汹之势拍击在一起，大地为之震颤，诸天吓得都要裂成两半。奥吉尔的仆从众多，美人鱼和各种精灵都臣服于他，在每片土地上都有大量与之相关的有趣故事。奈克（Necks）的神奇音乐的故事，很可能是以海水落到岩石上或海浪冲进

---

① 埃癸斯，宙斯之盾，乃赫菲斯托斯打造，由一头神圣的母羊皮制成，是世上最坚固的盾牌，宙斯的雷电都不能将其打破。雅典娜也有一个同样的盾牌。——译者注

② 美杜莎，希腊神话中的怪物。原为美女，因冒犯女神雅典娜，头发变成毒蛇，面貌奇丑无比。谁被她看一眼，就立刻变成石头。后被英雄珀尔修斯杀死。雅典娜把她的头固定在自己的盾牌、胸甲中央。美杜莎的头像常被艺术家用在象征性的徽章、建筑的装饰物甚至雅典的钱币上，也曾用于士兵的盾牌上。——译者注

一些洞穴（如芬格尔山洞[①]）里所发出的悦耳的声音为依据的。尼克斯（Nixies）亦寻找人类的爱情，因为只有这样她们才能得到想要的东西，一个可爱而不朽的灵魂。这些故事通常以悲剧告终，似乎表明拥有灵魂并非幸福之事。福凯的《水精》(*Undine*)[②]是其中最为动人的一个故事。

尽管水精没有灵魂，不过她们渴望救赎和重生。有一个基督教故事很好地诠释了这种观念。有一次，两个孩子在海边玩耍。一个愉悦的奈克坐在他们面前的一块水中岩石上，欢快地弹着竖琴，波浪似乎也在随着她的曲调跳舞。

大点的孩子玩笑似的朝她嚷道："弹吧，愉快的水精，弹吧；你没有希望救赎或转世啦。"

"没有希望！"奈克一声悲叹，开始弹起忧惨的曲子，一诉内心的悲伤。波浪停止了舞蹈，孩子们也觉得很是难过。

---

① 芬格尔山洞（Fingal's Cave），位于苏格兰西部无人居住的斯塔法岛上，它由一系列巨型六边形玄武岩方块组成。据说这个洞穴长年被海水淹盖，在海水的冲刷下会发出如音乐般悦耳的声音。18世纪苏格兰史诗诗人詹姆斯·麦克菲森为其命名。门德尔松在1829年间到苏格兰旅行，并游览这个洞穴，从而创作了《芬格尔洞》(又名《赫布里底山洞序曲》)，亦是他最优秀的作品。——译者注

② 福凯（Friedrich Heinrich Karl de la Motte Fouqué，1777—1843），德国浪漫派作家、剧作家。柏林浪漫主义运动的倡导者和实践者，以创作北欧诸国的神话传说和童话故事而闻名于世。其作品包括《巨人山的牧师》(*The Shepherd of the Giant Mountains*)、《阿斯劳加的骑士》(*Aslauga's Knight*)、《辛塔姆和他的伙伴》(*Sintram and His Companions*)等，尤以1811年出版的《水精》最为知名。国内出版有徐志摩译本，名为《涡堤孩：水之精灵的爱情》，据说此书是徐志摩向林徽因最后的爱情告白。——译者注

他们回到家，把这事给父亲说了，他们的父亲是一个基督教牧师。他斥责了孩子的孟浪，要求他们立刻回去找奈克，并且告诉她，她有希望获得救赎和重生，因为上帝说："我到此不是审判世人的，而是要叫世人因我而得救。"

孩子们按父亲说的做了。他们发现奈克还在痛苦地悲叹。不过当她听到好消息时，破涕为笑，挥动手指，弹起竖琴，发出强有力的音符，仿似在为天使伴唱。

"上帝不是来此审判世人的，而是叫世人因他而得救。"

在这个简单的传说中，我们看到了基督教对异教的征服。悲哀的是，基督教的这一方面并不总是被那些传播教义的人所认知。查理曼大帝的撒克逊战争、宗教法庭以及近来的一些事件，表明了其教义的基本观念是如何被误解的。

奈克与奥吉尔的女儿（尼尔斯·雅各布·奥尔森·布鲁莫绘）

PART 9

洛基和他的家族

农夫和妻子以及两个儿子站在灶台旁，祈求奥丁保护他的大儿子，巨人想把他带走。

祈祷者刚刚献祭完毕，阿萨之王出现在厅堂里，承诺会把孩子藏在安全的地方，并毫发无伤地带回来。

他一声令下，大片玉米在夜晚生长起来，长速如此之快，马上就可以收割了。在土地中央，他把孩子变成一束玉米穗，藏在一棵玉米上。第二天早晨，巨人站在地里，手挥利剑砍倒玉米。他用尽全力晃动玉米穗，看呐！他最终抓住了孩子藏身的那棵玉米。孩子只好呼叫奥丁，强大的神祇将他救了出来，送回他那翘首以待的父母那里。

"我完成承诺了，"他说道，"你不能再要求我做什么了。"

说完这些话，他隐遁于无形。不过农民夫妇依然忧心忡忡，因为巨人正恶狠狠地站在邻近的一块地上，朝他们的房子走来，因为他嗅到了孩子的味道。

他们祈求霍尼尔保护他们的孩子。这位善良的天神没有迟疑，他带着孩子来到一片绿树林里，两只银翼天鹅出现在他们面前，他把小家伙变成一根羽毛，藏在一只天鹅的脖子下面。

不过，这个名叫斯格里米斯利（Skrymsli）的巨人直奔绿树林走去。他精通魔法，将右边的天鹅拘了过来，打断了它的脖子，然而，落下的羽毛从他嘴边飘走了，霍尼尔抓住它，带着惶恐不已的孩子回到他焦急的父母身边。

农夫和妻子乞求洛基的救助，因为他们看见巨人大步流星地走出树林，怒气冲冲地向他们走来。洛基很快显身，带着男孩来到海滨，架着小船驶入深海。他钓到了三条大比目鱼。

他把孩子变成一粒小鱼卵，藏在一只比目鱼的肚子里，然后把鱼丢到海里，起程返航。让他惊讶的是，他看到斯格里米斯利备好船只出海捕鱼。于是他跳进巨人的船上，试图阻止此次航行，然而已经晚矣。巨人用力划动小船，小船飞速前进，驶向开阔的大海。巨人垂下鱼钩和石头，很快钓到了三条比目鱼，其中就有男孩藏身的那只。

“把那只可怜的小鱼给我吧。”洛基谄媚地请求道。

“你也有胃口吗，啊，老头？”巨人大喝，“恐怕你要等上一段时间了。”

他随即把那条比目鱼放到膝间，挨个扒拉鱼卵，终于发现了他想要的那个。不料洛基眼疾手快，抓起那个男孩变成的鱼卵就跑，他告诉男孩，等他们到地面之后，要在沙子上轻轻跳起来往家跑。

斯格里米斯利看见男孩跑了，在后面紧追不舍，不过到达沙滩之后，他每走一步，都深陷及膝。他看到屋门关了，于是用力推门，房子被一分为二，他跳起来往前冲，不想脑袋撞到一根铁柱上。洛基立马走到近前，砍断了巨人的一条腿，接着把另一条腿也砍断了，巨人一命呜呼，尸体盖住了那块土地。

孩子得救了，农夫和妻子带着礼物向洛基千恩万谢。其他神灵只把孩子藏了一小会儿，而洛基却让他安全地待在了他们身边。

这个故事至今仍在法罗群岛传扬，我们还能得到更为详尽的细节。它向我们表明了一个重要事实，即洛基并不是总被看作祸根以及诸神与人类的敌人。

最初，洛基是必不可少的家庭用火之神，是善良友好的灶神。他通常出现在三人组合中，即初始巨人的三个儿子：卡利（空气）、奥吉尔或赫勒（水）和罗吉（火）。同样地，人类的创造者亦是三个：奥丁、霍尼尔和洛基。洛基还陪着奥丁和霍尼尔拜会巨人提阿斯。

洛基的父亲是法布提，母亲是劳菲（多叶岛）。法布提很可能即是乘坐小船从大洪水中逃生的博格米尔，因为他母亲的另一个名字是纳尔（Nal），即为“船”的意思。罗吉代表着火元素，他和洛基迥然有异，因为我们看到，在斯格尔尼尔或乌特加德洛基的殿堂里，他们两个是竞争对手，打赌看谁在规定的时间里吃得多。起初洛基作为赐予温暖者和家庭灶神，被尊以高位，被当成奥丁和霍尼尔的兄弟，因为空气、水和火这三种元素是密切相关的。因此他属于阿萨，参与他们的会议，经常通过阴谋诡计帮助他们摆脱困境。由于火并不总是人类的朋友，它亦是具有毁灭性的元素，神话中洛基的阴暗个性变得越来越明显。他净出鬼主意，虚伪，背叛朋友，最终成为所有纯洁和神圣之物的屠夫，他摧毁了纯真和正义，成了阿萨的亵渎者，成了坏人。尽管他的恶行很快遭到报应，他仍然造成了世界的毁灭。

洛基之名源自古单词“liuhan”，即照亮之意，与拉丁语“lux”（光线）字出同源。因此他亦与路西法（Lucifer，带来光明者）有关，这是给予暗黑王子撒旦的一个荣誉称号。

正如北欧撒旦被禁锢在了一块尖岩上，中世纪人亦认为路西法被锁在了地狱中。萨克索·格拉马提库斯写道，乌特加德洛基身上戴满镣铐被关在冥界，这证明在基督教时期之后多年，洛基及其所受惩罚的神话仍然为人们所相信。

如前所述，洛基和女巨人安格波达（带来痛苦者）生了三个邪恶的孩子：芬里斯、赫尔和尤蒙冈多。不过他还有一个法定妻子，即忠诚的西格恩，他们生了两个儿子：瓦利（Wali）[①] 和纳尔韦（Narwi）。洛基在遭受痛苦的惩罚时，她不离不弃。他没有仆人或臣属，因为北欧人不知道在罗马或东方神话中占有一席之地的火蝾螈（Salamanders）或火精灵（Fire-spirits）。不过他有其他一些强大的亲属，亦即手持火焰剑的苏尔特尔和穆斯贝尔的子嗣，在他挣脱锁链之后，他们在最后之战中给他施以援手。精灵和黑侏儒因其工作需要火而与他发生了关联，不过他们并不臣服于他，相反，正如我们所见，他们常常是他的敌人。

---

① 奥丁与琳达之子亦名“Wali”，当为同名者。本书以“瓦利”译洛基之子，以“瓦力”译奥丁之子。——译者注

PART 10

其他阿萨神灵

韦达

战斗结束了，阿萨和恩赫里亚坐在瓦尔哈拉神殿内，喝着角杯中的蜜酒。脚步声响起，韦达来了，诸神热烈欢迎。

“嗨，韦达。”圣歌手布拉吉招呼道。聪明的传令官赫尔莫德亦说：“嗨，韦达，你这个强壮的守卫，每次危险你都来帮忙！喝下这杯金酒吧，敬你！”

他表示感谢，一饮而尽。他看上去非常严肃，极少说话。奥丁示意他走上前来，他走向大厅时，诸神觉得他伟岸高贵。他的长剑在身侧铿然有声，他右脚上的铁鞋踏着地面，发出动听的声响，回荡在开阔的大厅中。

“韦达，我沉默的儿子，”诸神之父说道，“有一天，你会成为复仇者、胜利者和复兴者。来吧，跟我到米密尔泉，我们到泉水深处，看看诸神和人类隐藏着什么秘密。”

一身戎装的奥丁站起身，寡言少语的韦达紧随其后。他们穿过仙宫，赶往米密尔泉。那里坐着命运三姐妹，一群天鹅悄无声息地绕水环行。

奥丁要求诺恩们说一句至理箴言。

只听三姐妹依次说道：

“提早开始！”

“继而纺织。”

“终会完成！”

然后沃德作了总结：“心怀喜悦，再次获胜！”

此后三姐妹起身齐声说道：“光年流转，推移变迁。过去与未来，逝去又开始，生命终结之处又相遇。圣父如

韦达（左）与奥丁

于威格里德战场陨落，他会再显身于韦达这个复仇者与胜利者，重生在幸福大厅里。”

三姐妹说完之后，宇宙树的树叶沙沙作响，悦耳动听，老鹰栖在最高枝上放声高歌，唱着暴风之歌或是胜利之歌，同时拍打着翅膀，巨龙尼德霍格抬起头来，忘了啃咬树根。

与此同时，另一个见证人出现了，它就是女巨人格丽德，韦达的母亲，她在托尔欲渡维穆尔河前往盖洛德的庄园时，把自己的腰带、手套和拐杖借给了他。

“快乐的母亲！”奥丁庄严地说道，“你曾经与我结为夫妻，待威格里德战场上硝烟散尽，苏尔特尔的火焰熄灭之后，你也会和你的儿子死而复生。”

三人心里全都充满喜悦，抬头看着神圣的宇宙树，树叶沙沙作响，悦耳动听，周围的所有生物都在凝神静听，就好像在欣赏某种神奇的音乐，个中讲述的不是死亡，而是永恒的变迁。

韦达穿过四季长青的绿草地和永不凋谢的灌木丛，朝家走去。他很快到了掩映于树林之中的伟宫。他登上装饰着花环的王座，像以往一样沉默无言，思考着生命的谜底。无限是何时以及如何形成的？它为何要继续？它会怎样以及何时终结？这些问题困扰着古往今来的智者，他们千方百计试图解决这个问题，然而没有得出满意的答案，因为对于永不停歇的好奇心来说，这些答案太过有限。他们只是找了一些他们无法解释和无法理解的字眼：永恒的（Eternal）、永久的（Everlasting）、无限的（Immeasurable）。听上去是多么壮丽辉煌，然而有限的心灵理解不了无始无终的广袤深渊！孩童似的信仰，和圣诞星一起升起，就像美丽的黎明，带给渴求真理的灵魂以安宁。因为“尽管所有事物都在回环变迁，在那变迁之中，依然保持一颗平静的心”。

这则神话没有告诉我们沉默的韦达是否找到了谜底，因为他像坟墓一样沉默。不过他勇敢地奔赴威格里德战场，相信诺恩女神和他父亲所说的话。我们看到这个神灵象征了取之不尽的自然力量，即使已成枯树，也会发出新枝，开出新花。

飞毛腿赫尔莫德

阿萨之王奥丁坐在宝座之上，忖度着过去未来之事。他看到高贵的血液在流淌，不过一切看上去晦暗不明，就像雾中的大海，当他问及这个问题时，诺恩女神三缄其口。

他的儿子，聪明的传令官赫尔莫德，站在他面前，准备将他的法令传达给诸人。奥丁示意瓦尔基丽，她们迅速披戴上盔甲，抓起长矛和盾牌，武装起勇士，准备奔赴战场。

“起身吧，我的儿子，”奥丁说，“跨上宝马斯雷普尼尔，沿着寒风路骑行，穿过冰冻的湖泊、河流和群山，直到野蛮的芬兰人的地界。沼泽里面有一处阴暗的居所，你在那里会找到强盗罗斯提奥菲（Rosstioph，马贼），他用魔法引诱行人，然后用魔绳捆住，杀死他们，洗劫一空，抛尸大海。他知道未来之事，用魔杖强迫他告诉你。”

于是赫尔莫德放下长矛，拿起魔杖加莫班特林（Gambantrin），跨上宝马斯雷普尼尔，一路疾行赶往芬兰，寻找住在沼泽地里阴暗居所的罗斯提奥菲。

强盗看到远处有个骑手疾驶而来。他用魔法诱使骑手来到近前，布下了无形的陷阱。幽灵般的怪物张牙舞爪地向赫尔莫德袭来，他手挥魔杖，将其击退。斯雷普尼尔越过了所有的魔法陷阱。强盗又变身为巨人发起攻击，赫尔莫德用魔杖把他打倒在地，用强盗的绳索捆住他的四肢，紧紧勒住他的咽喉，他哀求饶命，愿意说出赫尔莫德想知道的事儿。

于是赫尔莫德解开绳索，他立刻念动可怕的咒语。霎时太阳隐迹，天空黯淡，大地震颤，暴风呼啸，鬼哭狼嚎，令人胆战心惊。

“看那里，”那个芬兰人指着沼泽地喊道，“你想要的答案马上就出现了。”

赫尔莫德看到血流成河，染红了整个地面。出现了一个漂亮的女人，然后她身边又多了一个小男孩；他一夜之间长大，手持弓箭。

“阿萨之王将会爱上塞尼亚人琳达，她会给他生个儿子，那个孩子会为死去的哥哥复仇。”

罗斯提奥菲说完之后，赫尔莫德返回仙宫，把他的所有见闻告诉了奥丁。

赫尔莫德执行了奥丁的诸多使命，这些使命常与战争有关，他因此被视为剑神。事实上，他被认为与宇宙神伊尔明或赫蒙（Hermon）有关。相反，在盎格鲁－撒克逊人中，他被视为和黑暗的霍德尔是同一人，霍德尔造成了仙宫最大的灾难。

Hermöd til Heliar reyd
Les XLIII. Eddu, dæmisögu
Balldur hin Godi
Sulltur

赫尔莫德骑马（《冰岛手稿》）

瓦力/阿力，斯克夫

瓦力或阿力是奥丁和琳达的儿子，如罗斯提奥菲所预言，他将会为巴尔德尔复仇。我们在论及《巴尔德尔之死》的美丽诗篇时，还会遇到这位神灵，因此这里约而言之。琳达意为外壳、冰冻的地表，天神奥丁向她求爱很长时间而未果，正如要经过漫长的严冬，方能迎来暖春，并且只有拿到夏天的魔杖时，才算完全取得胜利。因此，奥丁告诉她温和的天气可以举行战事，她不理不睬。奥丁送给她艳丽的花环和金色的谷穗，亦是毫无成效。最终，他不得不使出法力，逼她就范。在《埃达》中，她的儿子叫瓦力或阿力；根据丹麦历史学家萨克索的说法，他是博斯（Bous）、布伊（Bui）或布维（Beav），亦即农民，在诸神取得胜利之后，他走出黑暗的小屋，重又在大地上耕种。

瓦力的神话相当程度上变成了英雄短歌。下面我们讲述一个源出于此的故事。

从前，许多人聚集在石勒苏益格[①]附近的盎格鲁海滨上。一艘小船正出没于起伏的波浪中向他们驶来。轻风吹动着白帆，然而船上既没有掌舵人，也没有舵手，就连船员也看不到。只见船头上绑着一个盾牌，像太阳一样闪

① 石勒苏益格（Schleswig），地处北海与波罗的海交界，曾为重要的商贸枢纽，连接东欧、北欧、莱恩河畔及大西洋沿岸各地区的中转站。石勒苏益格曾一度是依附于丹麦王室的公国。1864年在普丹战争中被普鲁士占领，后并入德国。1920年，德国战败，经过公投，石勒苏益格的北部归于丹麦，南部归于德国。——译者注

烁，尽管不是血红色的，但它却预示了敌人的到来。

甲板上仿佛站着一位聪明的领航员，小帆船绕过港口的海角，直直地驶向陆地。人们看到甲板上有一个玉米捆，上面躺着一个刚出生的婴儿，玉米捆周围装饰着金银财宝。小男孩坐起来，亲切地看着周围的人们，所有人都异口同声地说："他是神的孩子，我们要把他带回去抚养长大，他会成为我们的国王。"

他们这样做了。小男孩长得强壮机敏，很快成为伙伴中的佼佼者，学会了尊重收养他的自由民的法律条令，并且以其聪明睿智赢得众心。

待他长大成人之后，自由民将他举到一块盾牌上，说道："你会成为我们的国王，因为在你的治理下，我们的生活会更加富足，会好于我们目前的共和状态，你将被称为斯克夫（Skeaf），因为你是躺在玉米捆上来到此地的。"

新国王英明而公正地统辖着这片国土，诸神的恩宠陪伴着他，此地五谷丰登，国富民强。不管是在朝堂还是在集会，他的决断皆让人们充满敬仰，由此人们将他视为父亲一般爱戴。他的声名远播四方，国外的君主都找他来调停争端。没有一个外国人敢向他宣战，也没有一个维京强盗敢侵袭他的海岸。他的子民安享着平和富足的生活。

是时候离开这个世界了。他让忠实的朋友再次把他放到小帆船的玉米捆上，身边摆上他初来时的珠宝，这样他就可以回他的故土了。

国王的尸体被放在了小帆船的一个玉米捆上，头部戴着花冠，他初来之时带的所有饰物都像从前那样摆设着。一阵轻风吹过，将小船送到了精灵的国度，遥远的光精灵之乡，那是他出生的地方。其间，他忠实的朋友们站在海边，为失去了他们的好国王而悲泣不已。因为每当亲密的朋友离世时，人们总是哭泣。

在他离开之前，斯克夫向悲伤的人们承诺，会从那个幸福的家园派遣他的儿子前来治理这个国家。我们从丹麦和盎格鲁－撒克逊的传说中获知，他信守了诺言。不过，他的儿子没到盎格鲁，而是去了好战的丹麦。

巴尔德尔和霍德尔

巴尔德尔形象俊朗，轩轩若朝霞举。甘菊花被称为巴尔德尔的眉毛，即因其鲜亮纯洁。他以善良、纯真和正直著称，他的滔滔雄辩令人折服绝倒，在他的宫殿宽宫中，一切事物都纯净无染，从不会出现恶行，也没有任何不公之事。那是一座神圣的居所。

巴尔德尔至爱的妻子是奈普（Nep）的女儿南娜，按照乌兰德（Uhland）的说法，乃是巴德（Bud）[①] 的女儿布鲁瑟姆（Blossom）[②]。她亦是诸神和人类的开心果，深爱她的丈夫，即使在他过世之后依然如此。

有一个故事提到，南娜是挪威格瓦尔（Gewar）国王的女儿，霍德尔是她的义兄弟。他们皆由格瓦尔抚养长大。有一次，霍德尔参加完他的朋友赫里戈兰（Heligoland）的赫格尼（Helgi）国王与芬兰的托拉

① 意为萌芽。——译者注
② 意为开花。——译者注

（Thora）公主的婚礼往家返时，在雾中迷了路，他误闯进三个树精灵的房子，她们招待了他，送给他一套盔甲，此外提醒他一定要当心奥丁的儿子巴尔德尔，还说他开始会赢得胜利，但是此后会被打败。

回家之后，他发现巴尔德尔已经见到了南娜，并且爱上了她，已经向她求婚了。国王回复说阿萨和凡人之间不应该结合在一起。巴尔德尔跑回了家，威胁说要施以报复。

闻听此言，霍德尔说他不怕阿萨，请求格瓦尔把南娜嫁给他。国王说他爱他的养子，不过巴尔德尔所向无敌。不过，如果霍德尔能够得到木魔米姆灵（Mimring）的魔剑，他就可以娶南娜，因为魔剑在手，巴尔德尔的胜算就不大了。

经历无数艰难险阻之后，霍德尔终于打败巨人，拿到了他的宝剑，还有一个奇异的金手镯，金子的厚度每天都会增加。

霍德尔的英雄事迹，以及他抢到手的宝剑和手镯，传遍了每片土地。撒克逊公爵盖尔达（Geldar）亦听说了，他集结起军队和船只，准备前往争夺财宝。霍德尔驶入海中，严阵以待。开战之前，盖尔达举起白色的和平盾，以示他想和霍德尔谈判。短暂的会谈之后，盖尔达和霍德尔达成和平协议，并且结成同盟。就在他们设宴欢庆之时，探子来报，巴尔德尔已经乘船前来挑战，意在抢夺美丽的南娜。他们赶快前往应战，赫格尼在半路亦加入进来。

一场恶战开始了。米姆灵的宝剑在霍德尔手中如光焰飞舞。霍德尔冲到战事最激烈的地方，树精灵送给他的盔甲庇佑他安然无恙。他奋力厮杀，一个又一个敌人丧生于他的剑下。不过，由于敌军阵营中有强大的托尔，盖尔达和更多盟军被他们杀了。经过殊死搏斗，霍德尔成功地解除了托尔的武装。敌军见此惊恐不已，丢盔弃甲地狼狈逃窜。就连巴尔德尔也胆怯地逃离战场。然后，霍德尔下令，要为阵亡的朋友与敌军举行盛大的葬礼，不过他首先做的，是把他的结义兄弟、撒克逊公爵盖尔达的尸首安置到一个墓地里。霍德尔赢得战争，并且占领了丹麦和瑞典。

别的版本提到，霍德尔那时已是丹麦国王，战争发生在西兰岛的罗斯菲尔德（Roesfild）附近。彼处巴尔德尔的井、港口和海峡（波罗的海），仍能使我们想到当时的情景。丹麦的有韵编年史中确也提到巴尔德尔于此地被杀，葬身海峡。

从中可以看到，说书人和诗人是如何构思了巴尔德尔和霍德尔的神话，如果给出一个更为现代的起源的话，他们就会将之视为夏天和冬天之间的战争，冬之神在秋末赢得了胜利。

战后，霍德尔迎娶南娜，他们共同度过了一个幸福的冬季。

冬尽春来，巴尔德尔恢复元气，他重整旗鼓，为了可爱的南娜，准备再次战斗。

又是一场恶战，昼夜不休。尽管有米姆灵的魔剑，霍德尔还是输得很惨。他最后逃到日德兰，蛰伏在那里，等着集结好新队伍，卷土重来。

一天，他在树林中散步 ，看到了送给他盔甲的三个树精灵。通过她们的马头和盔甲，他认出她们就是瓦尔基丽。他责备她们说，她们曾预言过他会否极泰来，结果他

THE GERMAN MYTH—BALDER.

巴尔德尔

还在背运倒霉呢。她们答道:“开始胜利，接着失败，是我们所许诺的。现在你该时来运转，轮到好运了。你只有拿到能够提升巴尔德尔力量的食物，米姆灵的宝剑才会刺伤他的圣体。晚上，有三个女人身着黑装，头裹黑纱，为他准备增加力量的食物。”

说完这些话，她们连同房子，都在他面前消失了。

霍德尔独自站在黑漆漆的松树林中，心中燃起新的希望。他走进山谷，号令那些忠实的部属团结起来，他们成群结队地集结过来。他很快就发现自己领导了一支大军，于是他准备一战，此时巴尔德尔也已作好战争准备。巴尔德尔对他的胜利并不满意，因为他并没有赢得可爱的南娜的芳心，他没能把她带到她原本的家——温暖的南方。

如之前那样，战争持续了一整天，天色太黑视线模糊时，双方才休战。霍德尔难以入睡，他在第三次夜巡时站起身，想看看敌营的动静。忽然，他看到三个女人身着黑装，脸罩黑纱，匆匆地穿过树林。他跟了进去，走到了她们的屋里。他伪装成一个吟游诗人。她们递给他一把竖琴，他边弹边唱起了动听的歌声。他看到几个女人准备了一些稀粥，然后捉着几条蛇放到上面，待蛇死后掺进粥里。

“那肯定就是增强巴尔德尔力量的食物了。”他想。于是他要求送他一些粥，作为他献唱的报酬。三个女人凑到一起商议，一个不同意，另两个认为送给陌生人一点粥问题不大，只不过会让他吟唱得更好。所以她们同意了他的要求。

他接过盘子，以最快的速度喝掉稀粥，马上就觉得一股不同寻常的力量充满全身。他感到强大无比，能够挑战所有的阿萨了。

三个女人想阻止吟游诗人离开，自然是不可能的。他冲到屋外，刺骨的北风刮得正紧。他在黯淡的晨光中匆忙赶路，不想迎头碰到他的死敌。二人立即动起手来。一个依仗盔甲，一个靠着神性，全都只攻不守。不过最终，巴尔德尔的臀部受到一计重击，受伤倒地，米姆灵的宝剑穿透了他的身体。霍德尔赶快跑回军营，将战况通报给自己的队伍，让他们投入战斗。

不过，巴尔德尔只是负了伤，并非霍德尔所想的那样已经死了。他躺在担架上，被抬到可怕的战场。直到夜幕降临，双方才鸣金收兵。深夜，赫尔来到巴尔德尔的床边，告诉他，他会在第二天去她的王国，她已经准备好一场宴会欢迎他的到来。她的预言成真了。

巴尔德尔那些悲伤的朋友为他举办了隆重的葬礼，把他埋在一处高大的坟茔里，诸神以神奇的符文献祭并保护这个地方。

霍德尔重新得到了王国的领地，不过他回不到他心爱的南娜身边了，由于奥丁和琳达之子博斯（Bous，“Bui”即农民）在次年春天进兵于他，在战争中将他杀死。因为他弄丢了树精灵送给他的盔甲，并且找不到身着黑衣的女人乞要神奇的食物了。

在这个故事中，我们看到了白天和黑夜、夏天和冬天相争的自然神话。此外，格瓦尔意指春天（从“战争”的拉丁文“ver”而来），他是南娜（开花）的父亲。此一神话的原始意义已被忘却。《埃达》所记载的几乎都是关于光明之神的死亡和南娜对他的爱情，以及季节的转换和诸神的黄昏的到来。

凡赛提

在弗里西兰的土地上有十二个人，以睿智和正义知名，他们被选为法官。这些人被称为阿萨根（Asegen），亦即长老，他们在国内各个地区走动，根据古代法律与特权，决策疑难问题，调停纠纷。人们常说，弗里西亚人和他们的第一位长者是从巴尔德尔的儿子凡赛提那里学到治理国家的法律的。他教给他们公正的法令的地方是一座小岛，现在被称为赫里戈兰（Heligoland）或圣地，那里的船员的身材及行为方式会表现出弗里西兰血统。

根据北欧神话，凡赛提是巴尔德尔和南娜的儿子。公正是凡赛提最典型的特征，他的公正来自判决的清晰与纯洁。他会一整天坐在他那金柱银顶的明宫大厅里面，解决争议，调解争端。可以说，他的公正是他父亲所表现出的唯一属性，恶狼开始崛起，邪恶力量越来越占上风，世界之战到来，诸神的审判开始，北欧信仰的大戏告终，他似乎随之从阿萨和人类世界消失了。

PART 11

世界末日来临的征兆

黄金时代

吟游诗人的诗歌向我们讲述了黄金时代，那是一个儿童般天真无邪的幸福时光。那时，绿野上还没有人类，阿萨是那里的居民，他们自由自在，心想事成。他们的过去没有痛苦，现在没有困难，未来也没有危机。他们每天都过着无忧无虑的快乐生活。他们建造粮仓，制造锤子、钳子、铁砧和各种各样的工具。他们锻造金属，雕刻木头，他们制作的所有东西都很漂亮。他们有大量金子，他们用金子制造家用器具。他们并不知道这一金属的价值，他们喜欢它，只是因为它看上去赏心悦目。他们将这段快乐的时光称为黄金时代，乃是因为生活无忧无虑，而非他们占有了大量财富。他们为自己建造房屋和圣地，他们在庭院和艾达的场地上用金盘玩着欢快的游戏。他们既不喜欢金钱，也不意欲占有，亦不希望损人而利己。

他们闲玩似的创造了大量侏儒族，侏儒们在地下采掘，将埋藏的财宝挖上来。诸神贪婪地看着闪闪发光的财宝，于是，黄金时代，天真无邪的时代，宣告结束了。

此后，邪恶的女巫古尔维格（Gullweig）出生了。阿萨三次将她扔进熔炉里，每次她都变得比此前更加奇幻迷人，因此她的整个灵魂都充满了贪欲以及其他邪恶的欲望。

罪恶

可能是古尔维格造成了阿萨和华纳之间第一场战争。她游走于两军阵营，不断挑起事端。不过幸运的是，和平很快达成。诸神开始觉醒，他们意识到了面临的危险。他们看到遥远的巨人国里的山巨人和霜巨人，看到他们的数量快速增长，看到他们建好了前往米德加德的通道，虎视眈眈地观望着美丽的仙宫，对那里的宫殿、芬芳的果园和如锦的草地垂涎不已。

海姆达尔是个忠诚的守卫，不过阿萨仍然不能完全放心，唯恐他有疏漏。于是他们在议事厅集会，商讨如何最好地确保安全。他们认为，最保险的计划是围绕仙宫建造一座高及天空的城墙，其上安置坚固的大门。

就在他们讨论如何最好地执行计划时，来了一个又高又壮、面目可憎的人，毛遂自荐说自己能在三个冬天，单凭一己之力建成城墙。他说自己是个铁匠，技艺精湛，通晓建造技术。他开出的条件是把圣洁的弗蕾雅许配给他为妻，并且把太阳和月亮送给他，以便他工作时照亮。阿萨犹豫不决，不过恶棍洛基对他们悄声说道，可以答应工匠的要求，不过要让他在一个冬天完成任务。此人同意了这个条件，说他愿以项上人头作保，在指定时间完工，不过需要他的马儿斯瓦迪尔法里（Swadilfari）的帮助。诸神又犹豫了，不过洛基坚称他们应该答应，因为一头牲口不会有多大用处。

协议最终达成，双方以黑暗赫尔、雷普特[1]洪水和原始冰川之名发了圣誓，双方谈妥的条件都应忠实履行。

冬季第一天，建城工作开始。阿萨们看到筑城者的马儿驮着巨大的岩石，行动如风，跑到主人需要的地方。城墙建得飞快，坚如冰川，像擦亮的钢铁一样光滑闪烁。冬季行将结束时，城墙也快建好了。

只剩下大门没建了，离夏季还有三天，用三天时间修筑大门，这对铁匠来说相当容易。

诸神又焦虑不已地凑到一起，如果铁匠把弗蕾雅以及太阳和月亮都带走，那么美丽和芳香就会从仙宫消失，而世界将陷于永恒的长夜之中。

许多神祇都盼望强壮的托尔能够在场，在和铁匠签订协议时，托尔到远方和各色怪物激战去了，此时仍然未归。他们坐在各自的座椅上，试图找出一条解决困难的方法。他们互相询问是谁唆使他们与铁匠签约的，所有人都知道那是所有邪恶的始作俑者、虚伪狡猾的洛基。他们将他团团围住，责骂并威胁他。

他们喊道："如果他不能帮我们摆脱困境，就让他羞辱地死去。"

洛基颤抖着许诺说，他会阻止铁匠完工，因此便可收回他的报酬。

第二天，当铁匠带着斯瓦迪尔法里到山上拉建造城墙用的木石时，一头母马嘶叫着朝他们冲来。斯瓦迪尔法里立刻向它奔去，将马车和马具踏得粉碎，随着飞驰的母马穿过树林和草地，气喘吁吁的铁匠在后面追着。这场追逐

---

① 雷普特（Leipter）为海姆冥界的一条冰河。——译者注

持续了一天一夜，等铁匠最终逮住马时，他们全都精疲力竭，第二天干不了活了。

当天晚上，铁匠查看着城墙，他知道无法按时完工，心中暴怒。他斥骂阿萨弄虚作假，通过欺骗手段夺走了他的报酬。他威胁说要通过武力夺取仙宫，举起巨石和大树毁掉仙宫和其中的居民。阿萨现在知道他是一个巨人了，他们居然把他们的死敌放了进来。他们大声呼叫强壮的托尔前来抵抗巨人。

电闪雷鸣，大地震动，托尔站在了阿萨和愤怒的巨人之间。他一眼就认出了巨人，掷出的米约尔尼尔击碎了巨人石头一般坚硬的膝盖，碎骨片向四面八方飞去。巨人的黑暗灵魂沉入冥界，那正是它的居所。

后来，引诱斯瓦迪尔法里的母马产下一头八足马驹，这头马驹便是斯雷普尼尔，长大之后成了奥丁的坐骑，他载着诸神之父风驰电掣地穿行于空中和海浪之上。不过阿萨有了罪，他们毁弃了誓言，他们原本宣誓不耍任何花招，履行和铁匠的协定，巨人控告他们背信弃义。他们的诱惑者便是洛基，正是他变成了母马，引诱斯瓦迪尔法里不再干活，因而阻止了城墙的完工。

伊都娜的出走

美丽的伊都娜在宇宙之树的绿枝中搭建了一个空中小巢。她每天晚上都和心爱的丈夫布拉吉在那里共度良宵，他用歌声取悦爱人。森林里的鸟儿加入了他的歌唱，他们的音乐是如此甜美，就连严肃的诺恩三女神也为之动容。

所有的生灵都在酣然入睡，伊都娜汲取注入了奥丁带回的神圣蜜酒的泉中之水，喷洒宇宙树。由此，宇宙树常年鲜绿。泉水和蜜酒都被呼作奥德罗利尔，它是灵感之泉，巨人君洛特曾将它藏在一座山中，奥丁为了神和人的需要将它取了过来。此泉类似伊都娜的苹果，喝下之后能让人更加年轻漂亮，它和沃德泉水一样，诺恩女神用它浇灌宇宙树。多年以来，在诺恩和伊都娜的照料下，宇宙树保持着繁茂虬劲。布拉吉为妻子和世界歌唱，不过罪恶玷污了阿萨和人类，神圣的誓言被破坏了，真理、信仰和对神的恐惧都已烟消云散，到处都能看到杀戮和战争。宇宙的毁灭越来越近了，恶狼芬里斯咬着铁链，准备将其挣断。

坏日子到了。有一天晚上，听不到布拉吉和鸟儿的歌声，宇宙树的枝叶低垂，已经枯萎，奥德罗利尔泉好像已经干涸。第二天早上，阿萨被这些异象吓倒，赶快找伊都娜打听是怎么回事，却发现她已从树上掉到了劳韦（Norwi，夜晚）之下幽深黑暗的峡谷里了。泉水确实干了，每个绿色生物都有枯萎凋谢之虞。

于是，奥丁派他的渡鸦胡根外出寻找这些厄兆的意义。这个信使快如思想，飞过广阔的天空，下遁到了侏儒王国，戴恩（Dain，死亡）和斯莱恩（Thrain，死尸）都知道将要发生什么。不过他们都陷入了迷离的沉睡，他们嘟囔了一些不成串的词语，都是关于即将到来的恐慌和大火。阿萨不知如何是好，眼睁睁地看着所有的生物和宇宙树慢慢地枯死。他们将一块如冬雪般洁白柔软的狼皮铺到伊都娜悲痛地躺着的深渊上面，她再也看不到宇宙树上的幸福家园了。诸神之父派出忠实的守卫海姆达尔、狡猾的洛基和悲伤的布拉吉前往询问美丽的女神伊都娜未来之事。几位使者路上遇到了无数狼人，最终到达了伊都娜躺着的地方，她看上去苍白而悲伤。他们急切地问她未来会发生什么事，然而她只是以泪洗面，不发一言。

海姆达尔和洛基满怀忧伤，返回仙宫，布拉吉则留了下来陪伴他的妻子，这样她就不致伤心而死。使者回来之后，阿萨聚到一起商议如何应对。不过他们两个太累了，需要休息，于是诸神之父宣布散会，次日再议。

第二天早上，奥丁睡醒之后，看到弗丽嘉坐在床边哭泣。她说，他们受人爱戴的儿子巴尔德尔梦见苍白的赫尔走近他，要带他走。她说这些时，嘴唇不住地颤抖。强大的奥丁打起精神，他知道如何去做了：他要寻找冥界的智者，他一定会知道宇宙和阿萨将会面临怎样的事情。

这是我们从《奥丁的神奇渡鸦》这首短歌中所了解的事情，它描述了秋季或初冬的开始。女神伊都娜会在春天重新崛起，给死亡的树叶和花朵带来新的生命吗？抑或她的离去宣示了最后之战即将打响，苏尔特尔的火焰剑就要大开杀戒？这些问题萦绕在奥丁的脑海之中。

有一位作家认为，诗歌中所提及的事件指的是奥斯宁（Osning）的一次反常的干涸。间歇泉和一些溪流形成了布勒伯恩（Bullerborn）河，它自1630年以来从未干过，那次却断流很长时间。不过，需要记住，在考虑这一有趣的假设时，一位北欧吟游诗人翻译了原初的撒克逊诗歌，或者毋宁说重新提出了它的观念，他在做这件事时，一直思考着伊都娜的出走，以及万物的凋谢和死亡，预示着最后之战的到来。

PART 12

巴尔德尔之死

召唤瓦拉

如神话所示，当夜晚母亲像往常那样沉到迷雾之国尼夫尔海姆，明亮闪烁的白天便紧随其后出现。他的金鬃马拉着耀眼的战车穿过上空。忽然升起一片灰暗的薄雾，遮住了明亮的马车。太阳悲伤地看着中庭和仙宫，好像在穿过一道厚厚的帷幕，好像在哀悼某种可怕的灾难。一层浓雾笼罩宽宫，已看不到它那金色的屋顶和城墙。诸神惊慌失措地聚到一起，讨论伊都娜的出走和巴尔德尔的噩梦。他们摇晃鲁纳符文掷了出去，上面赫然预言着死亡。阿萨充满恐惧，不过奥丁一脸庄严地站起来说："我不能清楚地预测将要发生的事，不过我要把瓦拉从死亡之国召唤出来，对于未来之事，她会告诉我更加确切的答案。"

然后，他骑上斯雷普尼尔，速度快如雄鹰，朝北方的尼夫尔海姆奔去。

诸神围在一起，商议了各种各样的方案。似乎最好的办法就是让所有的生物，甚至通过魔力迫使所有的非生物，都发誓不伤害巴尔德尔。

光明之神焦虑不安的母亲弗丽嘉亲自承担了这个任务。她的行动如太阳越过天空一般迅疾，奔走于各个国度。所有的凡人、巨人、光精灵、水精灵，甚至躲在暗处的黑侏儒，都庄重宣誓，不会伤害人人爱戴的巴尔德尔。树木和植物，石头和金属，也保证不会伤害巴尔德尔。

与此同时，奥丁骑马穿过黑暗的峡谷，进入尼夫尔海姆地界。一条张着大嘴的狗儿从冥界走了出来，嘴里的鲜血滴到了脖子和胸脯上。奥丁经过它时，它站在一旁，向他狂吠。奥丁匆匆地奔向这个黑暗王国的东门。他在那里找到了死亡已久的瓦拉的坟墓。他翻身下马，来到坟前，坟上有一块石碑。他念动咒语，那是一首能唤醒死者的歌曲。

“醒来吧，瓦拉，从死睡中醒来吧！你休息得够久了，从坟墓里出来吧！我要用我的魔杖对着你的住处敲上三下，你就知道除非你如实回答我的问题，否则你在床上再无宁日了。”

说完，他用魔杖敲了三下坟墓，只见地面晃动，石碑下沉，坟墓张开了口，苍白的瓦拉身穿寿衣走了出来。

“谁啊？”她声音空洞地问道，“谁打扰了我的休息？多年来，大雪盖住了我的床，雨水和露珠把它打湿。我早已死了。”

奥丁回答：“我的名字是沃格塔姆（Wegtam，知晓道路者），我是瓦尔塔姆（Waltam，精通战争者）的儿子。告诉我，赫尔为谁准备的圆凳金床？”

她答道：“一个闪光的酒杯已为好人巴尔德尔准备好，他必须和赫尔共饮此酒，以此哀叹阿萨的灾难。如果强迫我说，我会告诉你即将到来的灾难。求你别让我说了。”

“你必须说！”奥丁喊道，“一定要给我说清楚。是谁把战争之神的儿子送进赫尔的黑暗所在的？”

女智者沮丧地说道：“兄弟把他送到那里的，黑暗之神将会送走光明之神，霍德尔会把战争之父的儿子送进赫尔的王国。强迫我说，我只好把即将到来的不幸告诉你，求你别让我说了。”

诸神之王看惯了未来之事，面无惧色，站定身形，继续询问瓦拉。他问谁会为巴尔德尔复仇，让凶手杀人偿命。她告诉他，奥丁将和琳达生育一个儿子，孩子会在一夜之间长大，他不洗手，也不梳头，直到将凶手送到火葬场。所有生物都会为人人爱戴的巴尔德尔哭泣，只有一个妇女除外，奥丁又打听这个妇女的名字。

“你不是沃格塔姆，”她喊道，“你是奥丁，你知道所有的事情。回仙宫老家去吧。你用强大的鲁纳文唤醒了死者，让她对你开了口。任何人都不能打扰我的休息了，直到洛基重获自由，诸神面临死亡之时。”

我们几乎将这首恐怖而美丽的诗歌完全描述出来了，尽力使一些模糊的地方写得更清楚，并且抹除了一些差异。诗人可能看到白昼变得越来越短，太阳已很少出现在远北的地平线上，寒冷的霜雾覆盖了大地和海洋。这些迹象告诉他冬天即将到来，光明之神就要故去。奥丁对将要发生的事情有所预感，不过他只有到冥界才能得到确切答案。所以诗人让他沉到那里，询问死去多年的瓦拉。

诸神的绿色家园再次有了笑声。巴尔德尔的生命似乎有了保证，所有的生物和非生物都立下誓言，不会加害于他。谁会伤害这个亲爱的人，宇宙之光呢？阿萨开起了玩笑，他们朝巴尔德尔投金球、射弓箭、掷长矛、扔钝器，以之取乐，不过这些东西都接触不到他那神圣的身体。在它们靠近他时，好像有一股无形的力量把它们推到了一边，因为所有的事物，包括木头、金属和石头，都发誓不伤害他。

阿萨们又用锋利的武器做实验，他们欣喜地发现结果依然如此。巴尔德尔看到瞄得再准的利剑也碰不到他，长矛、石头和弓箭亦是如此，不由得放声大笑。

弗丽嘉坐在海宫的金色大厅里，听到外面的吵闹欢呼声，想知道是怎么回事。就在这时，一个老太婆拄着拐棍，一瘸一拐地走过她的门前。弗丽嘉示意让她进来，问她外面什么情况。老太婆马上把自己看到的事情详细告知了弗丽嘉，最后提到巴尔德尔笑嘻嘻地站在冰雹般落下的武器中间，把它们当成了鲜花。弗丽嘉念及阿萨的力量，以及她是怎样战胜了降临到儿子身上的厄运，内心充满喜悦。

“是的，”她说，“天上、地上和地下的所有事物都发誓，不会伤害巴尔德尔，这位光明和喜悦、生长和开花的赐予者。”

“你肯定费了很大力气，”老太婆说，“不过，你没想过有必要让花草与其他无害的东西发誓吗?”

“我觉得我亲爱的孩子不会有什么问题了，”女神回答，“我唯一忽视的东西就是长在瓦尔哈拉神殿门口大橡树上的小植物槲寄生。不过实在没有必要担心，它那么娇柔，不会有害的。”

“你是个细心的母亲，”老太婆说，“不过你忽视花朵真是不明智，因为在它们的香气中经常藏着致命的剧毒。不过就槲寄生而言，它只在寒冷的冬天里生长结果，它不会对光明之神有危害。”

说完这些话，老太婆离开王后，继续沿着偏僻的小路，向瓦尔哈拉神殿走去。走到神殿门口，柔弱的槲寄生所生长的大橡树旁边之后，她卸下女人的衣妆，看呐，原来是洛基，他看上去比以前更加恶毒！迄今为止，他只是对阿萨的厄运幸灾乐祸，此前他不时地用阴谋诡计伤害诸神，不过总是被强迫着帮他们摆脱由他造成的困境。不过现在，强烈的嫉妒心驱使他要犯一件恐怖的罪行了。

他画了一些圆圈，口中念念有词，用他的曲拐棍头碰了一下柔弱的槲寄生枝，它立马变得像长矛一样长。他把它从树上扯了下来，砍去了侧枝和树结，使它完全像一根长矛。

“你看上去是如此的娇嫩柔弱，”他冷笑地说道，“让我们看看你比那些愚蠢可笑的阿萨的武器坚固吗？你比受人盛赞的、著名的巴尔德尔强硬吗？”

他来到阿萨面前，发现他们还在像之前那样取笑玩乐。强壮的霍德尔站在一旁，没有参与这场游戏。

“你为什么这么懒惰？”洛基问道，“你是阿萨里面最为强壮的，为了巴尔德尔的荣誉，你为什么不朝他投掷一把长矛呢？”

“我没有武器，我还是个瞎子，”霍德尔答道，“我的世界一片黑暗，无所不在的黑暗。”

“这里有把长矛给你，”恶魔洛基说道，把槲寄生枝递到霍德尔手里，“按我说的做，用尽力气投吧。”

霍德尔照做了，然后——太阳失辉，大地震动——杀人者，弑父者干下了坏事——巴尔德尔被刺穿了，倒地身亡，鲜血流进了黑暗的地下。诸神全都傻了，他们无法接受这个巨大的噩耗，感觉他们自己受到了致命之伤。等他们反应过来之后，有的扑到尸体上痛哭流涕，有的大声追问是谁下的毒手。

“黑暗的霍德尔掷出的长矛。”有人喊道。孤单的霍德尔像往常那样独自站在群情激愤的阿萨中间。洛基撇下他，留下他的受害人一人承受悲伤，这个坏蛋总是这么干。

黑暗笼罩着不幸的霍德尔，黑暗也占据了他的内心。他听到诸神的咒骂和威胁从四面八方传来，刀剑和长矛的碰撞声也进入了他的耳朵。忽然，诸神之父出现在阿萨中间，他严肃而镇定，威风凛凛。他自己的预感，加上瓦拉的预言，让他对眼前的事情有所准备。那是奥尔劳格的旨意，无论神人都不能阻挡。所以，英雄之父奥丁没有怯懦地抱怨，只是承受着悲伤。他看到了诸神之黄昏的到来，尽管毫无希望，还是决定战斗到底，因为人类的英雄只要一息尚存，就会战斗下去。他命令诸神别再吵嚷，别再悲伤，抬起人人爱戴的巴尔德尔的尸体 ，为他穿上干净的服装，准备好火葬场。

奥丁忠诚的妻子弗丽嘉来了，她的两眼哭得通红。不过她现在不再流泪，因为她想到了一个能够挽救爱子的办法。

她问道：“阿萨的勇士们，你们谁愿意前往冥界，恳求冥界女王把宇宙之光巴尔德尔归还给仙宫？谁要是能做成此事，我和诸神之父都会向他致以最高敬意。”

敏捷的赫尔莫德很快领命，愿意前往黑暗王国。他立即跨上宝马斯雷普尼尔，向冥界赶去。

太阳神巴尔德尔及其死亡和重生的神话非常古老。日耳曼民族将其从最初的家园带到了他们移居的北欧土地，并且根据当地严苛的气候和他们习惯了的生活方式进行了表述。太阳神为所有的雅利安民族所尊崇，为他奉上昂贵的祭品，向他祈祷献歌。闪米特人亦是如此。巴比伦人、腓尼基人将他视为庇佑手工和制造、商业和船只的神。阿多尼斯[①]节和罗马人从东方带到欧洲的密特拉[②]的秘教中，对太阳神在夏至之后死亡，冬至之后重生有明显参考，在罗马人居住的某些德国地区中仍能发现密特拉秘教的踪迹。

阿萨们站在巴尔德尔的尸体旁边。人们给他穿上了寿衣，将他放到了他自己的船上。在奥丁的命令下，甲板上堆起了高高的火化用的木头，以便每个国土上的人们都能看到火焰。

南娜站在死去的丈夫身边。她的眼里已没了泪水，她

---

① 阿多尼斯（Adonis），希腊神话中的一位美少年，面容如花一般俊美，人神为之倾倒。爱与美之神阿芙洛狄忒是他的爱人。阿多尼斯在一次狩猎中被野猪咬死，由于阿芙洛狄忒的爱感动了冥王哈得斯（Hades），哈得斯允许阿多尼斯一年中有六个月可以回到光明的大地与爱人相聚。阿多尼斯成为永远年轻、容颜不老的植物神，受到女性的崇拜。每年春季，雅典的妇女都集会庆祝阿多尼斯节，届时在屋顶上竖起阿多尼斯的雕像，周围环以土钵，钵中种植发了芽的莴苣、茴香、大麦、小麦等。——译者注

② 密特拉（Mithras），古老的印度 - 伊朗神祇。这一神祇原是雅利安人万神殿里共有的崇拜对象，在伊朗 - 雅利安人和印度 - 雅利安人分化之后，开始向着不同特征发展（阿维斯陀中的密特拉和吠陀中的密多罗）。在印度，密多罗发展出其佛教形式弥勒。伊朗文化的密特拉被希腊 - 罗马文化接受后形成了一种新的信仰：密特拉教。密特拉教是一种神秘主义宗教，是东方与西方文化的奇特混合物。密特拉最初进入希腊人的视野是在亚历山大大帝东征后的希腊化时期，希腊人把他等同于希腊神话中的太阳神赫利俄斯。这个新奇的信仰在前 1 世纪传入罗马，并在罗马进入帝国时代以后迅速扩张。密特拉崇拜在罗马军队中广泛流行，并扩展到不列颠和莱茵河这些帝国的边缘地区，成为基督教的强大对手。——译者注

低声啜泣，浑身颤抖，悲伤之极。引燃木头用的火把点上之后，她满腔悲痛，倒在尸体旁边，脸色苍白，没了呼吸，就像一枝凋零的花朵。

悲伤的阿萨把她放到柴堆上，挨着她的丈夫，旁边是巴尔德尔的马，它必须为主人殉葬。然后奥丁又放上金环德罗普尼尔，每隔九个晚上，它就会生出八个一模一样的金环。他还在儿子的耳边悄悄说了一句话，声音很小，旁边的人都没听到。可能是安慰他，保证会有更加美好的新生活。

人类聚了过来，看着这个悲伤的场面，和阿萨一起，表达他们对可爱的巴尔德尔的敬意。瓦尔基丽出现在了那里，手持长矛，狄斯戴着黑纱；光精灵、树精灵和水精灵也到了。此外，山巨人和霜巨人也来了，就连黑侏儒也来了。

奥丁的渡鸦悲伤地在小船上面盘旋，它们很清楚诸神、天宫和人间失去了什么。小船已停在海边，放在碾子上，在点火之前，要推进水里。不过，由于上面放了太多的木头和成堆的厚礼，太过沉重，根本推不动。山巨人说有个女人叫希洛金（Hyrrockin），住在约顿海姆，能够独立移动山脉，如果有人前去把她接来，她能很快把船推到水里。一个暴风巨人立刻动身找她。她很快就到了，不过不是大家所想的那样由暴风巨人驮着来的，而是骑着一匹巨狼，缰绳是一条可怕的蛇。

她跳下坐骑，轻蔑地看着四周，好像把在场的所有人都当成了懦夫。然后她把她那奇特的坐骑交给四个狂战士[①]，奥丁派他们去牵巨狼。四名狂战士费尽力气才将其抓住，希洛金一下子就把船推到水里了。不过由于摩擦力太大，碾木起了火。托尔大为光火，他晃动米约尔尼尔，要砸到女人头上。所有的阿萨都劝他冷静，都说希洛金是请来为他们做事的，要保证她的安全。托尔按捺怒火，跳上船，手持神锤护佑船只。小侏儒利特（Lit）挡住了他的去路，托尔一脚把他踢进火里，侏儒就和尸体一起被烧了。火焰直冲高空，大地和海洋被照得通红。他们向整个宇宙宣布，纯洁、真爱和正义之神死了，自此以后，他们再也得不到他的祝福。

海边居民在船上埋葬死者非常正常。这是一个非常古老的习俗，在坟墓和火葬推行之后仍然存在。在莱茵河和多瑙河畔的 Allemannes 中，我们仍能发现棺材被雕刻成船形。关于这种埋葬方式有许多故事，其中就有圣・埃梅兰[②]的故事。

诸神之中，只有弗丽嘉对自己儿子的重生仍怀希望。她相信赫尔会被赫尔莫德的求情打动，让巴尔德尔返回上界。神使赫尔莫德已在前往冥界的路上。斯雷普尼尔载着他奔跑了九个晚上，穿过黑暗的峡谷，来到毫无亮光的所

---

① 狂战士（Berserker），也称“狂暴者”，为北欧神话人物。这个词源于古代斯堪的纳维亚语言，意思是“披着熊皮的狂暴者”。在北欧神话传说中，受主神奥丁庇护的战士，能够得到一股拥有熊之精神、狼之勇猛的力量，在战场上会陷入极端兴奋的忘我状态，没有恐惧、疼痛的感觉，忘记流血的痛苦而打击敌人，以超强的肉体疯狂杀敌，身上最多只会穿轻装甲，甚至赤裸上身作战，一直战斗到死。——译者注

② 圣・埃梅兰（St.Emmeran），7 世纪时任法兰克教区主教。——译者注

在。周围一片死寂，只听到马蹄的声音。赫尔莫德终于到了划分生死两界的基奥尔（Giöll）河边。

他刚要踏上横跨基奥尔河的廊桥，女巨人莫德古德（Mödgud，精神冲突）来到他面前，问他意欲何为。

“昨天，”她说，“有一群死人从桥上经过，他们的动静没有你一个人大，除此之外，你的面色不像死人。说吧，你一个活人，找死者意欲何为？”

“我要找巴尔德尔，我亲爱的兄弟，他被杀了。为此我才来到冥界，我要请求女王放了他。如果你见过他，告诉我到哪里找他吧。”

赫尔莫德停下来，女看门人指了指北方，说她曾看到巴尔德尔过了桥，现在应该和赫尔在一起。

赫尔莫德继续勇敢地赶路，最终来到赫尔的住处，四周围着篱笆，不见入口。

因为关乎兄弟的重生，他毫不迟疑。他翻身下马，扎紧腰带，又跳上坐骑，策马扬鞭，奥丁的宝马高高跃起，跳过篱笆，安全落地。

赫尔莫德身在黑暗王国了，他的身边全是灰色的岩石，都像在睁着空洞的眼睛看着他。

他恍如梦中，看到前面有座房子，便走向近前。进到房子之后，他看到冥界女王坐在那里，面无表情，身上佩戴着金银珠宝。她像死人一样苍白，眼睛盯着地面。她冷血无情，因为金色的阳光从未照射过她。她旁边是巴尔德尔，面色苍白，就像他头顶枯萎的花环。他的身边是为爱而死的南娜。他面前有一个盛满酒的金色酒杯。

赫尔莫德走近他，说返回仙宫的事赫尔一定会同意的，因为所有生物都盼着他回去。然而，巴尔德尔摇了摇头，指了一下南娜，仿佛在说："把她带回去吧，她太年轻，不该待在这个黑暗的世界。"她爬到他的近前，小声地说了什么，话音太小，几乎听不见，"死亡和坟墓不能摧毁真正的爱情，南娜（开花）会和带给她生命的人在一起。我会永远待在你身边"。三个人说了整整一晚上。第二天早上，赫尔莫德请求赫尔恢复巴尔德尔的阿萨之身，因为不仅诸神，而且天上地下的所有生物都在追念他。

赫尔从她黑暗的王座上站起来，胸前的金饰和钻石发出一种诡异的光泽，深渊震颤不已。

她以一种单调的声音回答："如果所有的生物都为他悼念，如果所有的生命都为他哭泣，那么，根据永恒法令，巴尔德尔可以复返光明世界。不过，只要有一双眼睛拒绝为他哭泣，他就必须待在冥界。除此之外，别无选择。"

赫尔莫德知道，女王所说的话不容更改。他离开他的兄弟和南娜。二人把他送到门口，巴尔德尔让他把金环德罗普尼尔还给奥丁，因为财富在冥界毫无意义。南娜送给弗丽嘉一件面纱以及其他礼物，送给芙拉一个金环，有一天可以用来打扮美貌的新娘。

神使返回上界和仙宫，把所见所闻全都告诉了诸神。阿萨认为他说的是一个好消息，立刻派遣仆人前往世界各个角落，请求所有有情众生为巴尔德尔哭泣。

所有的花朵和植物都挂着珍珠般的泪水，如同露水从树枝和树叶上落下，金属和石头也渗出潮湿的液体。神使在回家的路上，经过一个黑暗的洞穴，他们在里面看到了女巨人斯洛克（Thöck，黑暗），她长得和赫尔一样可怕。他们请求这个女人流下眼泪，那样光明之神巴尔德尔就可以复活。然而女巨人答道："斯洛克不会为巴尔德尔的死流眼泪。他的死活与她无关，赫尔留下她想得到的东西吧。"

他们只好悲伤地继续赶路，不过有人说他认出那个女人乃是洛基所变。众人心中豁然，认为他说得对。当他们把这个伤心的消息带到仙宫时，诸神放声大哭，他们知道巴尔德尔复活无望了。

光阴暗转，诸神的损失日益严重。每当他们在圣洁的橡树下面集会，都会将复仇挂在嘴边。复仇乃是第一法则，最高职责，最古老的正义，在最早时期就被执行。不过实施起来并不容易，因为霍德尔不在白天出现，只在晚上现身，他的力量在黑夜就会增长。他是瞎子，不能用长矛或弓箭。不过，大家都知道木魔送给他一块护身的魔衫[①]，还有一把可怕的魔剑，任何人都不敢在晚上与他会面。因此，他常常在深夜像幽灵一样溜进偏僻的树林，而不害怕因犯下弑兄罪而惩罚他的复仇者。

一天，一个长着娃娃脸、身形健硕的小伙子来到仙宫门前。他一路前行，好像知道要去哪里，到达瓦尔哈拉神殿之后，他想进去，守卫拦住了他，说道："不梳头不洗手的年轻人不准入内。"

小伙子把他推到一边，直接走进了大厅。阿萨和恩赫里亚惊喜地看着这个年轻的陌生人，奥丁让他走上前来，大声说道："这是瓦力，我和琳达的儿子。他被召来承担复仇的神圣任务。"

---

① 原文为"shield"，即盾牌，不过从下文来看，应为"shirt"，即衬衫。——译者注

其中有位阿萨说道："他这么年轻，怎么可能战胜强大的霍德尔呢?"

"我的确很年轻，我只有一晚上大，"小伙子喊道，"不过我仍然能够战胜霍德尔，就像年轻的五月可以战胜强大的冬天。"

到了夜晚，霍德尔像往常那样沿着他熟知的黑暗道路散步。忽然，他听到一声大喊："杀死巴尔德尔的凶手，注意了，报仇的来了。"

黑暗之神围紧魔衫，拔出神剑，朝发出声音的地方走去。只听到一支箭嗖嗖作响，朝他飞来，紧接着第二支和第三支，最后一支射中了盲神的心脏。弓箭手发出胜利的呼喊，声音巨大，响彻整个仙宫，所有的神祇都跑了过来。

毫无疑问，这是对春天战胜冬天的描述。我们从萨克索那里得知，最初是巴尔德尔本人战胜了霍德尔，不过当巴尔德尔的神话变成宇宙之年的一部分时，春神瓦力被加了进来，并且成为他兄长的复仇者。

PART 13

洛基的审判

收获亚麻的季节到了。阿萨前往奥吉尔的水晶宫庆祝节日。他们仍然沉浸在巴尔德尔离世的悲伤之中，希望借着海洋之神提供的美酒，暂时忘却伤痛。

奥丁头顶金色头盔，天后弗丽嘉戴着星形戒指，弗蕾雅佩戴着美丽的项链布里希嘉曼，金发希芙、布拉吉、尼奥尔德、斯卡蒂、弗雷、海姆达尔、韦达和其他神祇都已到场。只有强壮的托尔缺席欢宴，他外出帮助农民耕田，杀死那些为非作歹的巨人和怪物去了。

狡猾的洛基蹑手蹑脚地溜进大厅，希望尝尝奥吉尔为客人献上的金色蜜酒。不过，他正往前走时，被守在门口的福纳丰①拦住了。

“奥吉尔的客厅里没有为你准备座位，”他说，“快走，到芬里斯的母亲安格波达那里找地方待着。”

洛基闻言大怒，听到阿萨都在夸福纳丰说得好，更是怒火中烧。他挥剑向福纳丰砍去，一下子让他倒地身亡。霎时引起了巨大的骚动，因为不能在圣地实施杀人行径。阿萨们手握武器，恨不得向洛基冲去，不料他已藏身于宫殿附近的一块木头之上。

大厅最终恢复平静。女管家布格维尔（Beyggwir）和贝依拉（Beyla）服侍着客人。她们手中的金属罐设计精巧，未待酒空，便已自行注满，因此她们承担的斟酒任务

---

① 福纳丰（Funafeng），海神奥吉尔的仆人，亦名“Funfeng”“Fima feng”。——译者注

很是轻松。

洛基又回来了。守门人换成埃尔迪尔（Eldir），洛基像个没事儿人一样向他问话。他打听胜利之神在说什么。

“说的是武器和英勇事迹，”埃尔迪尔回答，“不过他们对你没有一句好话。”

“那不错，我要进去和他们聊聊，”恶棍洛基说道，“我要让他们深受其辱，却对我无言以对。”

话音未落，他把埃尔迪尔推到一边，径直走进大厅。忽然，所有人都停下谈话，宴会厅顿时陷入死寂。每个人都愤怒地盯着洛基这个玷污圣地的杀人凶手。不过洛基毫不畏惧，他问是否他们不想为他这个同类准备一把座椅和一杯蜜酒，布拉吉回答说，他们再也不会将他这个恶棍引为一员。

只见洛基转向奥丁，向他说道：“难道你忘了我们在从前歃血为盟，结成兄弟之义，发誓除非二人共饮，否则绝不独酌吗？”

他并没有信口雌黄。诸神之父记得他在很久之前与洛基义结金兰。所以，尽管他的旧日朋友背信弃义，他还是让韦达给洛基准备了一把座椅，并端上一杯蜜酒。洛基就座之后，喝光了杯中之酒，接着说道：“你们好啊，圣洁的诸神和高贵的女神！不过我不明白为什么我口渴的时候，布拉吉却不让我喝酒？”

歌咏王子沉默片刻，然后说他可以献上他的宝剑、马儿和戒指，只要洛基不再为非作歹。洛基回答说，布拉吉并不富裕，宝剑对他也没什么用，他唯一需要的是马儿，遇到危险可以骑着逃跑。布拉吉恼羞成怒，要和洛基单挑。谁知洛基不予理会，不慌不忙地继续叫骂，他中伤

洛基的惩罚（詹姆斯·多伊尔·彭罗斯绘，20 世纪 20 年代）

了所有神祇，就连奥丁和弗丽嘉也未能幸免。弗丽嘉大呼："要是我的儿子巴尔德尔在这里，他会很快让你闭上臭嘴。"

"啊，好吧，伟大的女神，"洛基恨恨地冷笑道，"我要把我做的更多坏事告诉你吗？你知道是我把槲寄生树枝交给瞎子霍德尔，他才把你亲爱的巴尔德尔送到赫尔的地盘的吗？"

阿萨的王后发出一声尖叫，诸神纷纷拔出武器。不过就在他们展开行动之前，一声可怕的惊雷震动屋宇，托尔手挥神锤来到他们面前。洛基转向他，嘲笑他曾躲在斯格里米尔的拇指套里。当霍洛里迪（提供热量者）举起锤子威胁他时，他喊道："我在奥吉尔的大厅里歌唱阿萨的荣耀，不过，毁灭的火焰一旦燃起，这种荣耀很快就要结束。这是他们最后一次喝冷蜜酒了，因为诸神的黄昏就要到来。我要躲开愤怒的托尔，要不命丧他手。"[①]

话音未落，他就变成一条大马哈鱼，跳进水晶宫护城河的激流中了。

阿萨到处搜捕洛基。他们找遍了仙宫和中庭，巨人国和黑侏儒的地下王国，却一无所获。一想到洛基这个恶棍可能会成功逃避，他们就难过不已。

奥丁坐在宝座之上，俯瞰九大世界，他看到一座高山的背面坐落着一间偏僻的小屋，屋子里正是他们要找的人。诸神之父从王位上站了起来，招来身边的阿萨，告诉

① 《埃达》第八首为《洛基的吵骂》，文中，洛基与在场的每位神祇都进行了争吵。洛基巧舌如簧，无耻地揭露或诽谤诸神，斥责男神的怯懦，女神的不忠，以及种种不堪，令诸神莫名尴尬，毫无招架之力。——译者注

他们该到哪里寻找洛基。

亡命天涯的洛基为自己建造了一个奇特的住所，它位于一个悬崖之上，悬崖下面是滚滚山洪。这个居所乃是一个大房间，周围有四扇门，全都大敞四开。他坐在里面，日夜盯着四面八方，查看诸神是否追踪到了他。他毫不悔悟，亦不觉良心不安——他早就将其抛之脑后——他唯一害怕的就是自己作孽多端，遭到报应。他经常变成马哈鱼跳到激流中游泳，觉得没人能够认出他，以此安慰自己。不过恐惧之情让他不得安息，他不信任任何人，就连他的妻子西格恩亦不例外。可怜了这个婆娘，尽管他坏事做尽，她还是深爱着他。

他整天坐在四面敞开的住处，警觉地观望着各个方向。他手里闲不住，做着各种有用的物什，其中就有一张渔网，无人知晓此事。他沉浸到了编织渔网的乐趣之中，完全忘却了所面临的危险。忽然，他的灶台上升起一条火柱，像是在提醒他注意有事要发生了。他抬起头，看到阿萨向他袭来。他赶快把渔网扔进火里，然后冲进瀑布，藏了起来。

骗子和叛徒时常作茧自缚。阿萨在这所空房子里没有找到洛基。灶火已经燃尽，不过房间还很暖和，说明有人刚刚离开。有位神祇十分聪明，通晓鲁纳文，他查了一下灶灰，发现了任何人都看不到的东西，他看出了渔网的痕迹。

“看呐！”他喊道，“这个狡猾的家伙满脑子想着鱼和捕鱼。他编了一张网，然后把它烧了，他变成一条鱼，正藏在溪流中呢。”

格芬看着渔网，马上发现了它的编织方法，在其他神祇的帮助下，很快织出了第二张渔网。他们提着渔网来到瀑布下面的水中。托尔拿着渔网一端，其他神祇拿着另一端，将渔网铺到河流之中。他们拖着网在水中走了一段距离，发现了一条身形巨大的马哈鱼，诸神费尽九牛二虎之力，把它捉了上来。托尔抓着鱼尾，它还在左右挣扎。此时，用石头敲上一下，就能结果它的性命。不过它突然变了形，托尔手中的，正是渎神者、谋杀教唆犯、虚伪的洛基。

阿萨捉住了敌人，欣喜不已。他们将洛基这个恶魔的手脚捆在一起，拖到一个山洞里。他们早按预言所示，为他准备了一个痛苦的安身之处。三块峭岩，一块放到他的双肩之间，第二块放到他的腰部，第三块放到他的膝下。他的两个儿子，瓦利和纳尔韦，被带到他面前，后面跟着哭哭啼啼的西格恩。瓦利变成一头可怕的恶狼，把他的兄弟撕成碎片。阿萨用纳尔韦的筋肉把他犯罪的父亲捆在岩石上，之后，肉锁变成了沉重的铁链。

斯卡蒂负责执行洛基所受惩罚的最后一部分。他将一条毒蛇紧紧绑在洛基的头顶，蛇嘴里流出的毒液正好滴在洛基的脸上，让他痛苦不堪。此后，诸神返回仙宫，仙宫已非旧日的绿色家园，因为那里再也不是四季常春，所有东西都在变化。

只有一个人同情洛基这个罪犯，那就是西格恩，时常受到粗暴无礼对待的妻子。她没有离开他，而是留在他身边，在他头顶举着一个盘子，接着毒蛇流出的毒液。每当毒液满盘，她只好拿到旁边倒掉，可怕的黏液就会滴到洛基脸上，让他发出痛苦的哀号，不停扭动身躯，直到大地母亲晃动地基。无知的人会称其为一场地震。

罪犯受到了惩罚，诸神表现了自身的道德权威，执行了对于罪犯的判决。不过，他们自身并非清白无罪。渎神者洛基发出的诸多指控证据确凿，在天上地下所犯的每个罪行都会受到惩罚。于是，毁灭之日临近了，等恶魔与祸根洛基摆脱枷锁重获自由时，世界便走到了尽头。

在这则神话中，洛基成为所有邪恶的根源。他让清白之人陷入罪恶，尽管他知道此举会让他们毁灭。如果说在原始时期，他是奥丁的结义兄弟，是火神，那么现在他则是一个十足的恶棍，他被扔进屋子里，连同纯洁和罪恶，一并焚烧殆尽。杀人者偿命的原则，深入古代斯堪的纳维亚人们之心，“伤害我的人必须付出代价，尽管我知道我会和他同归于尽”，此乃贵族和农奴共同持有的观念。

在这则故事中，我们消弭了此一神话不同版本之间的诸多差异，当然并非全部差异。我们让布拉吉和伊都娜出现了，尽管他们居住在地底。他们可能会被允许再次出现，以便参与节庆。不过我们没有提及神话中发现了灰烬中的渔网科瓦瑟（Kwasir），因为没有必要。非常奇怪的是，火神洛基要藏在水里面，不过在其他民族中，亦能发现火藏身于水中的信仰，这可能由于太阳、月亮和星星的倒影，以及日出日落都能在水中看到的缘故。

In all the world there was only one who pitied him.

全世界只有一个人可怜洛基

PART 14

诸神的黄昏

诸神的黄昏

恶魔、作恶者洛基被紧紧地捆在冰冷的岩石上，但是他所种下的邪恶的种子已经遍地开花。代表着道德力量的诸神，其职责是维持宇宙法则，然而他们再也不纯洁无罪，法律的安全绳索被打断了，宇宙就要毁灭。无论天宫还是人世，再也见不到真理和信任，原本维系朋友、父母、孩子、兄弟和姐妹之间关系的爱已经丧失了力量。自私、自利和贪婪成为生活的主导原则，到处都能见到谋杀、纵火和流血。

太阳仍在天空运行，不过光线黯淡，犹如穿了一层面纱，夏天不再温暖。冬天早早地来了，它是可怕的芬布尔之冬（Fimbul-Winter）[①]。暴风雪前所未见，冰冻异常猛烈。众多房屋和村庄被大雪埋没了，居民一无所存。芬布尔之冬仿佛不会终结，它持续了三个年头，不见夏天出来。乔木和灌木，草地和植物灭亡了，人们死于严寒和饥饿，然而，他们并没有停止说谎、谋杀和其他暴行。

与此同时，芬里斯的孩子——群狼长成了可怕的怪物，因为森林里的老女巨人用被杀的伪誓者和破坏婚姻关系者的骨髓喂养它们，给它们喝死囚犯以及杀害父母兄弟之人的鲜血，这些食物非常充足。

---

① 一般推测，这个神话与公元前 650 年左右北欧青铜器时代结束时北欧地区的气候剧烈变动有关。在变动以前，北欧地区比现时和暖。受这个气候变动的影响，北欧地区才开始变得寒冷。在瑞典、丹麦、挪威和其他的北欧国家，“fimbulvinter”在口语用的时候，常用来表达“异常寒冷的冬天”这个意思。——译者注

女智者瓦拉被问及凡此种种意味着什么，她说，太阳、月亮和大地母亲为人类的堕落而悲伤流泪，而群狼和其他敌对力量很快就会获得自由，宇宙的毁灭就要开始了。

正如我们在《瓦拉之歌》中所看到的，那期间出现了许多灾异之事。

阳光黯淡下来，伊狄斯在空中飞行，仙宫鲜红的公鸡弗加拉（Fjalar）高声叫着，冥界暗红的公鸡在回应着他，上界所有事物都听到了他们的叫声。巨狼斯基奥尔（Skiöll）和哈第（Hati）冲上天去攻击太阳和月亮，他们将其捉住并吞进肚里，天上地下皆笼罩在黑暗之中。大地震动，所有的枷锁都断了。洛基得以重获自由，他可怕的儿子芬里斯甩掉锁链，带着自己的孩子来到洛基身边，赫尔的恶犬加姆，与冥后的其他黑暗随从一起从吉尼巴山洞中奔了上来，加入毁灭者队伍中。大海翻腾，冲进陆地。海沟之中，尤蒙冈多高耸脑袋，狂暴地挥舞着身躯，渴望着投入战斗。

海姆达尔高声吹起加拉尔号角[①]，响彻诸天，唤醒了诸神和恩赫里亚，让他们准备最后之战。奥丁武装已毕，即跨上神马斯雷普尼尔，奔向米密尔之泉。宇宙树在暴风雨中颤抖悲鸣，树叶纷纷落下，仿佛要连根断掉。诺恩三女神坐在树下，头上蒙着面纱。奥丁对着米密尔的耳朵说了几句悄悄话，没人知道他说了什么，也没人知道米密尔

① 加拉尔号角（Giallarhorn），海姆达尔的号角，“Giallar”与“gala”有关，“gala”的英语词根为“yell”，意指“呼喊”或“高歌”。海姆达尔以此号角发出警告，诸神的黄昏已经到来，准备最后之战。——译者注

是如何回答的。

其间，约顿之王索列姆乘着船只从东方出发，驶在一望无际的大海里。巨人手持棍棒投枪站在甲板上。与此同时，死亡之船纳格尔法里（Nagelfari）也下了水，扬帆破浪。它由死人的指甲建造而成，由于弑父盛行，爱已消亡，因此拒绝对死者进行安葬祈祷，死者的指甲也就无人给剪。洛基驾驶着帆船，和他在一起的是苏尔特尔。苏尔特尔挥舞着火焰剑，剑光比太阳还要明亮，穆斯贝尔的儿子都穿着火红的盔甲，光焰夺目，任何人看上一眼，都会瞎掉。他们登陆之后，跨上随行的马儿，疾驰于彩虹桥上，由于人多体重，彩虹桥被压垮了。洛基带着随从来到方圆 100 英里的威格里德平原。奥丁率领着勇敢的阿萨和诸英雄，已在彼处列开阵形。

加拉尔号角再次吹响，最后之战开始了。群狼咆哮，毒蛇嘶鸣，喷出毒液，弥漫在空气之中。穆斯贝尔的儿子在苏尔特尔的指挥下，像火焰一样冲向对方。弗雷领导着恩赫里亚勇敢对战，击退了敌军。托尔更是无比英勇，杀死了众多巨人和怪物。奥丁找到了芬里斯狼，他们的战斗开始了。

无论先知还是吟游诗人都没有告诉我们奥丁和恶狼之战的具体情形。就连瓦拉亦对整个事件三缄其口。她只是说，奥丁，这位全能之父，被恶狼杀死了。弗雷的命运亦是如此，他在与穆斯贝尔的儿子作战时，遭遇了黑暗的苏尔特尔，死于他的火焰剑下。托尔诛杀了尤蒙冈多，然而却被她临死之前喷出的毒液毒死。海姆达尔和洛基徒手相搏，双双死掉。芬里斯死于韦达剑下。提尔和加姆打在一起，最终提尔获胜。阿萨及敌军首领几近战死沙场，然而

海姆达尔吹响加拉尔号角，召唤众神参战

恶战还在持续。

大地晃动，高山崩毁。深渊决口，几达冥界。天空裂开，摇摇欲坠。宇宙树像一个生命一样悲泣呜咽。黑暗恐怖的苏尔特尔开始挺直身子，他变得越来越高，触及了天空。

他的身前身后全是火，手中的火焰剑将四周照得一片通明。他在天空、大地和所有世界的上空挥舞着火焰剑，顿时，所有事物，无论生物或非生物，全都置身于火海之中。火舌肆虐，宇宙树被火焰包围。暴风狂啸，天空、大地和九大家园化为乌有，苏尔特尔的火焰将它们全都摧毁。

火焰熄灭之后，翻腾的大海淹没了那片废墟。海水里不见了生命，黑色的波浪里没有了美人鱼的身影，海平面上也不再有星星的反光。

许多年过去了，或许是好几百年——没有人数算，晨星又在平静的水面里沐浴了。黎明再次染红了天空。一颗新太阳升了起来，它是老太阳的孩子，活力四射，鲜艳夺目。终于，水面上出现了一个新的大地。起初它还贫瘠荒芜，不过在阳光的照耀下，很快遍布绿草和芳香的韭菜。树木和灌木长了出来，空气中流溢着各色的花香。在沃德泉水曾经流动的平静的山谷中，奥丁和米密尔讨论过去和未来之谜的地方，一对青年男女，利弗（Lif）和利弗诗拉希尔（Lifthrasir），从霍德米密尔树林中走了出来。

他们像身边的小花一样美丽可爱，纯洁天真，也是被阳光从长睡中唤醒了。以前，他们藏在了树林里面，以吸食露珠为生。后来他们睡着了，在最后之战激烈进行时，他们陷入了童年之梦中。诸神之父用最后一个神迹，保护他们从苏尔特尔的火焰中逃生。

他们不知道所受的恐怖的威胁，就像一个睡着的孩子，妈妈怀抱着他们，从失火的房子中跑了出来，他们安全地躺在诸神之父的怀里。现在，他们吃惊地看着周围的新世界。他们非常快乐。这里水果充足，尽管无人播种，到处却是成熟的谷物，葡萄藤上挂满了葡萄。各种各样的动物啃食着肥沃的牧草，五彩斑斓的无毒蛇在草丛中滑行，再也看不到芬里斯狼的毒蛇家族了。

利弗和利弗诗拉希尔为自己建造了一处宽敞的居所，在那里生儿育女，并看着孙辈长大。他们的子孙又为自己建造了新的家园。他们成为生存于地球上的诸多民族的祖先。

仙宫宏伟的宫殿所在，成了一片广袤的平原。这就是艾达平原，它比诸神的绿色家园要漂亮许多。神圣的阿萨集结于此。他们和世界一样，已被大火净化，适合在永久和平的艾达居住了。赫尔的链锁再也不会束缚他们，因为邪恶王国已然消失，黑夜变成了白昼。巴尔德尔和霍德尔并肩走到那里，他们重叙兄弟之谊。寻仇的韦达和瓦力来了，他们心中再无复仇之念。苏尔特尔的火焰和肆虐的洪水都没有毁灭他们。托尔的儿子麦格尼和莫迪也来了，他们带着神锤米约尔尼尔，再也不用它来打仗，而是用作供奉新天地的圣物。

在重生的艾达平原上，最高之神的孩子们集结于此，他们的父亲也死而复生了。他们一起谈论着过去与现在的事情，回忆着他们祖先的智慧以及全都实现的预言。在他们附近，却无法看到的，是强大的主神，他统治着万物，平息人们之间的争端，颁布治理世界的永恒法则。他们都知道他在那里，他们能够感觉到他的存在和他的权威，然而却不清楚他的名字。在他的命令下，新陆地在水中升起。在南部，艾达平原的上方，他建造了另一个天国，名为奥德朗（Audlang），再往南更高处，建造了第三个天国，称为韦德布莱恩（Widblain）。在吉米尔洞穴的上部，建造了一座华丽的宫殿，表面覆以黄金，光彩夺目，比太阳还要明亮。在建阳城，诸神像从前那样坐上王位，他们欣喜于自己的复位，日子过得比以前更好。

从吉米尔的高处，他们俯视着利弗那些快乐的后代，指示他们爬到更高处，到达知识和智慧的源头，带着虔敬和爱意，循序渐进地，从一个天国到另一个天国，直到他们最终融入诸神之中。

这就是我们的先祖所信仰的世界毁灭，亦即诸神的黄昏或神圣的宣判。它并非不值一提的信仰，在我们看来，它比古希腊和罗马的教义更值得尊重，希腊诸神永远待在奥林匹斯山上享受珍馐美酒，而凡人要么堕入黑暗的地狱，要么进入极乐世界。

世界毁灭（Ragnarök）意指雷金，亦即众神变得黑暗，因此带来了诸神的黄昏。不过，也有人将“Rök”这一单词解释为诸神的宣判。诸神犯了罪，罪恶主宰了诸神和人类。当圣洁和正义之神被带走之后，他们全都陷入了罪恶的深渊，谋杀、兄弟相残、自然的动乱预示着宇宙的毁灭。诸神的黄昏接着到来。然后，一个更为漂亮的新世界出现了，由于阿萨和人类得到了火的净化，所以能够过着和平幸福的生活。

诚然，我们看到，在《小埃达》和《瓦拉短歌》中，都提及了冥界中的惩罚之地，不过，以我们之见，这些描述乃是从其他诗歌中引叙的，与我们给出的主导思想龃龉不合。

雅利安人像所有生活在自然状态下的民族一样，起初对于上帝只有含糊的认知。他们感到有一个存在（Being）创造了万物，引领并主宰着宇宙。在古代记录中，这种观念已经变得模糊不清，这个存在被称为“Zerwana-Akarana”，亦即永恒的时间和无限的空间，可能就是本质上的不朽（Eternity）。根据后来的观念，这个存在在世界的方向或人类的行动中没有什么位置。

另两个存在，善神阿胡拉·玛兹达和恶神阿里曼为了至高的权力而战，不过，不管是他们还是他们的精神寄主都没有一对一地冲突起来，相反，他们寻求将人类精神和尘世事物置于他们的掌控之中：后者通过阴谋利诱、冰冷的暴风雪和黑暗；前者通过善行和好天气，尤其是通过光明战胜黑暗和邪恶。最终，阿胡拉·玛兹达和所有正直的人们都享受到了幸福和安宁，而阿里曼却不得不遭受大火的痛苦净化，才能过上同样的生活。

现代理论认为，“Zerwana-Akarana”的信仰，世界末日的教义，以及“Agramainyus”的净化，起源较晚，它们首先是在伊朗人和闪米特民族的影响下出现的。不过，古波斯琐罗亚斯德教（Zoroaster）的《阿维斯陀》（*Zend-Avesta*）以及印度的《吠陀经》（*Indie Vedas*）中都能发现这些信仰的踪迹。它们与北欧对于诸神之父、最后之战、世界的复兴等信仰之间的关系，似乎在这一雅利安信仰中能够见出。

我们必须承认基督教对德意志民族产生了某些影响，尤其是关于诸神的黄昏、世界的复兴、阿萨和人类，以及对诸神之父、冥界的描述，还包括奖赏与惩罚等。否认这种影响是错误的，因为存在大量证据，如异教徒对一神的存在有一种预感，《埃达》中有一个水地狱，而基督教神话中有一个火地狱，基于这些证据，声称斯堪的纳维亚人不可能得知基督教知识显然是不对的。异教徒对于某种神圣存在的晦暗不明的观念，为何不会经由基督教的影响而获得一种明晰的形式呢？如果日耳曼人听说过基督教关于地狱中的惩罚，他们为何不能根据自己的习俗和所处的气候等条件，构建这一地狱呢？我们业已表明，不仅德意志人，还有斯堪的纳维亚人，早就和基督教有过接触，这在

散文《埃达》

9 至 10 世纪维京人入侵之前就发生过了。朱特人[①]，或许还包括丹麦人和挪威人，在公元 5 世纪就进入了信奉基督教的英国，经过持续上百年的战争，攻占了此地。这些野蛮的异族在那里接触了不列颠人，甚或还有他们的基督教牧师，后者很乐意告诉这些好战而精通音乐的吟游诗人他们自己的信仰。在吟游诗人的诗歌中，这些更为纯粹的宗教种子生根发芽，不过仍然保有了古老的北欧色彩，并没

① 朱特人（Jutes），北欧的古代民族。原住日德兰半岛的日耳曼人的一个部落集团。公元 5 世纪中叶至 6 世纪上半叶，一部分与盎格鲁人、撒克逊人等陆续渡海移民大不列颠岛，在岛的东南部建立了肯特王国。其后与当地部分凯尔特人以及后来迁入的丹人、诺曼人等结合，形成近代英吉利人。在欧洲大陆上的则与丹人等结合形成今丹人。——译者注

有变成一种外来信仰的胜利赞美诗。

神话在今日犹如往昔的庄严废墟，再也不符人们之用了。世代轮替，他们的观念、行为和思维方式都发生着变化，然而正如诗人所言：

> 万物变动不居，来了又走；
> 唯有纯洁无染的灵魂永葆宁静。

数千年前，我们的祖先向天国之父瓦鲁纳（Waruna）祈祷；数千年后，罗马人进入他们的圣地，崇拜天国之父朱庇特，而日耳曼民族崇拜诸神之父（Allfather）。几百年又逝去了，我们把所有的悲伤和需要交给天国的父。或许再过几千年，我们不会超出这一宗教核心要义。不过由于我们的先祖增加在它上面的所有东西都烟消云散了，所以我们围绕着它所建立的体系可能也会化为乌有。没有人看到过全部真理，也不会有人看到。“目前为止，我们是透过一块玻璃模糊地观看，然后是面对面地。”这个“然后”永远不会实现。

> 我们微小的生命有其时限，
> 它们有其时限，走向终点：
> 它们只是打破了你的光芒，
> 而你，主啊，要远甚于它们。
> 我们有的只是信仰：我们不知道；
> 因为我们的所见所知；
> 以及我们所相信的，是源于你，

黑暗中的光明，让它成长！[1]

瓦拉之歌

我们在此附上《大埃达》中最有趣的一首诗歌，乌鲁斯巴（Wöluspa）或女预言家瓦拉短歌。此处采用法依弗[2]的《冰岛纪行》（*Visit to Iceland*）中的译文，我们认为它会对读者有所助益。

---

① 本诗为英国维多利亚时期著名诗人丁尼生所写《悼亡诗》的片段。《悼亡诗》是为纪念作者英年早逝的挚友哈勒姆所作，共有131首。——译者注

② 法依弗（Ida Laura Pfeiffer，1797—1858），奥地利旅游家与游记作家，世界上首批女性探险家之一。出身富商家庭，少女时代即酷爱旅行，她在《冰岛纪行》一书中写道："我从小就渴望一睹外面的世界。无论何时，只要碰到一辆旅行马车，我都会情不自禁地停下来，痴痴地望着它，看着它绝尘而去。我对车中之人怀着艳羡，觉得他肯定已饱览了世界各地的风光。"1842年，她终于得偿夙愿，沿多瑙河，游览了黑海和伊斯坦布尔，又到达巴勒斯坦和埃及，然后取道意大利回家。1843年，她出版了两卷本的《一个奥地利女人的圣地之行》，颇为畅销。丰厚的稿酬，使她得以进行更多的探险。两年后，她去了斯堪的纳维亚和冰岛，写出两卷本的《斯堪的纳维亚和冰岛之行》（1846），英文版译为《冰岛、瑞典和挪威纪行》（1852）。1846年后，她两次周游世界，足迹遍布南美洲、亚洲（中国、印度、波斯、中亚等地）、欧洲、非洲、大洋洲、北美诸国。并相继出版《一个女人的世界之旅》（1850）和《一个女人的第二次世界之旅》（1856）等书，影响巨大。

LAY OF WALA

To attention I invite all the holy generations,
The sons of Heimdal, great and small;
Of the Father of the Elect I would proclaim the mysteries.
The antique traditions of heroes which I have formerly learned.

I remember the Jotuns born at the commencement;
They formerly taught me.
I remember the new worlds, the new forests,
The great tree in the midst, upon the earth here below.

It was the commencement of the ages when Ymir established himself:
There was neither shore, nor sea, nor cool waves;
Neither earth nor heaven above was found;
There was the yawning gulf, but vegetation nowhere.

Then the sons of Buri raised the firmament;
They formed the great enclosure of the middle;
Sol will enlighten, from the south,
the rocks of the Abode;
The earth immediately became green with tufted verdure.

Sol scatters from the south her favours upon Mani,
On the right of the gate of the Celestial courser.

瓦拉之歌

诸位神祇，
无论长幼尊卑，守护神海姆达尔的后裔，
阵亡英灵之父奥丁啊，你要我讲给大家听听，
远古往昔的传闻逸事，如今从头细说个分明。

我本是巨人分娩生下，
我也由巨人养育长大。
犹记新的世界和森林，
参天巨树直插入地底。

巨人伊密尔活着的时候，
乾坤未始一切尚未奠定，
没有陆地也没有大海，更没有阴凉的波涛。
天地未分，混沌一片，
只有巨大的深渊，哪里见得到植被。

巨人布利的儿子们开天辟地创造出世界，
他们建造起中庭米德加德，
于是太阳从南面升起，
把石头盖的殿堂照亮，
于是大地上万物滋润，郁郁葱葱苍翠碧绿油油。

太阳从南面升起，月亮伴陪在她身边。
就在天宫大门的右边。

Sol knew not where she had her abodes,
The stars knew not where are their places,
Mani knew not what was his power.

Then the Great Powers all went to the elevated seats;
The most holy Gods deliberated upon that;
To the night, to the new moon they gave names;
They designated the dawn and the middle of the day,
The twilight and the evening, to indicate the time.

The Ases met together in the Plain of Ida,
They built very high a sanctuary and a court;
They placed furnaces, fashioned jewels.
Forged nails, and fabricated utensils.

They played at the tables in the enclosure; they were Joynirs,
They were in want of nothing, and everything was in gold.
Then the three Ases of this band,
Full of power and of goodness,
They found in the country some wretched beings.
Ask and Embla, needing destiny.

They had no soul, they had no understanding.
Neither blood, nor language, nor good exterior;
Odin gave the soul,
Honir gave understanding,
Lodur gave the blood and the good exterior.

太阳不知道自己要住进哪座殿堂。
众星星闪烁不定，弄不清要站在何方。
月亮也不知道，他有哪些权力要掌。

于是各路神仙一齐出动来到命运之神宝座跟前，
庄严圣明的各路神仙聚集到一起共同商议。
他们要给夜晚起个名字，也要让新月亮有个称呼，
他们将一天划成几段：早晨、中午还有下午和傍晚。
这一来分得清楚明白，就有了年份和时间。

阿萨们齐聚艾达平原，
他们盖起高耸的祭坛和神殿，
他们架起打铁的锻锤，敲打出华贵的首饰。
他们做成了钳子，还有许多别的工具。

他们围坐在草地上嬉戏，快乐又逍遥，
他们无欲又无求，所有东西都由黄金制成。
本地的三位神祇，
仁慈博爱又善良，
他们发现这里有人很悲伤，
原来是阿斯克和埃姆布拉，心中有欲想。

他们没有灵魂和智力，
身体亦非血肉之躯，也就无法动弹说笑。
奥丁给了他们灵魂，
霍尼尔给了他们智力，
洛德给了他们靓丽外貌。

Then arrived three Virgin Thurses,
Very powerful from the land of the Jotun.
I knew an ash, it is called Yggdrasill,
A hairy tree, moistened by a brilliant cloud.
Whence proceeds the dew which falls in the valleys.
It raises itself, always green, above the Fountain of Urcl.

Thence arose the three Virgins with much knowledge,
From this lake which is below the tree;
Urd one is calted, the other Verdandi;
They engraved upon tablets; Skuld was the third;
They consulted the laws,
They interrogated fate,
And proclaimed destiny to the children of men.

Then the Great Powers all went to the lofty seats,
The most holy Gods deliberated upon that;
"Who would form the chief of the Dvergues,
From the blood of Brimir,
From the thighs of the livid giant?"

Then Modsognir became the first
Of all the Dvergues, but Durin the second;
They formed of earth the multitude of the Dvergues
In the human figure, as Durin proposed;

Nyi and Nidi, Nordri and Sudri,

从巨人国来了三个女巨人，
强壮结实、威风凛凛。
我知道有一棵大梣树，名字叫作伊格德拉西尔，
它高大无比擎天又撑地，树根弯弯扎在白沙里。
洒落在峡谷里的露水，可供它尽情吮吸享用。
大梣树终年碧绿常青，遮挡在命运圣泉井沿。

那边过来了三个仙女，从梣树底下圣泉里，
司命运的三位女神，个个能够未卜先知：
第一位名字是沃德，第二位名叫维尔丹尼，
那第三位的芳名人们镌刻在石碑供奉，
她就是斯库尔德。
律法戒条由她们来制定，生死祸福由她们来选定。
为了人类的子孙后代，决定每个人前途命运。

于是各路神仙一齐出动，来到命运之神宝座前。
庄严圣明的各路神仙，聚集到一起共同商议：
用巨人伊密尔的血液，用巨人青黑色的大腿，
捏出来的一群群小精灵，
可是由谁来发号施令?

结果在所有小精灵之中莫德苏格尼尔位列第一，
杜林族屈居次席。
根据杜林的提议，
用泥土捏成了无数人形侏儒。

尼伊和尼迪，诺德里和苏德里，

Austri and Vestri，Althiofr，Dwalin，
Nar and Nain，Nipingr，Dain，
Bifurr and Bafurr，Bumburr，Nori.

Anarr and Onarr，Aï，Miodvitnir，
Veigr，Gandalfr，Vindalfr，Thorinn，
Fili and Kill，Fundinn，Nali，
Hepti，Vili，Hanarr，Sviorr.

Frar，Fornbogi，Frœgr，Loni，
Thrar，and Thrainn，Thror，Vitr，Litr，
Nyr，and Nyradr.
—Behold，I have enumerated exactly.
The Dvergues powerful and intelligent.

It is time to enumerate the human race，
The Dvergues of the band of Dwalin，as far as Lofar；
These latter have sought，far from the Abode，
Habitations at Aurvangar，as far as Joruvellir.

There was Draupnir and Dolgthrasir，
Har，Haugspori，Hlævangr，Gloînn，
Skirvir and Virvir，Skafidr，Aï，
Alfr，and Yngvi，Eikinskialdi.

Fialarr and Frosti，Finnr and Ginnarr，
Heri，Haugstari，Hliodolfr，Noinn：

奥斯特里和韦斯特里，阿尔休和特瓦林，
纳尔、纳恩、尼普林和戴恩，
比弗尔和巴弗尔，巴姆巴尔和诺里。

阿那尔和奥那尔，阿里和米奥德韦特尼尔，
韦格尔、甘达尔弗、文达尔弗和斯奥里恩，
弗里和克里、方迪恩、纳里，
海普帝、韦利、哈纳尔和斯韦奥尔。

弗拉尔、弗恩博格、弗罗埃格和罗尼，
斯拉尔、斯莱恩、斯罗尔、韦特尔和利特尔，
尼尔和尼拉德尔。
看呐，我把他们一个一个数。
小精灵们厉害又聪明。

现在该数算一下人类，
特瓦林的侏儒们，远至劳法的也一样，
他们远离故国，
定居到奥万格，远至约沃里尔。

其中就有德罗普尼尔和道格斯拉瑟，
哈尔、豪格斯塔里、赫莱万格和格罗恩，
斯格韦尔、维维尔、斯卡菲德尔和阿里。
阿尔菲、伊格韦和埃金斯基尔迪。

弗阿拉尔和弗罗斯蒂，菲恩尔和基纳尔，
赫里、豪格斯塔里、赫里奥多夫和诺伊恩：

As long as there shall be men, they will always exalt.
The great number of the descendants of Lofar.

She knows that the horn of Heimdal is concealed.
Under the sacred and majestic tree;
She sees that they drink with hasty draughts.
In the pledge of the Father of the Elect.
—Know you it? But what?

She was seated without, solitary,
when he came, the oldest,
The most circumspect of the Ases,
and looked in her eyes:
"Why sound me? why put me to the proof?
I know all, Odin;
I know where thou hast concealed thine eye,
In that great fountain of Mimir;
Every morning Mimir drinks the sweet beverage
In the pledge of the Father of the Elect."
—Know you it? But what?

The Father of the Combatants chose for her rings and jewels,
The rich gift of wisdom, and the charms of vision:
Then she saw far, very far into all the worlds.

She saw the Walkyries hastening from afar,
Eager to repair near the race of the Gods;

人类所居之处，就会生息繁衍，
劳法的后人越来越多。

她知道海姆达尔的号角藏在
神圣而庄严的宇宙树下，
她看到他们喝着喷涌的泉水，
受到诸神之父的庇佑。
——你可曾听说此事？或者还知道别的？

她独自向隅坐在屋外，
那个老人踽踽走过来，
他是阿萨部落的主宰，
他紧紧地将她打量。
“你为何苦苦将我盘问，为何再三将我相逼？
奥丁，我洞察一切奥秘。
巨人米密尔的圣泉里，
藏着你另一只眼睛，
米密尔清晨要喝蜜酒，
天天从井里汲来甘露。”
——你可曾听说此事，或者还知道别的？

战争之父赠给她黄金戒指和项链，
要她用睿智和聪慧参透谶纬测卜未来，
她聚精会神放眼观望，把每个世界细看一番。

她一眼瞅见瓦尔基丽从四面八方蜂拥而来，
要把这个王国践踏得粉碎砸得稀烂。

Skuld held the buckler, Skogul followed her,
As well as Gunrr, Hildur, Gondul, Giruskogul:
There are enumerated the servants of the Combatant,
The Walkyries in haste to plunder the country.

She recollects this first war in the world,
When they had placed GuUweig upon the pikes,
And had burned her in the dwelling of the Most High;
Three times had they burned her;
Three times was she born again;
Burned often, frequently, she lives, however, still.

Heidur is called to her in the houses she has entered;
She despised the charm of the visions of Wala;
She knew magic, she magic abused;
She was always the delight of the wicked race.

Then the Great Powers all went to their elevated seats,
The very holy Gods upon this deliberated:
" The Ases should they expiate their imprudence,
Or else shall all the Gods have authority ?"

The exterior wall of the Ases was overthrown;
The Wanes knew how, by stratagem,
to break down the ramparts;
But Odin darted his arrow,
and drew upon the enemy.

斯古尔德高举着盾牌，
斯古格尔紧随在后面，
还有格恩、希尔德、贡多尔、吉斯古尔，
瓦尔基丽的大军在大地上纵横扫荡。

她回想世界上第一场战争，
他们用长矛叉住古尔维格，
在最高之神的殿堂上要把那女巫活活烧死。
他们用火烧了她三次，
可是她三次重新再生。
一遍又一遍地焚烧，她仍然活着不死。

不管她走到什么地方，人们皆称她“海依德”。
她看不起瓦拉的魅力，
她精通魔法，她滥用魔法，
她总是受到邪恶之人的欢迎。

于是各种神仙齐登宝座，
聚到一起商量对策：
“阿萨部落干脆屈服，乖乖地双手捧上贡物，
若不然众神全绑上祭坛，无人幸免个个成了牺牲。”

阿萨的外墙已被推翻，
华纳族精通兵法战策，
知道怎样将壁垒攻破。
主神奥丁投出了长矛，
长矛呼啸向敌军飞去，

Such was the first war in the world.

Then the Great Powers all went to their elevated seats;
The very holy Gods deliberated upon this:
" Who had filled with disaster the plains of space.
And given up the affianced of Odur to the race of the Jotuns ?"

Thor alone rose, inflamed with anger;
Rarely does he remain seated when he learns such a thing:
Oaths were violated, promises and assurances.
Every valid treaty that had passed on one side or the other.

I foresaw for Baldur, for that bloody victim.
For that son of Odin, the destiny reserved for him:
He was raising in a charming valley.
A tender and beautiful mistleoe.
From that stalk, which appeared so tender, grew,
The fatal arrow of bitterness which Hodur took upon himself to dart.

The brother of Baldur had only just been born;
One night old, he was taken to fight against the son of Odin.
He neither washed his hands nor combed his hair,
Before that he carried to the funeral pile the murderer of Baldur;
But Frigg wept in Fensal,
For the misfortunes of Walhall.
—Know you it ? But what ?

这便是世界上第一场战争。

于是各种神仙齐登宝座，聚到一起商量对策：
“清平世界弄得乌烟瘴气
这是谁的罪过谁作的孽，
要不然把奥丁的女人交给巨人以作妥协？”

雷神托尔暴跳如雷，他怒火中烧肝肠欲裂，
耳听得这般秽言恶语，岂容得佯装无动于衷。
盟誓遭到了任意破坏，承担的诺言概不作数，
信誓旦旦的神圣契约，也统统翻脸就不认账。

我预见光明神巴尔德尔，他遭人暗算血流满面。
主神奥丁的儿子呵！
他的厄运遭到隐瞒。
槲寄生娇柔又美丽，茎杆纤细生长在平川。
如此柔弱的茎杆，竟会变成致命的长矛，
霍德尔用它杀死了巴尔德尔。

巴尔德尔的弟弟刚出生，
呱呱坠地才一个昼夜，就能挥剑上阵去打仗。
他既不洗手也不梳头，
直到把谋杀巴尔德尔的凶手绑到葬礼的火堆上。
爱神弗丽嘉放声痛哭，涕泪交流待在厅堂里，
哀悼亡儿的悲惨命运。
——你可曾听说此事，或者还知道别的？

She sees lying down near Hveralund,
A wicked creature, the ungrateful Loki;
It is in vain he shakes the fatal bonds of Wali;
They are too stiff, those cords of catgut.
There is seated Sigyn, who at the fate of her husband,
Does not much rejoice.
—Know you it? But what?

Towards the north, at Nidaföll, was raised.
The hall of gold of the race of Sindri;
But another was built at Okolnir.
The drinking-hall of the Jotun who is named Brimir,

She saw a hall situated far from the sun.
At Nastrendr; its gates are turned to the north;
Drops of venom fall into it through the windows.
The hall is a tissue of serpents' backs.

A river rushes on the east into the venomous valleys,
A river of slime and mud; it is called Slidur;
Wala saw dragged in it in the muddy waters.
Perjured men, the exiled for murder.
And him who seduced the partner of others:
There, Nidhögg sucked the bodies of the departed.
The wolf tore men.
—Know you it? But what?

她看见树林旁边爬着一个人，
那正是忘恩负义的恶神洛基；
他无望地甩着用儿子瓦利筋骨做成的镣铐，
那些绳索坚硬无比，死死捆住邪恶的洛基。
旁边坐着西格恩，
只有她对丈夫的下场感到心悲伤。
——你可曾听说此事，或者还知道别的？

尼达平川朝北的地方，耸立着一座黄金殿堂。
小精灵辛德里的家族，就在原野上繁衍生息。
奥库尼平川阡陌相连，
那里有巨人布里米的食堂。

她看到有一座殿堂，坐落在远离太阳的地方，
此地名叫纳斯特林德，它的大门都向北开放。
毒液从窗户向下滴淌，
那座殿堂的四堵墙壁都用毒蛇背脊骨堆垛。

斯里德河流奔涌向东，流进有毒的河谷。
里面尽是污泥浊水。
瓦拉看见河中漂浮着尸体，
有的生前说过假誓言，
有的曾经杀害无辜，
还有的勾引他人妻子。
毒龙吞吃着死者身体，恶狼把他们撕成碎片。
——你可曾听说此事，或者还知道别的？

In the east she was seated,
that aged woman, in Jarnvid.
And there she nourished the posterity of Fenrir;
He will be the most formidable of all, he,
Who, under the form of a monster,
will swallow up the moon.

He gorges himself with the life-blood of cowardly men,
He stains with red drops the abode of the Great Powers;
The rays of the sun are eclipsed in the summer following.
All the winds will become hurricanes.
—Know you it? But what?

Seated quite near upon a height he tuned his harp,
The guardian of Gygur, the joyous Egdir:
Not far from him, in Gagalvid, crowed
The beautiful purple cock which is called Fjalar.

Near the Ases crowed Gullinkambi;
He awoke the heroes in the house of the Father of the Combatant;
But another cock crowed below the earth,
A black-red cock, in the dwelling of Hel.

东面一片铁树林里，
坐着一个白发老妪。
恶狼芬里斯的后代，
全靠她来抚养长大。
有条狼崽穷凶极恶，
是吞掉月亮的恶魔。

他以怯懦之人的鲜血为食，
他以殷红的血液玷污了诸神的居所。
来年夏天的太阳一片漆黑，
天气反复无常坏得出奇。
——你可曾听说此事，或者还知道别的？

他坐在高高的山坡上，弹拨起竖琴悦耳动听。
巨人的放牧人艾格塞，无忧无虑整天乐呵呵。
在那边的格罗树林里，美丽雄鸡昂颈喔喔啼。
它的名字叫作弗加拉。

阿萨近旁的古林肯比[①]亦在鸣啼，
唤醒了英灵殿中的诸英雄，
另一只雄鸡也在叫个不停，
它是赫尔冥界的红黑公鸡。
恶犬加姆狺狺狂叫，在吉尼巴山洞前蹦跳。

---

① 古林肯比（Gullinkambi），中庭米德加德的公鸡，当仙宫公鸡弗加拉高声啼叫发出最后之战的警报时，古林肯比和冥界的红黑公鸡会啼叫应和。——译者注

Garm howls frightfully before Gnypa hall.
The chains are going to break; Freki will escape;
She pauses much, the prophetess: I see from afar.
The twilight of the Great Powers, the Fighting Gods.

Brothers are going to fight against each other,
and become fratricides.
Relations will break their alliances;
Cruelty reigns in the world, and a great luxury;
The age of axes, the age of lances,
in which bucklers are cleft.
The age of north-winds,
the age of fierce beasts succeed before the world falls to pieces;
Not one dreams of sparing his neighbour.

The sons of Mimir tremble,
The tree in the middle takes fire,
At the startling sounds of the noisy horn;
Heimdal, horn in air, loudly sounds the alarm;
Odin consults the head of Mimir.

Then the ash raised from Yggdrasil,
That old tree, shivers: the Jotun breaks his chains:

粗大的铁链将被掐断，
恶狼弗雷克[①]将会脱身逃窜。
我聪明睿智未卜先知，还能看到久远的未来。
须知战无不胜亦枉然，众神祇岂能逃脱劫难。

兄弟阋墙哪顾手足情谊，
咬牙切齿非把对方杀掉。
世人变得凶猛残暴，
奢侈无度没有节操。
现如今战斧长矛逞英豪，
盾牌断裂失去安保。
世界虽还未曾毁灭，
却是暴风肆虐恶狼横行。
人们互相厮杀，不会轻饶对方性命。

米密尔的儿子们身形晃动，
中庭的大树着了火，
号角的响声惊心动魄，
海姆达尔奏响了警报；
奥丁与米密尔的脑袋共商计策。

宇宙树上冒起烟，
这棵老树打着颤，巨人弄断了铁链；

---

① 弗雷克（Freki），在北欧神话中，弗雷克常与格里（Geri）相提并论，二者都有“贪婪”之义，乃奥丁的宠物狼，奥丁将全部食物喂养它们，结果自己只剩蜜酒可用。弗雷克的意义非一，此处指的是恶狼芬里斯。——译者注

The shades shudder upon the roads to the lower region.
Until the ardour of Surtur has consumed the tree.

Hryra advances from the east,
a buckler covers him:
Jormungander unfolds himself in his giant rage:
The serpent raises the waves,
the eagle beats his wings,
The yellow beak tears the bodies of the dead:
Nalhfar is pierced.

The ship sails from the east,
The army of Muspel
Approaches over the sea,
Loki holds the rudder:
The sons of Jotun sail all with Freki,
The brother of Bileist is on board with them.

Surtur starts from the south with disastrous swords;
The sun glitters upon the blades of the hero-gods:
The mountains of the rock are shaken, the giants tremble,
The shades press the road to hell. Heaven opens!

What are the Ases doing? What do the Elves?
All Jotunheim bellows; the Ases are met together;
At the gate of the caverns groan the Dvergues,
The sages of the sacred mountains.

阴影遮天蔽地，从大路到低洼之地。
直到苏尔特尔的怒火将宇宙树烧成灰烬。

霜巨人赫里姆自东而来，
手持盾牌防护在他胸前。
大蛇怒火冲天几近癫狂，
翻卷身子掀起滚滚浊浪。
巨鹰盘旋发出凄厉鸣叫，
黄色尖喙将死尸撕又扯。
纳尔法船已举幡来招魂。

有一条大船从东方驶来，
穆斯贝尔部落漂洋过海。
火神洛基为他们掌舵，
巨人的子孙都在船上，
连同恶狼弗雷克，
洛基的弟弟比赖斯特也加入了他们的队列。

苏尔特尔自南方而来，浓烟滚滚烈焰冲霄汉。
众神祇挥剑上阵厮杀，剑锋在阳光下夺目耀眼，
山崩地陷连石山也倒塌，巨人们高声怒吼声震颤，
两军人马纷纷命丧黄泉，天空顿时裂开几道罅隙。

阿萨神族如今安在？小精灵们可有下落？
巨人之国在咆哮吼叫，阿萨部落集体落难，
侏儒们个个放声号啕。他们面朝石头门肃立，
石壁也动容唱起挽歌。

—Know you it？ But what？

Then the affliction of Hline is renewed,
When Odin set out to combat the Wolf;
Whilst the glorious murderer of Beli is going to oppose himself to Surtur;
Very soon the cherished hero of Frigg will fall.

But he comes,
The valiant son of the Father of Combats,
Widar,
to struggle against the terrible monster:
He leaves in the mouth of the scion of Hvedrung.
The steel plunged even to the heart.
Thus the father is avenged.

Here comes the illustrious son of Hlodune,
He goes，the descendant of Odin,
to fight the Serpent;
The defender of Midgard strikes him in his anger.
The heroes go all to stain with blood the column of the world.
He draws back with a new step，the son of Fiorgune,
Bitten by the adder，intrepid with rage……

Behold coming the black flying Dragon,
The adder，soaring above Nidafiöll:

——你可曾听说此事，或者还知道别的？

主神奥丁前去迎战恶狼，
结果有去无回血染山岗。
除掉巨人贝里的英俊弗雷，
挺身对抗苏尔特尔火巨人，
弗丽嘉的爱将所向披靡，这一回厮杀却殒送性命。

战争胜利之父奥丁的儿子，
光荣归于一身的勇士韦达，
他奋不顾身前去报仇雪恨，
立誓杀掉吃人如麻的恶狼。
他无畏无惧单臂扼住狼颈，
另一只手握剑刺进它心脏。
洛基的儿子恶狼一命呜呼，
不共戴天杀父深仇终得报。

奥丁之子英勇的雷神托尔，
义愤填膺地奋身扑向蛇怪，
大地保卫者出手疾如闪电。
诸恩赫里亚全都血染战场，
托尔后退一步亦倒地身亡，
毒蛇临死之前咬了他一口，
如此英雄竟落得含恨亡命。

看呐，天边来了黑暗的飞龙，
毒龙尼德霍格挥动双翅，

Nidhögg extends his wings,
he flies over the plain.
Above the bodies of the dead.
Now she will be swallowed up.

The sun begins to be dark;
The continent falls fainting into the Ocean;
They disappear from the sky,
the brilliant stars;
The smoke eddies around the destroying fire of the world;
The gigantic flames play against heaven itself.

She sees rising anew,
In the Ocean,
an earth with a thick verdure.
Cascades fall there;
the eagle soars above it,
And from the summit of the rock he espies the fish.

The Ases are found again in the plain of Ida,
Under the tree of the world they sit as powerful judges:
They recal to mind the judgments of the gods,
And the antique mysteries of Fimbultyr.①

---

① "Fimbultyr"是奥丁的众多别名之一，意为强大的神，此处直译为奥丁。——译者注

在尼达平川上方飞个不停，
他眼瞅着下面的成片尸体，
要把它们一具具吞进肚中。
洛基之女蛇妖尤蒙冈多，
亦会成为他的腹中美餐。

黑烟蔽日太阳倏然变黑，
大地裂出罅隙沉入大海。
闪亮的星星从天际消失，
雾气腾腾四周一片氤氲。
一道火光烈焰冲天而起，
那火光把天界烧个精光。

她看到世界重新复活，
大地冉冉从海里浮起。
青山碧水万木一片绿，
泉涧淙淙依稀旧模样。
苍鹰在天际盘旋翱翔，
为了去叼山顶的游鱼。

又见阿萨众神齐聚在艾达平原，
他们就像大法官坐在宇宙树下。
他们回想起诸神经历的劫难，
以及奥丁所留下的神秘符文。

Then the Ases found again upon the grass,
The marvellous tables of gold.
Which the generations had,
in the beginning of days,
The chief of the gods and the posterity Fiölnir.

The fields will produce without being sown:
Every evil will disappear;
Baldur will return,
To inhabit with Hodur the enclosure of Hropt,
The sacred abodes of the hero-gods.
—Know you it？ But what？

Then Hönir will be able to choose his part.
And the sons of the two brothers shall dwell in
the vast abode of the wind.
—Know you it？ But what？

She sees a hall more brilliant than the sun,
Arise，covered with gold,
in the magnificent Gimlir:
It is there that shall dwell the faithful people.
And that they will enjoy an everlasting felicity.

Then there came from on high to preside at the judgments of the Great Powers,
The powerful sovereign who governs the universe:

阿萨又在那青青草地中，
发现了难以计数的黄金。
在那最初的岁月里，
它们属于主神奥丁以及，
化身为国王的弗雷的后人。

不用播种大地便生庄稼，
所有罪恶都被涤荡干净，
巴尔德尔会重返人间，
与霍德尔居住在赫洛普，
诸神和英雄的神圣居所。
——你可曾听说此事，或者还知道别的？

霍尼尔在诸神中有了一席之地，
两兄弟的儿子将会住在
这广袤富饶的大地。
——你可曾听说此事，或者还知道别的？

她看到一座殿堂富丽堂皇，
光华耀眼夺目胜过太阳，
以黄金装饰矗立在格姆里：
忠诚的人们将在那里生活，
永远都会过得无比快乐。

那位神灵自天而降，
前来主持列强的审判，
他乾坤独断至高无上，

He tempers the decrees，he calms dissensions，
And gives sacred laws inviolable for ever.

他整肃纲纪调停纠纷，
让神圣法则永驻人间。[1]

① 译文采用《埃达》第一首“女占卜者的预言”，石琴娥、斯文译，译林出版社 2000 年版，第 1—25 页。由于所据原著版本不一，内容多有不同，因此多有修改之处。——译者注

名词一览表

（王一丁整理）

概念

费特（Fate）：命运。又称奥尔劳格（Orlog）或乌尔拉克（Urlak），即万物主宰，有时以真面目雷金（Regin）示人，是宇宙中的永恒法则，主宰着诸神和人类。

地名

金恩加鸿沟（Ginnungagap）：原始的深渊，全能之父的居所。

赫沃格尔米尔（Hwergelmir）：所有河水的源头。位于金恩加鸿沟，又称火热的熔炉，有12条支流。

伊峰（Ifing）：河流。诸神的家园和约顿巨人世界的分界，十分宽阔。

瓦恩（Wan）：河流。芬里斯狼被格雷普尼尔缚在此河边，他徒劳地日夜嚎叫，鲜血从他嘴里流了出来，汇聚到瓦恩河。

基奥尔（Giöl）：河流。划分生死两界，河上有座金制廊桥，河对面是围着高高的铁栅栏的赫尔居所。

宇宙树（Yggdrasil）：世界之树，时间和生命之树。有三条主根，相互连接着阿斯加德、米德加德、华纳海姆、约顿海姆、斯瓦塔夫海姆、赫尔海姆、尼夫尔海姆、穆斯贝尔海姆九大世界。

阿斯加德（Ásgarðr）：阿萨神族之国，众神的王国。以黄金和宝石装饰。

亚尔夫海姆（Álfheim）：光精灵之国，充满光明和魔法的世界。

米德加德（Midgard）：人类之国，中宫。周围被由海洋、水组成的世界无底深海所环绕，人类无法通行。深海中居住着“尘世巨蟒”尤蒙冈多，尤蒙冈多的巨大足以环绕人间世界。

华纳海姆（Wanaheim）：华纳神族之国。在地球之上，是一个充满自然和生机的世界。

约顿海姆（Jotunheim）：巨人之国。拥有黑暗的森林和山峰。

斯瓦塔夫海姆（Svartalfheim）：黑侏儒之国。地下世界，拥有超强的采矿和锻造能力。

赫尔海姆（Helheim）：冥界。围绕尼夫尔海姆，是战死的亡灵死后会来的地方。

尼夫尔海姆（Nifelheim）：迷雾之国，死人国。一个原始冰的领域，位于金恩加鸿沟的北部。

穆斯贝尔海姆（Muspelheim）：火之国，极热之地。位于金恩加鸿沟的南部，受苏尔特尔管辖，穆斯贝尔诸子在此居住。

拉拉德（Larad）：宇宙树的最高处。意指和平赐予者，荫蔽着瓦尔哈拉英灵殿。

斯鲁德海姆（Thrudheim）：雷神托尔的领地。

索列姆海姆（Thrymheim）：暴风巨人提阿斯的居处，斯卡蒂的故乡。寸草不生，一片死寂，被雷神托尔摧毁。

盖洛德加德（Geiröd's Palace）：巨人盖洛德和他臣民的居住地。

十二宫殿（twelve palaces）：阿萨诸神的宫殿。位于阿斯加德，包括闪电宫、紫杉宫、银宫、水晶宫、金宫、惊雷宫、宽宫、极乐宫、福宫、明宫、海宫和伟宫，很可能指的是天道十二宫。

闪电宫（Bilskirnir）：托尔的住处。540层高，位于斯鲁德海姆。

紫杉宫（Ydalir）：乌勒的住处。

银宫（Walaskialf）：瓦力的银色厅堂。

水晶宫（Sokwabek）：萨迦的宫殿。

金宫（Gladsheim）：奥丁的宫殿。被格拉瑟（Glasir）树林中的金色树叶所围绕，有500个大门，宫中有瓦尔哈拉神殿。

惊雷宫（Thrymheim）：斯卡蒂的居所。

宽宫（Breidablick）：巴尔德尔的宫殿。意为宽大的外形，有金色的屋顶和城墙，纯洁无染诸恶不做。

极乐宫（Himinbiörg）：海姆达尔的宫殿。受祝福的神在此饮用蜜酒。

福宫（Folkwang）：弗蕾雅的宫殿。战死的英雄会在此汇集，其中的厅堂叫赛斯鲁米尼尔（Sessrumnir），意为“有座椅的房间”。

明宫（Glitnir）：凡赛提的宫殿。意为闪亮、发光。

海宫（Noatun）：尼奥尔德的宫殿。意为海港，与仙宫十分遥远。

伟宫（Landwidi）：韦达的居所。掩映于树林之中，有装饰着花环的王座。

芬瑟尔（Fensal）：天后弗丽嘉的宫殿，意指大海的厅堂，笼罩着一层抚慰人心的薄暮，装饰着珍珠和金银。弗丽嘉与侍女在此纺金线回馈勤劳的人们，还会将因早亡而分离的丈夫和妻子带到这个安宁的宫殿，使之破镜重圆，长相厮守。

温冈尔夫（Wingolf）：女神的厅堂。

格利特尼尔（Glitnir）：凡赛提的厅堂。金柱银顶，凡赛提在里面解决争议，调解争端。

吉米尔（Gimil）或温格尔夫（Wingolf）：善良的灵魂与上帝居住的宫殿。位于华纳海姆。世界重生后，诸神在吉米尔洞穴的上部，建造了一座华丽的宫殿，表面覆以黄金，光彩夺目，比太阳还要明亮。

彩虹桥（Bridge Bifröst）：彩虹桥。位于米德加德，由冰、火、空气构成，有三个颜色，可以由此通往阿斯加德。

沃德泉水（Fountain of Urd）：命运三女神守护的泉水。位于世界树旁，流向米德加德，命运三女神诺恩用其中的生命之水每日浇灌世界之树，使之四季常青。

埃利瓦格尔（Eliwagar）：冰川。位于金恩加鸿沟，与始祖巨人伊密尔的诞生有关。

智慧泉（Mimir's Well）：米密尔守护的泉水。喝下泉水可以获得太初智慧，米密尔守护要求奥丁用一只眼睛为抵押，才能每天饮用智慧泉。

奎克波恩（Quickborn）：赫尔达的生命之泉。只要在其中洗上一洗，那些不幸成为跛子的人就会恢复全部体力和能力，老年人就会再现已然消失的青春。

幽影王国（the Realm of Shades）：已死之人的居处。受赫尔统治，奥丁在此召唤瓦拉。

吉尼巴（Gnypa）：洞穴。位于赫尔的居所，里面住着巨狗怪加姆。

悲惨（Misery）：赫尔的厅堂。在她的王国尸体滩（Corpse-strand）内，有专为刺客和做伪证者的厅堂，里面的恶人痛苦不堪；还有喜乐厅堂，极为华丽，座椅全都铺上了金叶，酒杯里盛满了蜜酒，接纳未被收入瓦尔哈拉神殿的勇士。

威格里德（Wigrid）：平原。方圆一百英里，诸神的黄昏的最后战场。

艾达（Ida）：世界重生的平原。

霍德米密尔（Hoddmimir）：森林。诸神的黄昏后，人类利弗和利弗诗拉希尔幸存的地方。

奥德朗（Audlang）和**韦德布莱恩**（Widblain）：天国。最高之神的孩子们在南部和重生的艾达平原的上方建造。

布拉瓦拉（Brawalla）：战场。斯塔卡德在此一战时遭受重创，从肩膀到胸部被切掉了，肝脏露在外面，但由于奥丁的判决，所有这些伤口都奇迹般地愈合了。

低语谷（Whispering Valley）：山谷。位于一座低矮的圆锥形小山，原址为一个古老的城堡。口齿不清的精灵少女邀请流浪者来到此处，一享梦幻泡影般的欢乐。据说在地底的洞穴里，一个黑白混合的少女之魂守护着秘密宝藏。

阿萨神族

包含十二主神：奥丁、弗丽嘉、托尔、希芙、弗雷、洛基、提尔、弗蕾雅、海姆达尔、巴尔德尔、霍尔德尔和布拉吉。

奥丁（Odin）：众神之父，战争之神，胜利之神，最高的神和天界之王。又称沃丹（Wodan）、乌坦（Wuotan），意为精神，对应空气元素。独眼，拥有太初智慧，创造了“精神—鲁纳”（Hugruncs），头戴金色头盔，身穿锁子甲，手臂戴金环，右手持长矛。

弗丽嘉（Frigga）：众神之母，大地女神。又称弗蕾雅（Freya）、弗丽（Frea），奥丁的合法妻子，海滨居民视她为大海的统治者和轮船的保护人。又名为赫尔达（Holda）、贝莎（Bertha）或戈德夫人（Dame Gode），是人类的女恩主，促进农业、法律和秩序，分派土地，划清国界。

弗拉（Fulla）：弗丽嘉的第一个侍从女神，仙女的首领。又称普林蒂（Plenty），头戴金环，长发披肩。她掌管王后的珠宝，替她梳妆打扮。她倾听悲伤的人类的祈祷，然后将其复述给弗丽嘉，并就如何最好地帮助人们给出建议。

哈琳（Hlyn）：弗丽嘉的第二个侍女。负责保护弗丽嘉的信众。

格娜（Gna）：弗丽嘉的侍女，女猎人。负责带给女主人关乎人类命运的消息。身着金色服装，坐骑风驰电掣，跨过陆地和大海，穿过天空飘浮的云层。

斯奥夫娜（Siofna）：北方弗蕾雅的侍女，叹息女士（lady of sighs）。

劳芙娜（Lofna）：北方弗蕾雅的侍女。负责冲破阻挠，让有情人终成眷属。

瓦莱（Wara）：北方弗蕾雅的侍女。负责倾听每个人的内心意愿，向违背誓言的人施以惩罚。

托尔（Thor）：雷神。又称苏纳尔（Thunar），是赞美法律、秩序和每个虔诚的习俗的神灵。他很难控制自己的怒火，不过他在用神锤修理地标，做婚姻的见证人，或是供奉墓地时，也会表现得温柔谦和。

希芙（Sif）：大地女神。雷神托尔的妻子。金发，她的头发是生长在大地上的花朵和谷物。

洛基（Loki）：火之神，温暖之神，神界的堕落者，邪恶的根源。属于巨人族，又称洛德（Lodur）。赫尔、芬里斯狼以及尤蒙冈多的父亲。

提尔（Tyr）：战争之神，剑神。又称蒂乌斯（Tius）或齐奥（Zio），意指光明、荣耀，闪烁的天空。独臂，标志是剑。他的手臂被芬里斯狼咬掉，多次驯服芬里斯狼，诸神的黄昏中他将芬里斯狼带到了斜倚米德加德的仙宫小山上，每日喂养他。

海姆达尔（Heimdal）：诸神守卫，剑神。又称里格

（Riger），剑不离身，顺风耳，千里眼，类似于宇宙之神、胜利的赐予者。他由奥丁和九个母亲（扬波少女）所生，他的名字取自波浪和悬崖。

布拉吉（Bragi）：诗神。是来自大海深处的波浪，奥丁之子，伊都娜的丈夫。

巴尔德尔（Baldur）：光明之神。所有善行的赐予者，代表和平、欢乐、正义、崇高。奥丁之子，与霍德尔是孪生兄弟。他形象俊朗，以善良、纯真和正直著称。

霍德尔（Hodur）：黑暗之神。目盲，只在晚上现身，他的力量在黑夜就会增长。与巴尔德尔是孪生兄弟，与巴尔德尔争夺南娜的芳心，被洛基利用，用槲寄生树枝杀死巴尔德尔。

布利（Buli）：诸神之祖。意为生产者。由母牛奥都姆拉舔舐岩盐而生。

博尔（Bör）：意为降生。布利的儿子，与女巨人拜斯特拉育有三个儿子，包括奥丁、维利和伟。

阿萨（Ases）：世界的台柱和支撑，洪灾后新的统治者。按照诸神之父的意愿创造新的世界，用伊密尔的身体制造了大地，汗水做成了大海，骨头做成了丘陵，头发做成了树木，头骨做成了天空，脑髓做成了浮云，眉毛处建造了米德加德。

维利（Wili）：意为意志，对应水元素。

伟（We）：意为圣洁，对应火元素。赐予新创造的人类血液和青春健美的肤色。

霍尼尔（Hönir）：光明之神。又称哈尼尔（Hahnir），或是维利的另一个名字，奥丁的兄弟之一。给予新创造的人以感觉和心智，被送给华纳充当人质。

西格恩（Sigyn）：洛基的法定妻子。十分忠诚，对洛基不离不弃，与洛基生下纳尔韦和瓦利。

纳尔韦（Narwi）：洛基的儿子。阿萨为了惩罚洛基，纳尔韦被瓦利变成的恶狼撕成碎片，并用纳尔韦的筋肉捆绑洛基，肉锁变成了沉重的铁链。

瓦利（Vali）：洛基的儿子。阿萨为了惩罚洛基，将其变为恶狼。

瓦尔基丽（Walkyries）：女武神。奥丁的女战士们，包括赫丽斯特（Hrist，暴风）和米斯特（Mist，乌云），斯鲁德（力量）和格尔（Göll，传令），格恩达尔（Gondul，母狼）和斯克库尔（Skogul，运送）等。身着亮丽的盔甲，骑着白马，负责挑选并接引勇士的亡灵前往瓦尔哈拉神殿。

布伦希尔德（Brynhild）：本为凡人，后来成为瓦尔基丽。艾格尼（Agnar）偷了她和她的姐妹的天鹅羽外衣，逼迫她赐予他在对抗奥丁的战争中取得胜利，因此之故，奥丁使她陷入了不可思议的睡眠。

狄斯（Dises）：得到神启的女先知和预言家。包括维蕾德（Weleda）、莱希（Lech）等，与战争之神与剑神提尔有关。她们颇晓医术，有时也会来到人间，帮助罹患疾病的人，对信仰其疗治之功的人非常有用。

恩赫里亚（Einheriar）：奥丁的战士们。被召唤至瓦尔哈拉神殿的勇者亡灵。

萨迦（Saga）：历史女神，女预言家。住在冰冷的河流之下的水晶宫，指引诸神寻找卷轴，以知悉历史。

荷鲁（Heru）：剑神。又称车鲁（Cheru）或萨克斯诺特（Saxnot），有人认为他就是战争之神提尔，武器为不事雕琢的剑。

麦格尼（Magni）：意指力量。雷神托尔与女巨人雅恩莎撒的儿子。虽然只有三岁，却长得又高又壮，像个成人。

莫迪（Modi）：意指勇气。雷神托尔与女巨人雅恩莎撒的儿子。

斯鲁德（Thrud）：一名瓦尔基丽。意指坚强，雷神托尔与希芙的女儿，侏儒之王奥维斯对她一见钟情。

乌勒（Uller）：弓箭之神，冬天之神，狩猎保护人。被看成所有幸福欢乐的赐予者——巴尔德尔的朋友，雷神托尔与希芙的儿子。在冬天，太阳越过人马座后，夏季的奥丁外出，他便成为仙宫和米德加德的主宰。

歌茹娅（Groa）：女先知。意为带来绿色者，能以魔咒移动岩石，也能叫停洪水。

奥瓦迪尔（Orwandil）：意为活种子。歌茹娅的丈夫，托尔背着他穿越寒冷的埃利瓦格尔冰川，途中弄断了他的一个冻僵的脚趾头，托尔把它扔到天上，像星星一样闪闪发光。

格芬（Gefion）：幼时被视为阿萨神族和约顿巨人

族的赐予者。用她和巨人所生的儿子化身的四头公牛犁走了瑞典的国土，命名为西兰岛（Zealand），意为海岛，在岛上修筑了一座辉煌壮丽的住宅赫勒德拉（Hledra），嫁给一个名为斯格尔德（Skiold）的人，并且养育了众多声誉卓著的国王。

伊都娜（Iduna）：青春女神。是侏儒伊瓦尔都最小的女儿，曾被伊瓦尔都藏在地底深处，嫁给了诗神布拉吉。一袭绿衣，戴着青春树的树叶织成的花环，每日清晨都奉给众神永葆青春的苹果。

诺恩女神（the Norns）：命运三女神。大姐沃德（Urd），或称乌德（Wurd），掌管过去；二姐维尔丹尼（Werdandi）主管着现在；三妹斯库尔德（Skuld）掌握着未来。三女神与人类的出生、生命和死亡关联在一起，能够预知人类的命运。平常，她们坐在宇宙树下，用沃德泉水（Fountain of Urd）每日浇灌宇宙树。战场上，她们盘旋上空，将死亡的命运投掷给士兵，追随凶手的血迹，对他施以可怕的复仇。

赫尔（Hel）：冥界女神。统治着冥界和死人国的幽深之处。洛基的女儿。她的双脸一边惨白如尸体，另一边黑暗如坟墓，只要看上赫尔一眼，所有的生灵都会僵硬死亡。

南娜（Nanna）：诸神和人类的开心果。奈普（Nep）女神的女儿，巴尔德尔的妻子，凡赛提的母亲。深爱她的丈夫，即使在他过世之后依然如此。

瓦拉（Wala）：女预言家。她的预知能力使她能够洞观人类双眼所无法察知的事情。被奥丁从死亡之国召唤出来，揭露了巴尔德尔死亡的凶手，预言了瓦利的复仇和诸神的黄昏。

赫尔莫德（Hermodur）：诸神的信使。或被视为剑神，或与宇宙神伊尔明或赫蒙（Hermon）有关，或被视为和黑暗之神霍德尔是同一人。奥丁之子。

瓦力（Wali）：春之神。奥丁和北方琳达（Rinda）的儿子。受命为人人爱戴的巴尔德尔（Baldur）复仇，给黑暗的霍德尔致命一击，将其送入冥界。

凡赛提（Forseti）：公正之神。他的公正来自判决的清晰与纯洁，是永恒法的支持者，担当裁判，平息争端。巴尔德尔的儿子，在神圣和公正方面酷肖乃父。

古尔维格（Gullweig）：邪恶的女巫。她三次投身于火中，每次都变得比先前更加漂亮，她给诸神和人类的精神注入了难以填平的欲望。她游走于阿萨和华纳阵营，不断挑起事端，可能造成了两军之间第一场战争。

韦达（Widar）：奥丁之子。他手持利剑，足蹬铁鞋，寡言少语，在最后之战杀死芬里斯狼替父报仇，统治圣洁无染的新世界。

索尔（Sol）：驾驶太阳战车的少女。

曼尼（Mani）：驾驶月亮战车的男孩。

夜晚母亲（Mother Night）：乘坐赫里姆法克，带来夜晚。

白天（Day）：夜晚母亲的儿子。乘坐斯金法克，跟随夜晚母亲带来白天。

哈尔（Har）、**扎芬哈尔**（Jafenhar）**和斯利迪**（Thridi）：格列菲国王来到仙宫见到的三个首领，分别意为高大、同样高大和老三。

希尔德（Hilde/Held）：一名瓦尔基丽。意为英雄，在胡格尼（Högni）和赫定（Hedin）的斗争中，她帮助父亲胡格尼唤醒了阵亡的战士，让他们重新投入战斗。

奥都尔（Odur）：神族的后人。北欧诗歌中，他是弗蕾雅的丈夫，离开了家，弗蕾雅多次外出寻找他，期望他回心转意。

伊尔明（Irmin）：可能与雷神托尔或英雄伊灵（Iring）有关的神。意指宇宙，他驾驶着伊尔明马车（大熊座或北斗七星）行进在苍穹之中，降福于人民。

齐苏（Zisu）：本性好战的女神。剑神齐奥或提尔的女性化。

博斯（Bous）：意指农民。奥丁和琳达之子。进兵于霍德尔，在战争中将他杀死。

福纳丰（Funafeng）：海神奥吉尔的仆人。被洛基杀死。

埃尔迪尔（Eldir）：海神奥吉尔的仆人。

布格维尔（Beyggwir）**和贝依拉**（Beyla）：海神奥吉尔的女管家们。负责服侍客人，手中的金属罐设计精巧，未待酒空，便已自行注满。

巴尔（Bar）：奥吉尔的妻子。与她丈夫一样，常常把人拉到大海深处，埋在沙子里。根据其他一些传说，她接收那些葬身大海之人的灵魂。

扬波少女（the wave-maidens）：奥吉尔与巴尔的九个孩子。与奥丁生下海姆达尔，但海姆达尔由大地母亲、冷冰的大海和太阳的光线共同抚养长大，训练成人。

温格尼尔（Wingnir）**和霍洛拉**（Hlora）：托尔的养父母。分别指飞行者和热量，是飞行的闪电的人格化。

华纳神族

很可能是受日耳曼和斯堪的纳维亚早期居民崇拜的一个神族。他们和诸神之间的战争，指的是过往这些民族和入侵日耳曼的民族之间的战争。

涅耳瑟斯（Nerthus）：大地女神。尼奥尔德的妹妹和第一任妻子，促使植物在阳光下生长发育。

尼奥尔德（Niörder）：人类之王，后来也被纳入阿萨神族之列。以智慧、善良和财富著称，因此他保佑人们的劳动成果，尤其是那些航海和进行商业活动的人们。第一任妻子是大地女神涅耳瑟斯，第二任妻子是女巨人斯卡蒂。

弗雷（Freyer）：夏神。使田野丰收，保佑家庭和婚姻生活，后来也被纳入阿萨神族之列。尼奥尔德的儿子，被送给阿萨充当人质。在他长大成人之后，诸神将光精灵之国送给了他。

史基尼尔（Skirnir）：弗雷的仆人，曾到黑侏儒之乡打造格雷普尼尔，弗雷将阳光利剑送给了仆人史基尼尔，由此帮助弗雷成功求娶格尔达。

弗蕾娅（Freya）：美神和爱神。后来也被纳入阿萨神族之列。她给所有向她祈愿和献祭的爱人送出祝福。尼奥尔德的女儿，被送给阿萨充当人质。

巨人族

巨人在北欧称为约顿（Jotuns），意指饕餮之徒，部落是居顿（Jüten）。他们亦被称为瑟鲁斯（Thruses），亦即饥渴（thirsty）、狂饮者。在德国，巨人名为胡伦（Hünen），以他们往日的敌人匈奴（Huns）为名。

米密尔（Mimir）：睿智的巨人。每天饮用具有原初智慧的泉水，守护智慧泉，被华纳杀死，奥丁用神秘的鲁纳文使他活了下来，这样就可以和他探讨过去以及未来之谜。

基尔林（Gilling）：富裕的巨人。他与妻子被侏儒兄弟法亚拉和戈拉杀死。

苏图恩（Suttung）：巨人。基尔林的侄子，从侏儒兄弟处获得奥德罗利尔、逊恩和博登及其中的蜜酒。

君洛特（Gunlöd）：女巨人。苏图恩的女儿，为苏图恩看守奥德罗利尔、逊恩和博登及其中的蜜酒。

班基（Bangi）：巨人。苏图恩的兄弟，被奥丁伪装成的博尔维克（Bolwerker）利用，使奥丁得到了奥德罗利尔、逊恩和博登及其中的蜜酒。

瓦夫斯鲁特尼尔（Wafthrudnir）：最聪明的约顿巨人。与喝过米密尔泉水和奥德罗利尔蜜酒的奥丁较量学识失败。

乌特加德洛基（Utgard-Loki）：巨人王。他让洛基、托尔、希亚费展示才能，在比试中使用魔法获胜。

胡金（Hugin）：巨人。意指思想，比希亚费跑得快得多。

安格波达（Angurboda）：女巨人。意为带来痛苦者，洛基的妻子，与洛基有三个孩子，即狼怪芬里斯、蛇妖尤蒙冈多和赫尔。

盖洛德（Geiröd）：巨人。曾抓住了洛基变的老鹰，洛基为了获得自由，答应了盖洛德提出的条件，要求托尔在没有雷神之锤和梅金乔德的情况下来到盖洛德加德，最终被托尔杀死。

吉奥普（Gialp）**和歌蕾普**（Greip）：女巨人。盖洛德的两个女儿，吉奥普能够控制水位上升，二人力大无比，可以把座椅托举到天花板。

奥吉尔（Ögir）：海神，属于巨人族。意即恐怖，又称赫勒（Hler）。老巨人弗尼奥特（Forniot）之子，在妻子兰（Ran）的陪同下巡游于波涛汹涌的海面，与诸神相处融洽。他的随从包括卓越的穆迈尔王（Mumel-king）、女水妖（nixies）、奈克（necks）和水精灵。

法布提（Farbauti）：巨人。意指划桨手，是洪水中乘坐小船逃生的巨人，可能就是博格米尔。洛基的父亲。

劳菲（Laufey）：女巨人。意指多叶岛，是洪水中乘坐小船逃生的巨人划桨到达的岛屿。法布提的妻子，洛基的母亲。又称纳尔（Nal），意指船。

斯格里米尔（Skrymir）：巨人。乌特加德洛基的化身，用魔法三次躲过托尔的神锤砸头。

格丽德（Grid）：女巨人。与奥丁生下了韦达，她把盖洛德的真实面目告诉了托尔，并把自己的腰带、拐杖和铁手套借给托尔，让他应对盖洛德。

斯格里米斯利（Skrymsli）：精通魔法的巨人。要带走农夫的大儿子，奥丁、霍尼尔和洛基出手相助，最后洛基成功杀死巨人，帮助农夫的儿子躲过一劫。

雅恩莎撒（Jarnsaxa）：女巨人。意指铁矿石，为托尔生下麦格尼和莫迪。

拜斯特拉（Bestla）：女巨人。博尔的妻子，与博尔育有三个儿子，包括奥丁、维利和伟。

菲奥格恩（Fiörgyn）：女巨人。乔德和弗丽嘉的母亲。

乔德（Jörd）：大地女神，女巨人。意指大地，与奥丁生下雷神托尔。

罗斯提奥菲（Rosstioph）：巨人。意为马贼，强盗，能够预知未来，用魔法引诱行人，然后用魔绳捆住，杀死他们，洗劫一空，抛尸大海。

斯洛克（Thöck）：女巨人。意为黑暗，长得和赫尔一样可怕，可能是洛基所变，拒绝为巴尔德尔流泪。

莫德古德（Mödgud）：女巨人。意为精神冲突，看守基奥尔河的廊桥。

伊密尔（Ymir）：霜巨人之祖，世界最初的生命。意为火热的泥土，又称奥格尔米尔（Örgelmir）。

由母牛奥都姆拉喂养长大，被布利的孙子，奥丁、维利和伟杀死，尸体填平了金恩加鸿沟，其血液引起了洪灾（Deluge），诸神用其身体创造了世界。

卡利（Kari）：霜巨人，意指空气，暴风。是一个人数众多的民族的始祖，伊密尔的儿子。

赫勒（Hler）：霜巨人，意指大海。伊密尔的儿子，可能与海神奥吉尔是同一个人。

罗吉（Logi）：霜巨人，意指火。伊密尔的儿子。他和他的子孙与家族，以每场大火的始作俑者而闻名，在火焰中可能会看到他们的身影，他们头上佩戴着火冠。

弗洛斯蒂（Frosti）：霜巨人，卡利最强大的后代，统治着远北的强大帝国，时常入侵并劫掠邻国。

博格米尔（Bergelmir）：巨人族的始祖。伊密尔的孙子，在洪灾中与妻子乘船逃过一劫。

希密尔（Hymir）：霜巨人。又称盖密尔，意指带来黄昏者，统治北部地区，居所还住着劫掠而来的金白色眉毛的光亮女神，及一位九百个头的老太婆，守护为诸神酿制啤酒的大锅，大锅被雷神托尔取走。

格尔达（Gerda）：霜巨人，希密尔的女儿。高挑漂亮，史基尼尔用诅咒迫使格尔达成了弗雷的新娘。

索列姆（Thrym）：山巨人。身体坚硬，有万贯家财。他用魔法偷走了雷神托尔的神锤，要求弗蕾雅做他的新娘交换米约尔尼尔，托尔假扮新娘，取回神锤，杀死索列姆及摧毁了索列姆海姆。

赫朗格尼尔（Hrungnir）：山巨人。有三角形的石心、石头头骨和石头盾牌和棍棒。与奥丁赛马失败，与托尔决战被杀。

莫克卡尔菲（Mōckerkalfi）：赫朗格尼尔的泥人。意为雾中跋涉者，身高九英里、肩宽三英里，胸膛中有一颗颤抖的母马的心，被希亚费击败。

希洛金（Hyrrockin）：女山巨人。能够独立移动山脉，骑着一匹巨狼，缰绳是一条可怕的蛇，帮助阿萨推动装有巴尔德尔尸体的船。

曼妮娅（Menia）**和菲妮娅**（Fenia）：两个山巨人女奴。身高八尺，肩宽堪比武士，臂肌发达，结实如绳索。被弗雷之子弗罗迪国王买下，以推动磨石格罗帝。

苏尔特尔（Surtur）：火巨人。意为黑烟，他喷吐着火舌，腰扎火焰带，手持火焰剑。在诸神的黄昏中，他用火焰剑杀死弗雷，烧毁了天空、大地和九大家园。

提阿斯（Thiassi）：暴风巨人。憎恨诸神，随时准备开战，居住在索列姆海姆富丽堂皇的城堡中，身着鹰羽衣掳走了伊都娜后被阿萨诸神杀死。他的眼睛被托尔扔到天上，像星星一样闪闪发光。

斯卡蒂（Skari）：女暴风巨人。提阿斯的女儿，身着冬装时与大地女神有关，第一任丈夫是尼奥尔德，第二任丈夫是乌勒，乌勒在性格上更适合她。

贝利（Beli）：暴风巨人。被冰雪覆盖，格尔达的哥哥，被阳光的夏神弗雷杀死。

黑侏儒

又名矮人，专为阿萨神族打造手工器具，生活在地下洞穴和溪谷中，锻造各种各样的器具，经常以其聪明智慧挫败入侵者。他们所生存的黑暗世界被称为黑侏儒之乡。共有三类侏儒：莫德苏格尼尔（Modsognir）族、杜林（Durin）族联盟和德瓦林（Dwalin）的劳法（Lofar）族联盟。

格德玛（Goldemar）**国王**：德国神话中黑侏儒的统治者，其兄弟为阿尔贝利希（Alberich 或 Elberich）以及狡猾的惯偷埃尔伯格斯特（Elbegast）。

纳恩（Nain）：被称为死亡侏儒（the Dwarf of Death）。

奥维斯（Alwis）：侏儒之王。掌握九大世界语言和智慧，拥有装饰着金银珠宝的宫殿，以及统摄地下世界的赫赫权势。对托尔的女儿斯鲁德一见钟情，在婚礼前被托尔考验，但是白天的阳光使他僵化并变成了石头，被放置在了仙宫的顶峰，成为托尔得胜的纪念碑。

法亚拉（Fjala）**与戈拉**（Galar）：侏儒两兄弟。一同杀死克瓦希尔，用其血液制成奥德罗利尔与蜜酒，还一同溺死了基尔林，戈拉用石头砸死了基尔林的妻子。遭到苏图恩的复仇，兄弟二人用奥德罗利尔与蜜酒抵消罪行。

布洛克（Block）：侏儒。辛德里的弟弟，与洛基就谁是世界上最好的锻造工人的问题，以人头作赌，布洛克请来哥哥辛德里锻造神器并帮他拉风箱，凭借锻造出米约尔尼尔赢了赌局。

辛德里（Sindri）：侏儒。最好的铁匠，布洛克的哥哥，古林博斯帝、德罗普尼尔、米约尔尼尔的锻造者。

伊瓦尔都（Iwaldur）：侏儒。又称伊瓦尔迪（Iwaldi），锻造了冈格尼尔长矛，以及斯基德布拉德尼尔船。

戴恩（Dain）和**斯莱恩**（Thrain）：侏儒。分别意指死亡和死尸，诸神的黄昏前他们知道即将到来的恐慌和大火，不过他们都陷入了迷离的沉睡。

利特（Lit）：小侏儒。因挡住了托尔的去路，被托尔一脚踢进火里。

那姆波·尼普（Number Nip）：侏儒，巨人山区（Riesengebirge）强大的国王。直至近代的启蒙运动才将他逼进了地下王国。

光精灵

天性纯良友善公正，侍弄花木，他们精通魔法，掌管植物的生长。光精灵栖居在光精灵之乡，有些住在地下，另一些住在水中，他们习惯于佩戴华丽的金饰和宝石。精灵被视为死者的灵魂，所以她们和人类之间的任何结合都是无法幸福的。侏儒和精灵持有戒指，以此发现并获得地球上的宝藏。他们送给朋友魔戒，只要主人用心保管，就能带来好运；不过一旦丢失，就会面临难以言表的灾难。

奥伯龙（Oberon）和**泰坦尼亚**（Titania）：精灵国王和王后。有隐形的王宫和花园。

奈克（Necks）：水精灵。没有灵魂，渴望救赎和重生，在海上弹奏竖琴，波浪随着她们的曲调跳舞。

人类

阿斯克（Ask）**和埃姆布拉**（Embla）：所有人类民族的祖先。诸神创造的第一批人类，意指梣木和赤杨，分别是男人和女人。奥丁给他们注入了精神，霍尼尔赋予他们运动和感觉，洛德给了他们血液和青春健美的肤色。

克瓦希尔（Kwasir）：人类。阿萨和华纳两个神族合力创造，身上融入了他们的精神，以其智慧与善良受到了诸神和人类的热爱，周游各地，教化和帮助人们。侏儒两兄弟法亚拉和戈拉通过诡计杀死了他，将他的血液混上蜜酒，盛在三个容器里：罐子“灵感”，以及两只碗“赎罪”（Son）和“祭品”（Boden）。

利弗（Lif）**和利弗诗拉希尔**（Lifthrasir）：人类。分别代表女性和男性，是经历了诸神的黄昏后，在霍德米密尔树林中幸存的两个人类。

斯塔卡德（Starkad）：人类英雄，有半个巨人的血统。幼时体形高大，臂力超群，长着八条胳膊，后来博学多能，勇猛善战，而且变成了人形，英俊健美。阿萨化身为雷金，判决了他的命运。

马鬃须（Hrossharsgrani）：斯塔卡德的师父，奥丁的伪装。意为“恐怖胡须”，帮助斯塔卡德修炼，为斯塔卡德传达神的旨意。

奥芙赫尔德（Alfhild）：斯塔卡德的母亲。因选择巨人而非雷神托尔做孩子的父亲，被托尔判决斯塔卡德将是家族中的最后一人。

韦卡尔（Wikar）：挪威国王。用斯塔卡德呈上的细柳枝和芦苇向奥丁献祭了自己的生命，使舰队避免暴风雨的破坏。

弗里德雷夫（Fridleif）：丹麦国王。通过屠杀巨人和恶龙积攒了巨额的财富，娶农夫的女儿朱丽娅（Juritha）为妻。儿子是奥拉夫（Olaf），被诺恩三女神安排了命运。

希亚费（Thialfi）：人类，托尔的仆从。农夫的儿子。代表勤劳，当地最快的跑步健将。因听从洛基的邪恶建议吃了羊骨髓，跟随托尔以赎断羊骨之罪。

罗斯卡（Roska）：人类，托尔的仆从。农夫的女儿，希亚费的妹妹。跟随托尔以赎希亚费的断羊骨之罪。

奥拉夫师傅（Master Olaf）：人类，赫里戈兰（Heligoland）的铁匠。在暴风雨的深夜为奥丁的大马穿上了蹄铁。

唐豪瑟（Tannhauser）：人类，骑士。被维纳斯小姐赫尔达吸引到山中，在那里过着放荡而欢快的生活，拜倒在她的石榴裙下，乐不思蜀，偶尔想到骑士的荣誉和责任，但很快就抛置脑后。

维特里乌斯（Vitellius）：罗马皇帝。因得到了荷鲁的神剑而称帝，但他只知享受饕餮之欲，被继任者维斯帕先（Vespasian）的士兵刺杀。

阿提拉（Attila）：匈奴帝国的统治者。又称埃特泽尔

（Etzel），获得萨克瓦伯克之后，版图从乌拉尔河直达莱茵河，从多瑙河直到波罗的海。

伊蒂可（Ildiko）：勃艮第国王的女儿。被迫嫁给杀父仇人阿提拉，婚礼后，用老妇人给的宝剑杀死阿提拉，报了杀父之仇。

阿依（Ai）**和埃达**（Edda）：人类。意为曾祖父和曾祖母，海姆达尔的子孙。

斯拉尔（Thrall）**和斯尔**（Thyr）：人类，斯拉尔民族的始祖。斯拉尔意为奴隶，是阿依和埃达的儿子。皮肤黝黑，前额凹陷，用强健的胳膊捆扎庄稼，整天背着沉重的物品。斯尔是斯拉尔的妻子，手脚皆黑，干起活来最为卖力。

阿菲（Afi）**和阿玛**（Amma）：人类。意为祖父和祖母，海姆达尔的子孙，阿菲制作织布机，阿玛纺织亚麻线。

卡尔（Karl）：人类。意为少年，阿菲和阿玛的儿子，有着玫瑰色的面颊和明亮清澈的眼睛。

斯诺尔（Snör）：人类。意为绳索，卡尔的妻子，非常富有，衣着华丽，与卡尔生了很多儿女，在自己的土地上，全都活泼、愉快、自由地成长。

扎尔（Jarl）：人类。意为贵族，海姆达尔的子孙，会击剑、投矛、弯弓、骑马、游泳和鲁纳文，奔赴战场，赢得了荣誉和奖金，城堡和土地。

厄纳（Erna）：人类。扎尔的妻子，腰肢纤细，与扎尔生养了很多儿女。

克纳尔（Konur）：丹麦第一任国王。扎尔和厄纳最小的儿子。学会鲁纳文，掌握过去和未来的事情，懂得鸟类的语言，是一个强大的战士。

菲奥尔尼尔（Fiölnir）：弗雷化身成的人类，瑞典国王。在弗罗迪（Frodi）国王的邀请下，他前往西兰岛参加为他举办的盛大宴会，到达之后掉进一口巨大的酒桶里被淹死。

弗利德雷夫（Fridleif）：丹麦国王。意为赐予和平者，弗雷化身成的哈丁（Hadding）的儿子或孙子。他强娶了阿蒙德（Amund）国王的女儿、美丽的弗蕾格尔达（Freygerda）。

弗罗迪（Frodi）：人类，弗雷和弗蕾格尔达的儿子，继承了丹麦王位，统治期间被称为“弗罗迪之和平”，迷失于磨石带来的金钱和好运，因此死于与麦辛格的战争。

麦辛格（Mysinger）：人类。弗雷之子弗罗迪的敌人。

格列菲（Gylphi）：瑞典国王。家乡是斯格苏纳（Sigthuna）。统治传说中的瑞典人类民族，该民族在米德加德最强大、公正和英明。他们好战且自由，最为聪明的首领成为国王，住在斯格苏纳（Sigthuna）的城镇中。

赛克（Selke）：人类，采药的少女。被巨人追逐，纵身跨越深渊，安稳落地，在哈尔茨山留下了少女的飞跃（Maiden’s Leap）的脚印。

沃尔辛格（Wolsing）：人类。奥丁一族的勒里尔（Rerirl）国王的孩子，西格蒙德的父亲，奥丁最喜欢的人，整个家族即以他为名。

斯温达尔（Swendal）：人类。丹麦故事中的男孩，他求爱的过程与弗雷类似。

阿米尼乌斯（Arminius）：人类，沃尔森（Wolsing）人的英雄。收到了弗蕾雅本人或是她的一个侍女带来奥丁的命令，带领军队在条顿堡森林之战中大败罗马人。

利里尔（Rerir）：人类，红胡子托尔的儿子。他以全部力量挑起战争，对抗哈拉尔德国王，失败后躲到一个偏僻的小岛上。

海尔达（Helga）：人类，利里尔的妻子。她的父亲是国王的首席武士及大臣，对利里尔极为不屑，阻拦二人会面。海尔达与利里尔被弗蕾雅所救。

梦拉达（Menglada）：人类。意为“珠宝—快乐”。在城堡中等待着她的新郎斯韦普达格（Swipdager），城堡由凶猛的狼狗看守，四周围着火墙。

菲奥斯韦德（Fiölswider）：人类。意为“博学多知者”，梦拉达的城堡的守门人。

温德卡尔德（Windkald）：人类。意为风寒。是瓦尔卡尔德（Warkald，春寒）之子，他就是斯韦普达格。

赫罗尔夫·科拉里（Hrolf Kraki）：赫尔德拉（Hledra）的国王。有十二勇士，其中两个名叫鲍德瓦尔·比尔里（Bodwar Biarki）和希奥迪（Hialti）。他的姐姐是斯库尔德（Skuld），他的姐夫希奥尔沃德（Hiorward）兴兵叛乱。

沃格（Wogg）：人类。为赫罗尔夫·科拉里国王服务，国王赠予他双臂的金环，在大战中幸存，后杀死希奥尔沃德，为赫罗尔夫报仇。

迈克尔·西德福（Michael Stauf）：人类。黑森林村庄中最为强壮，亦最擅长跳舞的青年，是摔跤和拳击冠军，十分富有。他爱上了湖中少女，少女的父亲菲恩迪斯·奈克（Fiendish Neck）杀死了自己的女儿。

斯克夫（Skeaf）：人类。出生在甲板上的玉米捆上，玉米捆周围装饰着金银财宝。长大后，他成为国王，英明而公正地统辖着这片国土，诸神的恩宠陪伴着他，此地五谷丰登，国富民强。死后，他的尸体被小船带回了光精灵之乡。

赫格尼（Helgi）：赫里戈兰（Heligoland）的国王。霍德尔的好友，妻子是芬兰的托拉（Thora）公主。

米奥尔（Mioll）：人类。弗洛斯蒂的恋人，芬兰国王斯纳尔（Snar）的女儿。

神兽

奥都姆拉（Audumla）：母牛。与霜巨人伊密尔一同诞生，她的乳汁养活了伊密尔和他的巨人孩子，随后三天她舔舐的岩盐，生出了布利。

沙赫利姆尼尔（Sahrimnir）：神猪。为诸神和英雄提供鲜肉。

古林博斯帝（Gullinbursti）：神猪。长着金色的鬃毛的巨大野猪，行动如风，侏儒辛德里用猪皮锻造而成，送给了弗雷。这头野猪拉着弗雷的战车，有时也作为弗雷的坐骑。

布洛德胡格霍夫（Blodhughofi）：弗雷的宝马。奔跑如飞，随时待命，驮着他参加阿萨会议。

阿瓦克（Arwaker）：拉动太阳战车的马。意为早醒者，由少女索尔驾驭。

奥斯维德（Alswider）：拉动月亮战车的马。意为飞毛腿，由男孩玛尼驾驭。

赫里姆法克（Hrimfaxi）：霜之马。黑色，夜晚母亲乘此带来夜晚。

斯金法克（Skinfaxi）：光之马。白天乘此带来白天。

海德伦（Heidrun）：山羊。为英雄们提供蜜酒，以宇宙树叶为食。

埃科斯涅尔（Eikthyrnir）：牡鹿。以宇宙树叶为食。

尼德霍格（Nidhögg）：毒龙。噬咬宇宙树根，在一口发着怒吼之声的赫沃格尔密尔（Hwergelmir）的铁锅里吞吃恶人的尸体。

加莫班特林（Gambantrin）：魔杖。为赫尔莫德所有，赫尔莫德用魔杖强迫罗斯提奥菲告知巴尔德尔死亡和复仇的真相。

斯瓦迪尔法里（Swadilfari）：神马。为巨人所有，帮助巨人围绕仙宫建造一座高及天空的城墙。

斯雷普尼尔（Sleipnir）：神马。引诱斯瓦迪尔法里的母马产下的一头八足马驹，奥丁的坐骑，速度快如雄鹰。

古尔法克西（Gullfaxi）：神马。山巨人赫朗格尼尔的坐骑，有四条腿，意为金鬃，将赫朗格尼尔打败后，古尔法克西被托尔送给了麦格尼。

胡根（Hugin）**和穆宁**（Munin）：渡鸦。分别意指思想和记忆，为奥丁所有，栖在他左右肩上，帮他在外界探听秘密。

“牙齿噼啪”（Tooth-cracker）**和“咬牙切齿”**（Tooth gnasher）：两只神羊。雷神托尔的坐骑，拉着托尔的战车。

弗加拉（Fjalar）：公鸡。通体鲜红，它的鸣啼预示着诸神黄昏的到来。

古林肯比（Gullinkambi）：公鸡。位于中庭米德加德，当仙宫公鸡高声啼叫发出最后之战的警报时，古林肯比和冥界的红黑公鸡会啼叫应和。

尤蒙冈多（Jörmungander）：蛇妖。洛基和女巨人安格波达的女儿。

芬里斯（Fenris）：狼怪。洛基和女巨人安格波达的孩子，他摆脱枷锁和利剑是诸神的黄昏到来的标志之一。

米德加德蛇（Midgard-Snake）：蛇妖。盘踞在海底，缠绕着地球，受到冥界女神赫尔的煽动。

加姆（Garm）：巨狗怪。住在赫尔居所前面的吉尼巴洞穴，向初来乍到者张牙舞爪，狂吠不停，因此它的爪子上不停地滴着鲜血。

古尔塔普（Gulltop）：神马。海姆达尔的战马。

斯基奥尔（Skiöll）**和哈第**（Hati）：巨狼。芬里斯的孩子们，森林里的老女巨人用被杀的伪誓者和破坏婚姻关系者的骨髓喂养它们，给他们喝死囚犯以及杀害父母兄弟之人的鲜血。在诸神的黄昏中他们吞下了太阳和月亮，使天上地下笼罩在黑暗之中。

神物

奥德罗利尔（Odrörir）：灵感之泉。喝下就会能歌善辩，令人销魂夺魄。意为灵感，是盛装克瓦希尔的血的罐子之一，又指罐中的蜜酒。

希利德斯凯拉夫（Hlidskialf）：王座。为奥丁和弗丽嘉所有，高居仙宫之上。

冈格尼尔（Gungnir）：长矛。为奥丁所有，快如闪电，一击毙命，由伊瓦尔都诸子打造。

鲁斯恩（Leuthing）：芬里斯狼出逃后被锁的第一条铁链。芬里斯狼使之断成碎片。

德洛马（Droma）：芬里斯狼出逃后被锁的第二条铁链。比鲁斯恩更为坚固，但芬里斯狼仍使之断成碎片。

格雷普尼尔（Gleipnir）：芬里斯狼出逃后被锁的第三条铁链。又小又轻，如同丝线，犯人越是挣扎，它会变得越加坚固，由史基尼尔找黑侏儒打造。成功缚住狼怪，在诸神的黄昏时破碎。

纳格尔法里（Nagelfari）：死亡之船。由死人的指甲建造而成，诸神的黄昏中下水，由乌特加德洛基驾驶。

加拉尔号角（Giallarhorn）：号角。为海姆达尔所有，他以此号角发出警告，诸神的黄昏已经到来，准备最后之战。还有一种说法是米密尔的泉水从加拉尔号角中流出。

米约尔尼尔（Miölnir）：神锤。意为粉碎者，属于雷神托尔。撞击神锤，就会引发可怕的电闪雷鸣，由黑侏儒辛德里用铁打造。新世界里，它再也不用它来打仗，而是用作供奉新天地的圣物。

斯基德布拉德尼尔（Skidbladnir）：神船。弗雷在海上驾着此船，搭救失事的人。在任何风中，它都能行驶，用不着时，可以将其折叠起来放进口袋里。

德罗普尼尔（Draupnir）：金环。曾被奥丁送给巴尔德尔陪葬，后来被冥界的巴尔德尔归还。每隔九个晚上，它就会生出八个一模一样的金环，侏儒辛德里用红金锻造而成。

木魔米姆灵（Mimring）：魔剑。霍德尔打败巨人后获得。

埃癸斯（Ögis）：宙斯之盾。世上最坚固的盾牌，宙斯的雷电都不能将其打破。赫菲斯托斯打造，由一头神圣的母羊皮制成。

奥吉斯尔姆（Ögishelm）：恐怖的头盔。名字来自海洋之王，头盔的前端装饰着一个向敌人张着血盆大口的野猪头。人们相信，只要看它一眼，内心就会无比恐惧，就像着了法术一般双手麻痹，手里的武器会掉在地上。

萨克瓦伯克（Sokwabek）：神剑。为剑神荷鲁所有，得到这把宝剑就会战无不胜，由神秘的侏儒铁匠制造。每天早晨，这把宝剑都会在圣地的高处闪闪发光，黎明时刻，它就像一团火焰，将光线投向远处。

格罗帝（Grotti）：弗罗迪国王的魔石。能够磨出金子、银子、宝石，还能磨出爱情、欣喜与和平。

戴尼斯雷夫（Dainsleif）：宝剑。为胡格尼国王所有，其所造成的伤口永远不能愈合。

布里希嘉曼（Brisingamen）：项链。属于弗蕾雅，耀眼的天宫宝石。

鹰羽衣（Falcon-dress）：神衣。穿上此衣会变形为老鹰，可以以极快的速度飞翔。诸神会向弗蕾雅借鹰羽衣，暴风巨人提阿斯也拥有鹰羽衣，穿着掳走了伊都娜。

科瓦瑟（Kwasir）：洛基编织的渔网。

新版译后记

多年以前，我曾为本书首版写过一个译后记，全文如下：

最近几年，我间或做点翻译。所面对的，多是一本正经、满眼术语的学术论著。《仙宫和诸神》是个例外。

当编辑找我翻译此书，我下载到了该书的电子版，翻看之后，便答应下来。

这本书首版于1880年，距今已有130余年，至今仍能行销不衰，称得上是经典。既为经典，总有独到之处。对于这本书，我在“译者序”里面已有介绍。此处再作一点补充。

本书是为大众而作。职是之故，作者以简劲生动的笔触，讲述了一个又一个北欧神话故事。这些故事，或雄浑悲怆，或勇猛激越，或凄美哀婉，或阴郁迷离，或荒诞怪异……仙宫诸神光彩夺目的形象与事迹，北欧神话夺人心魄的恢宏与奇特，便活泼泼地呈现在我们面前。

作者之旨趣，不是供人作无聊时的消遣，而是有感北欧诸神渐不为人所知，深切期望人们通过本书，了解自己的文化与传统。怀此抱负、精研古典文化的作者，每逢讲完一个故事，总就故事的来源与意味、人物的形象与特征、北欧民族的哲学与人生观念，加以分析，进行探究。作者的精神是严肃而谦逊的。

北欧神话是一个历史的生成过程，受到中亚宗教、古希腊罗马神话、基督教等多元影响，北欧诸民族又融入了自身的理解。因此，本书虽然篇幅不长，却涉及多方面的知识，译好并不容易。

基于如是理解，我在翻译过程中，在忠实原文的基础上，力求文字清通流畅。初稿完成之后，又认真校阅两遍，改正了若干误译以及行文上的问题。同时，对于书中出现的知识点，加了约70个近万字的注解，以助阅读。注文基本查自网络，如百度百科、维基百科。此外，书中引用数处《大埃达》原文，尤其是末章所附《瓦拉之歌》，篇幅甚长，采用或参考了石琴娥、斯文两先生的译本，在此表示感谢。

写作时间，是2013年3月13日。如此算来，我翻译此书的时间，当在2012年。查找日记，果有记录，2012年7月，“赵元推荐某公司编辑名，联系我，翻译‘北欧神话’一书。已接该书，估计二十万字左右。从卓越购得相关书籍四本，先行补课，再翻译。议定价钱千字七十元”。赵元是谁？我其实素未谋面，只记得是位女性，在网上偶有联系，她应该也做过翻译。那段时间，我还校译（几乎是重译）了《告别梵高》一书，出版之后，赵元就书名中的“告别”二字和我有过沟通，她认为还可有别的译法。除此之外，便没有其他印象了。至于那个编辑名叫什么，日记中没有记载，更是早已忘却。

而今，十多年过去了。回想当初夜以继日地做翻译，不免感慨系之。那时，每月工资三四千元，常常入不敷出，翻译此书，的确有为稻粱谋的意思。事与愿违，从2013年交稿，到2017年面世，出版过程很不顺利，个中细节不提也罢。

在这十余年间，尽管市面上已出版了多部关于北欧神话的著作，不过，我相信这本书自有它的价值。于是，我联系了叶茹飞，她痛快地接下了本书的出版事宜。我们已合作多年，始终颇为愉快。魏文帮助查找了相关插图，增加了可读性；王一丁帮助绘制了列于书前的神谱图，以及附于书后的名词一览表，便利了阅读。这些工作皆需劳神费力，在此谨致谢忱。

2025年6月10日